D1869299

Henry G. Tietze

Botschaften aus dem Mutterleib

Henry G. Tietze

Botschaften aus dem Mutterleib

Pränatale Eindrücke und deren Folgen

Ariston Verlag · Genf

Andere Werke aus unserem Verlagsprogramm
finden Sie am Schluß dieses Buches verzeichnet.

Gestaltung des Schutzumschlages: Poseidon Press

Copyright © Ariston Verlag, Genf 1984

Alle Rechte, insbesondere des auszugsweisen Nachdrucks,
der Übersetzung und jeglicher Wiedergabe, vorbehalten.

Erstauflage 1984

Printed in Germany 1984

ISBN 3 7205 1277 0

Das vorliegende Buch widme ich meiner Frau Lorette und unserem Sohn Florian. Durch die geduldig erlebte Schwangerschaft haben beide in behutsamer Zusammenarbeit gezeigt, daß Schwangerschaft und Geburt immer noch »Naturereignisse« sind. So haben sie auf ihre Weise zu diesem Buch beigetragen.

Inhaltsverzeichnis

Einführung

Der Mutterleib ist die erste Welt des Menschen. Wie der Fetus diese Welt erlebt, ob als freundlich oder als feindlich, entscheidet maßgeblich darüber, welche Erwartungen das Kind zukünftig gegenüber seiner Umwelt hegen wird. Eine Mutter, die sich angstfrei in einer warmen, liebevollen Umgebung bewegt, wird zwangsläufig eine entsprechend positive Ausstrahlung auf ihre Umgebung ausüben und damit auch dem in ihr heranwachsenden Kind ein Gefühl von Liebe und Geborgenheit vermitteln. Dieser Erfahrung erwächst das für jeden Menschen so wesentliche *Urvertrauen,* die Gewißheit, in der Welt gut aufgehoben zu sein.

Lebt die Mutter jedoch in einer feindseligen Umgebung oder ist sie – aufgrund ihrer eigenen unglücklichen Kindheit – innerlich zerrissen, dann wird sie kaum fähig sein, dem Kind in ihrem Leib jenes lebensentscheidende Urvertrauen einzuflößen. Unter solchen Bedingungen durchlebt das Kind im Mutterleib eine Zeit des Argwohns und des Mißtrauens, der Unsicherheit und der Angst und wird schon in diesem frühen Stadium dafür prädisponiert, mit einer angstbesetzten Haltung ins Leben zu treten. Aus diesem Grunde – und das gilt natürlich nicht nur für die Schwangerschaft, sondern auch für die Zeit danach – spielt die Mutter im Leben ihres Kindes die Rolle der »Schicksalsgöttin«.

SIGMUND FREUD (1856–1939), der Begründer der Psychoanalyse, und seine Schüler leugneten ein pränatales Seelenleben des Kindes. Nach ihrer Auffassung beginnt das Kleinkind erst im Alter von zwei bis drei Jahren – psychologisch gesehen – relevante Erfahrungen zu machen und so etwas wie eine Persönlichkeit zu entwickeln. Das ist jedoch nach den Erkenntnissen der neueren Forschung, insbesondere der Psychologie, falsch.

Die Psychologie unserer Zeit, die sich mit der Erforschung auch pränatalen Lebens befaßt, hat inzwischen eindeutig nachgewiesen, daß das *Selbstbild* eines Menschen bereits im Mutterleib geprägt wird und daß in dieser Hinsicht die Mutter selbst einen entscheidenden Beitrag liefert. Das Selbstbild ist die Summe aller verbalen und nonverbalen Botschaften, die ein Mensch von seiten anderer erhält.

Der Fetus bildet während der Entwicklung im Mutterleib praktisch eine körperliche Einheit mit der Mutter, das heißt, sämtliche biochemischen Vorgänge im Körper der Schwangeren betreffen notwendigerweise auch ihr Kind. Da Angst- und Spannungszustände zur Ausschüttung von Streßhormonen führen, ist ein Fetus, dessen Mutter ständig verspannt und verängstigt ist, einem wahren Bombardement ausgesetzt. Dieser »Hormonbeschuß« hinterläßt unauslöschliche Spuren im Organismus des Kindes. Daher sollte jede werdende Mutter wirklich alles tun, um ihrem Kind eine derartig folgenreiche Belastung zu ersparen.

Alle Vorgänge in der Natur haben einen ihnen eigenen Rhythmus, so auch der Menstruationszyklus und die Schwangerschaft der Frau. Bei psychisch stark geschädigten Frauen sind diese Rhythmen allerdings häufig gestört. Die neurotische Verkrampfung einer Schwangeren überträgt sich auch auf ihr Kind. Wenn nun der Zeitpunkt der Niederkunft gekommen ist und die werdende Mutter sich eigentlich entspannt dem natürlichen Geschehen überlassen sollte, passiert es bei seelisch überbelasteten Frauen häufig, daß sie dem »Fluß der Ereignisse« entgegenarbeiten und somit dem Kind, das »ans Licht« will, Widerstand entgegensetzen. Dieses Abwehren verunsichert nun seinerseits das Kind, so daß es selbst aus seinem Rhythmus »entgleist« und von vornherein gegen den Strom schwimmt, das heißt die Übereinstimmung mit den eigenen Gefühlen verliert und neurotisch infiziert wird.

Zu dieser Entwicklung hat nicht zuletzt der moderne *Krankenhausbetrieb* wesentlich beigetragen. In den vergangenen

Jahrzehnten hat sich in den westlichen Ländern mehr und mehr die Praxis durchgesetzt, Schwangerschaft und Geburt wie eine Krankheit zu behandeln, obwohl doch eigentlich das genaue Gegenteil der Fall ist. Geburtshilfe ist zu einem medizinisch-technischen Großunternehmen geworden, wobei das eigentliche Geburtserlebnis von Mutter und Kind dem Machtanspruch der ärztlichen Geburtshelfer zum Opfer gefallen ist.

In einer sterilen, in gleißendes Licht getauchten technischen Umwelt, umgeben von einer Gruppe »maskierter« Medizinexperten, sollen Mutter und Kind möglichst reibungslos »funktionieren«. Gelingt es der werdenden Mutter, deren Unterleib in der Regel narkotisiert ist, und ihrem benommenen Baby nicht, eine »glatte Geburt« hinzulegen, sind die Ärzte mit ihren Gerätschaften meist schnell bei der Hand. In solchen Fällen hilft dann häufig ein Kaiserschnitt dem Kind »ans Neonlicht der Welt«. Daß der Geburtsakt als solcher, das heißt die vaginale Entbindung, durchaus einen psychologisch wie auch physiologisch gerechtfertigten Sinn hat, findet bei »medizinischen« Entbindungen selten Berücksichtigung.

Erwiesenermaßen hat nämlich die durch Kontraktionen des Uterus ausgelöste vaginale Geburt die Funktion, bestimmte Mechanismen wie Atmung und Stoffwechsel des Kleinkindes zu aktivieren. Wo die entsprechende Stimulierung ausbleibt, sind diese Funktionen im allgemeinen spürbar beeinträchtigt.

Aber auch die psychologischen Implikationen der Kaiserschnittgeburt sollte man nicht unterschätzen. Zwar ist eine »normale« Geburt gewiß auch für das Kind Schwerstarbeit, aber, wenn es dabei die Unterstützung der Mutter hat, zugleich auch ein mit ihr zutiefst mitempfundenes Gemeinschaftserlebnis. Die Operation verhindert diese Erfahrung. Bei einem Kaiserschnitt »entnimmt« der Arzt der bewußtlosen Mutter ein »lebloses« Kind und bringt beide somit um die elementare Geburtserfahrung. Diese Einwände betreffen selbstverständlich nicht die Fälle, in denen ein derartiger operativer Eingriff medizinisch unumgänglich ist.

Der französische Arzt Dr. FRÉDÉRICK LEBOYER praktiziert seit Jahren mit großem Erfolg die sogenannte *sanfte Geburt.* Diese Methode beläßt der Geburt eines Kindes ihren intimen Charakter. Die Geburtshelfer halten sich dabei möglichst im Hintergrund – weder grelles Licht noch Medizintechnik »schüchtern« die Gebärende und ihr Kind ein. So kann sich die Frau in Gegenwart ihres Mannes ohne Streß auf die Geburt konzentrieren. Ist das Kind schließlich geboren, legt man es der Mutter auf den Bauch, ehe nach einer angemessenen Frist die Nabelschnur durchtrennt wird. Auf solche Weise zur Welt zu kommen, das ist gewiß zuträglicher als in der typischen OP-Atmosphäre, in der das Baby zur »Begrüßung« erst einmal in kaltes Wasser getaucht wird.

Vor einigen Jahren ist es zwei englischen Ärzten erstmals gelungen, ein weibliches Ei außerhalb des Körpers einer Frau zu befruchten und anschließend der Spenderin wieder zu implantieren. Von einem Großteil der Presse wurde diese – inzwischen schon relativ verbreitete – Methode der *Insemination in vitro* zur medizinischen Sensation des Jahrhunderts hochgejubelt. Daß solche medizinischen Eingriffe in den Zeugungsvorgang auch große Risiken bergen, wird von ihren Befürwortern meist ignoriert.

So weiß man beispielsweise über die psychologischen Auswirkungen auf das »betroffene« Kind rein gar nichts. Nur wer davon ausgeht, daß der Zeugungsakt für den daraus entstehenden Menschen keinerlei, auch keine unbewußten seelischen Folgen hat, wird die neuen Techniken bedenkenlos befürworten.

Neben solchen psychologischen Erwägungen spielen für die Diskussion über die Befruchtung außerhalb des Mutterleibs jedoch gleichermaßen ethische und rechtliche Fragen eine Rolle. Sind beispielsweise die »Eltern« eines solchen Kindes verpflichtet, sich auch dann um das Kind zu kümmern, wenn etwas »schiefgeht«? So hat vor kurzem eine weiße Engländerin – mit einem ebenfalls weißen Ehemann – ein schwarzes Baby zur Welt gebracht, weil bei der Befruchtung der Same des »falschen« Spenders benutzt worden war. Daraufhin weigerte sich das Ehepaar, den absolut schuldlosen Säugling zu akzeptieren.

In den USA besteht seit einigen Jahren die Möglichkeit, *Ersatzmütter* zu »kaufen«. Wenn eine Ehefrau kein Kind bekommt, kann das davon betroffene Paar für etwa zwanzigtausend Dollar eine Frau »mieten«, deren reife weibliche Keimzelle im Labor mit dem Samen des Ehemanns zusammengebracht wird. Anschließend wird das befruchtete Ei implantiert, und die »Stiefmutter« trägt das so gezeugte Kind aus.

Neben der Frage, wem so ein Kind eigentlich gehört, tauchen in diesem Zusammenhang erhebliche ethische Bedenken auf. Es ist doch ziemlich klar, daß eine Mutter »ihrem« Kind, das nur gegen Geld in ihr wächst, nicht jene mütterlichen Gefühle entgegenbringen wird, die ein Ungeborenes braucht, um später einmal ein seelisch intakter Mensch zu werden.

Wenn wir an den engen Zusammenhang von seelischen und körperlichen Vorgängen denken, so ist es vorstellbar, daß die »Natur« auf dem Weg der Unfruchtbarkeit dafür sorgt, daß Frauen, die – aus welchen Gründen auch immer – die seelischen Bedingungen einer Mutterschaft »nicht erfüllen«, ohne Kinder bleiben. Das heißt nichts anderes, als daß das Problem der weiblichen Unfruchtbarkeit nach neueren wissenschaftlichen Erkenntnissen hauptsächlich eine psychologische Frage ist.

Eine Frau, die emotional dazu in der Lage ist, ein Kind zu akzeptieren, wird – in der Regel – auch physisch empfängnisfähig sein. Daher gilt es, das Problem auf dieser Ebene anzufassen und die betroffene Frau mit ihren seelischen Konflikten zu konfrontieren. Erst wenn diese Konflikte verstanden und gelöst sind, hat es überhaupt einen Sinn, die Verantwortung einer Mutterschaft auf sich zu nehmen. An dieser Tatsache können – und sollten – auch alle Errungenschaften der modernen Genetik nichts ändern.

Während der vergangenen Jahrzehnte galt das *Stillen* als beinahe barbarisches Gehabe und als Relikt aus längst vergangenen Zeiten. Nicht zuletzt hat die Nahrungsmittelindustrie dieses Vorurteil fleißig unterstützt und dabei blendend verdient. Heute weiß man, daß – unter dem Gesichtspunkt der physischen wie auch der psychischen Entwicklung des Säuglings – nichts der positiven Wirkung der Muttermilch beziehungsweise der Praxis des Stillens gleichkommt. Die Muttermilch enthält für den Säugling lebenswichtige Nährstoffe in einer Mischung und Konzentration, wie sie eine künstlich hergestellte Kindernahrung nie zu bieten vermag.

Aber nicht nur für die körperliche Entwicklung des Kleinkindes ist das Stillen von großem Vorteil, sondern ebenso und insbesondere für seine seelische Gesundheit. Der unmittelbare Kontakt zur Mutter und ihre nahe, Beruhigung stiftende Anwesenheit vermitteln dem Säugling ein Gefühl von Sicherheit und Ruhe. Im liebevollen Blick der Mutter sieht das Baby gleichsam sein Spiegelbild und erkennt sich selbst. »Das Selbst ist das Lächeln im Auge der Mutter«, hat ALICE MILLER einmal ebenso treffend wie schön bemerkt. Zum erstenmal entwickelt das Kleinkind das Gefühl des Vertrauens zu sich selbst und in die Welt.

Die bürgerliche Familie hat in den letzten ein bis zwei Generationen eine tiefe Wandlung durchlaufen. Aus der ehemals hierarchisch strukturierten und vom Vater beherrschten Großfamilie hat sich die moderne *Kleinfamilie* entwickelt, in der – aufgrund veränderter gesellschaftlicher Bedingungen – die alte Funktionenteilung von Vater und Mutter so streng nicht mehr gilt.

Zwar repräsentiert auch heute noch der Vater tendenziell eher die abstrakt-öffentliche Seite des Lebens, wogegen die Mutter noch immer primär die Verkörperung des Familieninnenlebens darstellt; aber diese Grenzen sind mittlerweile weniger starr, und daher ist auch die Rolle des Vaters eine andere als früher.

Während vormals der Mann gleichsam »über« der Familie stand, kann er es sich heute leisten, als zwar verantwortlicher, aber doch integrierter Teil der Familie aufzutreten. Daraus resultiert auch eine größere Nähe zu den Kindern. Wo es früher verpönt war, Gefühle zu zeigen, kann der moderne Vater durchaus einmal weich und nachgiebig auftreten. Nicht seine abstrakte Autorität ist gefragt, sondern sein Vorbild und sein männlicher Erfahrungsvorsprung sind gewünscht. So kann es dem Mann von heute gelingen, sein Kind auf eine persönliche und einfühlsame Weise an »die Welt« heranzuführen.

Für Tochter und Sohn sind vor allem *Liebe,* aber auch Verläßlichkeit und Vorbildlichkeit entscheidend. Wer so erzieht, wird natürlich trotzdem um eine gewisse Standfestigkeit nicht herumkommen, denn ein Kind muß erst lernen, daß es Grenzen gibt.

Wer seinem Kind – egal ob als Mutter oder als Vater – von Anfang an in dieser Weise begegnet, der legt den Keim zu einem gesunden und lebensbejahenden Menschen.

Henry G. Tietze

1
Vorgeburtliches Leben

1. Schon bei der Zeugung beginnt die Verantwortung für das Kind

Vor einiger Zeit ging eine sensationelle Nachricht aus London durch alle Zeitungen. Die englischen Teenager, so hieß es dort, hätten sich in der Mehrzahl gegen die *Pille* entschieden. Als Begründung dafür gaben sie an, daß das körperliche Zusammensein einen ganz besonderen Reiz bekomme, wenn es mit einem gewissen Risiko verbunden sei.

Diese Einstellung hat durchaus ihre Berechtigung. Selbstverständlich trägt ein gewisses Wagnis immer zur Erhöhung des Vergnügens bei. Aber das Risiko sollte in einem vernünftigen Verhältnis zu dem mit ihm verbundenen Spaß stehen. Das ist jedoch kaum der Fall, wenn man die eigene Zukunft, die des Freundes oder Partners und die des ungeborenen Kindes aufs Spiel setzt.

Wir wollen uns nichts vormachen: Ganz sicher ist die Pille kein ideales Verhütungsmittel. Sie bedeutet einen entscheidenden Eingriff in den Hormonhaushalt der Frau, und sie trennt darüber hinaus zwei Vorgänge, die natürlicherweise eng miteinander verbunden sein sollten: den Lustgewinn, wie er aus Leidenschaft, Zärtlichkeit, körperlicher und seelischer Liebe entspringt, und den Akt der Zeugung und des Empfangens.

Ganz gewiß kommt für viele gesunde Männer einmal der Moment, in dem sie nicht nur Lust suchen, sondern auch zeugen möchten, genau wie so manche gesunden Frauen eines Tages den Wunsch hegen, ein Kind zu empfangen. Auch in unserer Zeit, da reicher Kindersegen längst nicht mehr als höchstes Glück gilt, empfinden es die meisten Männer nach wie vor als Schande, zeugungsunfähig zu sein. Nicht anders ergeht es Frauen, die nicht in der Lage sind, ein Kind zu empfangen. Das höchste Glück in der Liebe wird wahrscheinlich immer mit dem Wunsch nach einem Kind verbunden bleiben.

Neues *menschliches Leben* entsteht – wie allgemein bekannt – aus der Verschmelzung einer männlichen Samenzelle mit einem weiblichen Ei. Zu diesem Zweck muß der Same jedoch zu einer weiblichen Keimzelle gelangen. Ein befruchtungsfähiges Ei steht aber innerhalb des Monatszyklus einer Frau nur für etwa zwölf Stunden zur Verfügung.

Jedes Mädchen wird bereits mit rund vierhunderttausend Ureizellen geboren. Davon reifen allerdings – etwa zwischen dem zwölften und fünfundvierzigsten Lebensjahr – nur ungefähr dreihundertachtzig zu ovulationsfähigen Follikeln aus, die ein befruchtbares Ei enthalten. Um den dreizehnten Tag nach Beginn der Monatsblutung wird jeweils ein neues Ei von einem der beiden Eierstöcke freigegeben und gleitet über den jeweiligen Eileiter in die Gebärmutter hinab.

Wird die Eizelle von einer Samenzelle befruchtet, so nistet sie sich in die Gebärmutterschleimhaut ein, die alle Nährstoffe zur Entwicklung der sich sofort vielfach teilenden Zellblase bereithält. Eine nicht befruchtete Eizelle geht nach spätestens vierundzwanzig Stunden zugrunde. Die überflüssige Nährschleimhaut der Gebärmutter wird vom weiblichen Organismus am Ende des Zyklus wieder ausgestoßen. Diesen Vorgang bezeichnet man als Menstruation. Die Schleimhaut, in der ein Ei nistet, wird von einem gesunden Organismus nicht abgestoßen. Darum bleibt eine Regelblutung aus, wenn eine Befruchtung erfolgt ist.

Männliche Samenzellen sind zählebiger als die weiblichen Eizellen. Sie können rund achtundvierzig Stunden in der Scheide, der Gebärmutter und den Eileitern überdauern. Millionen von ihnen sterben ab, aber es genügt, daß die kräftigsten sich bis zum Ei vorarbeiten. Eine einzige Samenausschüttung enthält hundert bis zweihundert Millionen Zellen, doch zur Befruchtung reicht eine einzige aus. Wenn mit dem frühesten Eintreffen eines Eis am dreizehnten Tag nach dem ersten Tag der Regel zu rechnen ist, so kann ein Geschlechtsverkehr am elften Tag bereits eine Befruchtung auslösen, weil der Same gut zwei Tage lang lebt.

2. Wann beginnt menschliches Leben?

Biologisch betrachtet beginnt menschliches Leben mit der Befruchtung des weiblichen Eis durch die Samenzelle und der darauffolgenden Zellteilung.

Wann beginnt *seelisches Leben?* Dr. KLAUS BICK, Präsident der internationalen Gesellschaft für Hypnoanalyse und Leiter der Psychiatrischen Felsenlandklinik in Dahn in der Pfalz, hat seine Patienten zu Tausenden in Trance in den Mutterleib »zurückgeschickt«. Dabei hat er sehr viele seiner Patienten den Augenblick ihrer Zeugung noch einmal durchleben lassen. Nun weiß man jedoch, daß das menschliche Erinnerungsvermögen, das Bewußtsein, sich beim Fetus erst vom siebten Schwangerschaftsmonat aufwärts bildet. Es gibt Vermutungen darüber, daß die menschliche Zelle eine Art Bewußtsein in sich trägt und daß nicht nur Speicherungen im Gehirn stattfinden. Da aber diese Theorien noch im Bereich der Spekulation anzusiedeln sind, wollen wir uns in diesem Buch ausschließlich mit den wissenschaftlich erforschten Fakten befassen.

Die Ergebnisse der Wissenschaft belegen eindeutig, daß seelisches Leben und die damit verbundene Speicherung von Gefühlen bereits im Mutterleib beginnen. Gewisse Tests haben zum Beispiel gezeigt, daß der Embryo im Mutterleib schon in der fünften Woche ein überraschend komplexes Repertoire an *Reflexbewegungen* entwickelt hat. In den folgenden Wochen entwickelt sich nicht nur die Fähigkeit, Kopf, Arme und Rumpf mühelos zu bewegen, sondern das werdende Kind verfügt sogar schon über eine einfache Körpersprache. Es drückt seine Vorlieben und Abneigungen mit gezielten Püffen und Tritten aus. Wenn beispielsweise die Schwangere auf ihren Bauch drückt oder leicht gegen das Kind stößt, versucht das

Baby – soweit es ihm möglich ist –, derartigen unangenehmen Empfindungen auszuweichen. Auf diese Weise wird auch verständlich, warum manche Neugeborenen nachts so aktiv sind. Denn im Mutterleib war die Nacht die Periode der größten Unruhe für den heranwachsenden Fetus. Während der Nacht ist nämlich eine Schwangere ständig in Bewegung, weil das Kind in ihrem Leib ihren Schlaf erheblich beeinträchtigt. Dadurch wiederum wird das Kind seinerseits aktiviert, so daß es nach Meinung mancher Experten mit einem verkehrten Schlaf-Wach-Rhythmus zur Welt kommt.

Die Entwicklung der Mimik nimmt längere Zeit in Anspruch als die Herausbildung der allgemeinen Körperbewegungen. Im vierten Monat kann das Ungeborene die Stirn runzeln, schielen und Grimassen schneiden. Etwa zur gleichen Zeit erwirbt es auch die wichtigsten Reflexe: Gynäkologen haben Feten im Mutterleib experimentell über die Augen gestrichen, was bei den Babys sofort ein Stirnrunzeln auslöste. Bei der Berührung der Lippen fingen sie gleich an zu saugen.

Vier bis acht Wochen später ist das Kind für *Berührungen* so empfindlich wie ein Einjähriges. Wird seine Kopfhaut im Zuge der medizinischen Untersuchungen versehentlich gekitzelt, zieht es den Kopf rasch zurück. Es hat auch eine Abneigung gegenüber kaltem Wasser. Wenn kaltes Wasser in den Leib der Mutter injiziert wird, beginnt der Fetus wild zu strampeln. Das vielleicht Erstaunlichste an diesem angeblich noch undifferenzierten Wesen ist sein Geschmacksempfinden. Frauenärzte haben in Versuchsreihen dem Fruchtwasser schwangerer Frauen eine Zuckerlösung zugesetzt, und sofort machten die Ungeborenen doppelt so viele Schluckbewegungen wie vorher. Gaben die Mediziner hingegen faulig schmeckendes, jodähnliches Öl dazu, so sank nicht nur die Zahl der Schluckbewegungen, die Kinder verzogen auch das Gesicht.

Neuere Untersuchungen beweisen, daß Feten von der vierundzwanzigsten Woche an *hören.* Und es gibt eine Menge zu hören, denn im Leib und in der Gebärmutter der Schwangeren geht es sehr geräuschvoll zu. Das Magenknurren der Mutter ist eines der lautesten Geräusche für das ungeborene Kind. Die Stimmen der Eltern und andere gelegentliche Geräusche sind zwar leiser, aber immer noch wahrnehmbar. Der Ton aber, der in der Welt des Ungeborenen vorherrscht, rührt vom permanenten Schlag des mütterlichen Herzens her. Solange dieses im gewohnten Rhythmus pocht, weiß der Fetus, daß alles in Ordnung ist – er fühlt sich geborgen.

Stanislav Grof, ein in den USA praktizierender Psychiater, »versetzte« unter LSD-Einfluß stehende Versuchspersonen in den Mutterleib »zurück«. Dabei hörte beispielsweise ein junger Mann, als er sich im Mutterleib »erlebte«, Musik und viele Stimmen. Befragungen der Mutter ergaben, daß sie auch während der Schwangerschaft ein jährlich stattfindendes Volksfest – mit der üblichen Geräuschkulisse – besucht hatte. Dieses Erlebnis hatte der junge Mann »gespeichert«, und es war abrufbar.

3. Das vorgeburtliche Bewußtsein des Kindes

Das menschliche Gehirn ist konzentrisch in drei Schichten aufgebaut. Dabei handelt es sich um miteinander in Beziehung stehende Netzwerke von Nervenzellen, von denen jedes ein eigenes Bewußtsein und einen eigenen Erinnerungsspeicher hat. Jedes Netzwerk ist für ein anderes Gebiet menschlicher Tätigkeit zuständig. Es handelt sich dabei um verschiedene Systeme, die zwar aufeinander reagieren, aber nicht austauschbar sind. Die dritte Ebene kann beispielsweise nicht die Aufgaben der zweiten übernehmen.

Etwa nach dem siebten Monat ist das für viszerale (die Eingeweide betreffende) Vorgänge zuständige innere Gehirn voll entwickelt. Die Herausbildung von Mittel- und Außenhirn ist dagegen noch nicht abgeschlossen. Das innere Gehirn – also die erste Bewußtseinsebene – befaßt sich mit den Reaktionen, die mit der Mittellinie des Körpers zu tun haben: Herztätigkeit, Atmung, Blasen-, Magen- und Darmfunktion. Diese

Ebene organisiert sämtliche instinktiven Reaktionen. Sie bestimmt zeitliche Abläufe, Rhythmus, Koordination und Gleichgewicht. Sie ist das *Überlebensbewußtsein.*

Erst wenn das innere Gehirn voll ausgebildet ist, entwickelt sich der zweite Bereich des Gehirns bis zu einem Grad, der es dem Kind ermöglicht, gefühlsbetont zu reagieren und Bindungen einzugehen. Dieses Netzwerk speichert in der Kindheit erlebte emotionale Reaktionen.

In den ersten Lebensmonaten befaßt sich das Gehirn überwiegend mit den inneren, viszeralen Reaktionen und beginnt dann allmählich mit der Differenzierung von Muskelreaktionen, wie zum Beispiel den Bewegungen von Fingern, Zehen, Armen und Beinen. Die zweite Bewußtseinsebene setzt dabei die inneren Vorgänge in Beziehung zur Außenwelt. Gesichtsausdruck, Gang, Körperhaltung und Hautbildung sind Beispiele für tätiges Bewußtsein in der zweiten Ebene: das *Gefühlsbewußtsein.* Während also die erste Bewußtseinsebene nach innen gerichtet ist, wendet sich die zweite nach außen. Bewußtsein auf der ersten Ebene ist Körperbewußtsein. Die zweite Bewußtseinsebene hingegen hat mit den Beziehungen zu anderen Menschen zu tun. Sie enthält aber auch die Summe aller Vorstellungsbilder, zu denen das Individuum fähig ist; sie ist somit die Grundlage jeglicher Kreativität und bildet eine Brücke zwischen der ersten und der dritten Ebene.

Die Bilder des zweiten Gehirnbereiches haben eine Klarheit, die nach dem Filtern auf der dritten Ebene verlorengeht. In Träumen und Imaginationen kann man die Schärfe der Bilder jedoch wiedergewinnen. Ein Mensch, der bestimmte Kindheitserfahrungen noch einmal »durchlebt«, erfährt alle Eindrücke genau so, wie er sie beim »ersten Mal« erlebt hat. Und psychologisch gesehen wie auch neurologisch befindet er sich in der Tat buchstäblich dort. In den von mir durchgeführten therapeutischen Sitzungen gelingt es immer wieder, Patienten auf die zweite Ebene »zurückzuführen«, und es ist erstaunlich, welch präzise Erinnerungen aus jener Zeit sich bei diesen Gelegenheiten zeigen.

Ich möchte das an einem Beispiel einmal demonstrieren. Solche *Rückführungen* basieren auf der Arbeit mit inneren Bildern, die strukturell unseren Nachtträumen vergleichbar sind. Der Therapeut versetzt den Patienten zu diesem Zweck in einen Trancezustand, eine Art von Dämmerzustand, und gibt ihm ein Bild vor, das sich dann selbständig entwickelt. In dem folgenden Beispiel handelt es sich um einen vierzigjährigen unverheirateten Mann, der noch einen Zwillingsbruder hat. Die beiden Männer sind jedoch kaum als Zwillinge zu erkennen, denn der Bruder ist groß und kräftig, wogegen mein Patient klein und schmächtig ist. Lassen Sie sich einmal ein »Traumerlebnis«, das bis in den Mutterleib zurückreicht, schildern:

»Ich sehe nur Licht. Ich habe ein weibliches Baby auf dem Arm. Dabei habe ich ein gutes Gefühl. Dieses Baby verwandelt sich in ein männliches Baby. Ich fühle ein Staunen in mir. Das Kind wird kleiner und durchsichtig. Alles ist sehr fein und zart. Ich kann es kaum noch erkennen. Das alles kommt mir sehr vertraut vor. Es ist, als ob ich etwas auf dem Röntgenschirm sähe, als könnte ich in einen Körper hineinsehen. Ich sehe einen Bauch, in dem ein kleines Baby schwimmt. Das Kind ist ganz schwach. Ich sehe einen zweiten Kinderkopf, der ganz groß ist. Jetzt sehe ich wieder den Bauch; es ist, als wären da zwei Kinder drin, als würde ein Känguruh zwei Kinder tragen. Die Köpfe schauen heraus. Es kommen verschiedene Farben ins Spiel. Da ist ein farbiger Nebel, der von Blau durchzogen ist. Dann kommt ein heller Schimmer; jetzt ist es, als wäre überall Wasser (Fruchtwasser).«

Wir haben hier eine typische Mutterleibssituation. Der Patient verstand nach diesem Traum, warum er so klein geblieben war und sein Bruder sich so ganz anders entwickelt hatte. Schon im Mutterleib hatte er sich von seinem Bruder (dem großen Kopf) in die Ecke gedrängt gefühlt. Daraus resultierte, daß er sich zu einem viel schwächeren und hilfsbedürftigeren Menschen entwickelt hatte als der andere Zwilling. Sein Leben lang hatte er darunter gelitten, »von anderen an die

Wand gedrückt zu werden«. Das war auch der Grund dafür, daß er nie geheiratet hatte.

Die dritte Bewußtseinsebene entwickelt sich zuletzt. Sie ist das *integrierende Bewußtsein,* das dafür zuständig ist, Ereignisse der ersten und zweiten Ebene zusammenzubringen. Sie rationalisiert, intellektualisiert die entsprechenden Geschehnisse und setzt sie symbolisch um. Sie ist das System der Logik, der Problemlösungen und des Speicherns von Fakten und Zahlen. Sie philosophiert, schafft mathematische Symbole und repariert Maschinen. Sie ist das System, das Religionen und mystische Vorstellungen entwirft. Sie ist jener Teil von uns, der versucht, der Welt einen Sinn abzugewinnen.

4. Sinneswahrnehmungen des Ungeborenen

Schon an anderer Stelle wurde darauf hingewiesen, daß das Ungeborene bereits im Mutterleib hören kann. Im siebten Schwangerschaftsmonat hatte die Sekretärin Ursula Huber aus München ein merkwürdiges Erlebnis: »Wir haben ein Lokal besucht, in dem Zigeuner aufspielten. Es war unheimlich laut. Da ging das in meinem Bauch drunter und drüber. Als die Musiker Pause machten, war sofort Ruhe. Aber als sie wieder anfingen, fing auch das Baby wieder an zu strampeln. Es war nicht auszuhalten, ich mußte nach Hause gehen.«

Der Münchner Verkäuferin Lore Schmidtbauer passierte im neunten Monat etwas Ähnliches. »Jeden Morgen, gleich nach dem Aufwachen, hörte mein Mann mit einem Hörrohr die Herztöne des Kindes ab. Er hatte sich das von einem Freund zeigen lassen, der Medizinstudent ist. Einmal dauerte es ziemlich lange, bis er etwas hören konnte. Da wurde ich nervös. Im selben Augenblick raste auch das Herz des Kindes los.«

Für die Wissenschaft vom pränatalen Leben, die Psychologie des Seelenlebens des ungeborenen Kindes, sind derartige Erlebnisse nichts Ungewöhnliches. Es ist längst bekannt: Die

Geburt ist nicht die Stunde Null. Bereits im Mutterleib kann der Mensch hören, sehen, fühlen und sogar unbewußte Erinnerungen speichern. In vielen psychologischen Fach- und Sachbüchern findet man Hinweise darauf, daß SIGMUND FREUD angeblich nie ein pränatales Seelenleben anerkannt hat. Das ist unrichtig. Wenn auch spät, so hat Freud doch, nur zum Beispiel, eine in dieser Hinsicht aufschlußreiche Meinung geäußert: »Die Bedeutung der Phantasien und unbewußten Gedanken über das Leben im Mutterleibe habe ich erst später würdigen gelernt. Sie enthalten . . . die tiefste und unbewußte Begründung des Glaubens an ein Fortleben nach dem Tode, welches nur die Projektion in die Zukunft dieses unheimlichen Lebens vor der Geburt darstellt. Der Geburtsakt ist übrigens das erste Angsterlebnis und somit die Quelle und das Vorbild des Angstaffektes.«

Hier bezieht der »Vater der Psychoanalyse« also eindeutig Stellung. Die zitierte Feststellung ist nur eine von vielen Aussagen Freuds, die bewußt oder unbewußt von seinen späteren Anhängern überlesen wurden. So schreibt noch in den sechziger Jahren der Freudanhänger und Kinderpsychologe RENÉ A. SPITZ: »Ich möchte jedoch kategorisch betonen, daß ich mich von den Spekulationen mancher Autoren distanziere, die behaupten, das ungeborene Kind bringe schon in utero Unlust zum Ausdruck. Wir können nicht wissen, was das Verhalten des Fetus ausdrückt. Ebenso unannehmbar erscheinen mir die Spekulationen über sensorische Wahrnehmungen des Kindes während der Geburt oder über psychische Aktivitäten im Neugeborenen und das Erwachen geistig-seelischer Funktionen in den ersten Wochen und Monaten nach der Geburt. Solche Spekulationen stehen auf der gleichen Stufe wie die Behauptungen von Autoritäten früherer Jahrhunderte über den sogenannten Geburtsschrei des Neugeborenen, der angeblich Verzweiflung bei der ersten Begegnung mit unserer traurigen Welt ausdrücken sollte. Alle diese sehr naiven Vorstellungen sprechen für die Phantasie ihrer Urheber, aber man kann sie weder beweisen oder entkräften.«

Hier hat Spitz ganz gewaltig geirrt. Inzwischen kann man solche Hypothesen beweisen, wie ich noch aufzeigen werde; man kann sie tatsächlich nicht mehr entkräften!

Belege für derartige Annahmen fanden Psychologen, allen voran der heute auf die Neunzig zugehende Psychoanalytiker GUSTAV HANS GRABER aus Bern, der 1971 eine Internationale Studiengemeinschaft für pränatale Psychologie (ISPP) gegründet hat aufgrund der Beobachtung von Ungeborenen und Neugeborenen. Zusätzliche Ergebnisse lieferte die Hypnotherapie, insbesondere die Hypnoanalyse, wie sie der deutsche Psychiater Dr. KLAUS BICK in seiner Klinik in Dahn durchführt. Immer wieder gelang es ihm, in seinen Patienten *Mutterleibserinnerungen* zu aktualisieren und die Ursachen von Neurosen und Traumen aufzudecken.

Der Verfasser hatte Gelegenheit, einigen dieser dramatischen Sitzungen beizuwohnen und zu erleben, welche Erschütterungen und Angstgefühle derartige Erinnerungen auslösen können. Um dem Leser einen Einblick in die Problematik zu geben, habe ich, wie Sie noch sehen werden, diesem Buch verschiedene Protokolle solcher Sitzungen eingefügt, die die Bedeutung vorgeburtlicher Erfahrungen sehr klar aufzeigen. Der amerikanische Psychiater STANISLAV GROF hat in unzähligen LSD-Sitzungen seine Patienten vorgeburtliche Zustände durchleben lassen, und ARTHUR JANOV hat mit seiner Urschreitherapie wesentlich zum Erkennen frühkindlicher Traumatisierungen beigetragen.

Daß der Mensch schon vor der Geburt hören kann, stellte als erster der Kinderarzt ALBRECHT PEIPER in den zwanziger Jahren fest. Er stellte Schwangere vor einen Röntgenschirm, ließ eine Autohupe ertönen und fotografierte dabei das Kind im Mutterleib. So konnte er nachweisen, daß viele Feten bei lauten Geräuschen erschrocken zusammenzucken. Wenn sie aber schon auf Geräusche von außen reagieren, um wieviel mehr dann auf innere akustische Reize. Den eindrucksvollsten Beweis für diese Annahme lieferte der New Yorker Musikpsychologe LEE SALK. Er nahm den *Herzschlag* von Müttern auf

Tonband auf und spielte ihn ihren soeben geborenen, schreienden Kindern vor. Alle beruhigten sich auf der Stelle, die meisten schliefen sogar ein. Stellte er das Tonband ab, so wurden die Säuglinge prompt wieder unruhig.

Um herauszufinden, ob die seelischen Leiden eines Patienten pränatalen Ursprungs sind, spielen deshalb manche Therapeuten ihren Patienten ein Tonband vor, auf dem der Herzschlag einer werdenden Mutter aufgezeichnet ist. Menschen, die eine geborgene Zeit im Mutterleib erlebt haben, fühlen sich beim Anhören einer solchen Aufnahme wohl, entspannen sich tief und sind, solange das Band läuft, vollkommen ausgeglichen. Bei anderen, die das Gefühl von Geborgenheit im Mutterleib nicht vermittelt bekamen, zeigt sich eine zunehmende Unruhe, die sich bis zu Angstgefühlen steigern kann.

Viele Mütter machen sich die beruhigende Wirkung eines gleichförmigen Geräusches instinktiv zunutze, indem sie ihr Baby bevorzugt auf der linken Herzseite halten oder ihm einen tickenden Wecker ans Bettchen stellen. Ebenso unbewußt nehmen sie es auf den Arm, wenn es schreit, spazieren sie mit ihm herum und reden auf das Kind ein. Die aufrechte Haltung der Mutter hat das Kind nämlich noch aus ihrem Leib in Erinnerung, dabei wurde es wie in einer Wiege geschaukelt. Wenn die Mutter sich dagegen auf den Rücken legte, wurde es für das Baby unbequem; die harte Wirbelsäule drückte, und es suchte sich eine andere, bequemere Lage. Das ist auch der Grund dafür, warum Kinder im Mutterleib immer munter werden, wenn ihre Mütter schlafen wollen – eine Beobachtung, die jede Schwangere macht.

Ohne Frage ist das Pochen des mütterlichen Herzens für das Kind wichtig und hat eine beruhigende Wirkung; eine nervöse, überreizte Mutter hat jedoch einen unruhigen Herzschlag und vermittelt damit ihrem Kind ein ständiges Gefühl von Bedrohung. Auf diese Weise ist der mütterliche Herzschlag ein elementarer Bestandteil der vorgeburtlichen Existenz. Aber das weiß das Ungeborene natürlich nicht; es weiß nur, daß der tröstliche, beruhigende Rhythmus des Herzens eine der wichtigsten Gegebenheiten seiner Welt ist. Es schläft beim Wohlklang des mütterlichen Herzschlags ein, wacht mit ihm auf, bewegt sich und ruht in seinem Rhythmus. Da der menschliche Geist selbst im Mutterleib schon mit Symbolen arbeitet, nimmt auch der Rhythmus des mütterlichen Herzens für den Embryo und, später, für den Fetus eine ganz bestimmte Bedeutung ein: Er versinnbildlicht für das Kind Ruhe, Sicherheit und Liebe.

Auch Kinder können sich an die Zeit im Mutterleib erinnern. So erwähnt beispielsweise Dr. FRIEDRICH KRUSE, der Vizepräsident der Internationalen Gesellschaft für pränatale Psychologie, das Erlebnis eines kleinen Mädchens, von dem ihm dessen Mutter berichtete: »Gestern saß ich am Bett meiner neunjährigen Tochter. Unvermittelt sagte sie: ›Mami, ich kann mich noch haargenau erinnern, wie es in deinem Bauch war. Da war's dunkel und so schön, schön warm! Es war immer finster und hat bum... bum... gemacht.‹ Dann fügte sie begeistert an, daß das wohl mein Herz gewesen sei.«

Weiter berichtet Kruse von einem Neurologen aus Rom, der zunächst ziemlich skeptisch gegenüber der These war, es gebe Mutterleibserinnerungen. Dieser Mann wurde nach einem längeren Gespräch mit Kruse nachdenklich und erzählte schließlich die folgende Geschichte: In seiner Familie war die Katze bei der Geburt ihrer beiden Jungen gestorben. Die Familie beriet nun, wie die Jungen aufzuziehen seien. Da sagte die neunjährige Claudia: »Wir machen ihnen ein Bettchen, legen ihnen eine Wärmflasche hinein und einen Wecker!« Darauf der Vater: »Warum denn einen Wecker?« Claudia: »Damit die Kleinen glauben, sie wären noch im Bauch der Mutter!«

Der Rhythmus des mütterlichen Herzens bietet nach Ansicht vieler Vertreter der Psychologie, die sich mit der Erforschung des pränatalen Lebens beschäftigten, die Erklärung dafür, daß in aller Welt die Kinderworte für Mama und Papa aus Doppelsilben bestehen. Diese beiden Silben »können«, sagt dazu der Salzburger Psychologieprofessor WALTER SIMON, »in ihrem primitiven Sprachrhythmus der akustische Nachvollzug der mütterlichen Herzschlagfolge sein.«

Das Pochen des Herzschlags der Mutter erklärt Dr. FRIEDRICH KRUSE zufolge auch, warum die Beatles einen so sensationellen Erfolg hatten. Er glaubt, die »repetierenden Mutterpulsrhythmen« ihrer Musik hätten die Erinnerung an das vorgeburtliche Paradies wiederbelebt und vor allem bei frustrierten Jugendlichen den Wunsch nach Rückkehr an den Ort des Ursprungs geweckt.

Doch damit nicht genug. Die vor der Geburt gehörte *Stimme der Mutter* kann noch Jahrzehnte später eine magische Wirkung auf seelisch gestörte Erwachsene ausüben. Das entdeckten französische Wissenschaftler. Zur Heilung von Patienten, die an krankhafter Schweigsamkeit, Kontaktarmut oder Jugendschizophrenie litten, nahmen sie die Stimme der Mutter auf Tonband auf und gaben sie in ähnlicher Weise wieder, wie sie sich in etwa im Mutterleib angehört haben mußte. Dadurch erreichte man Schichten des Unbewußten, an die man auf herkömmliche Weise nicht herankommt.

Der Genfer Psychotherapeut JEAN SARKISSOFF, der diese Methode übernahm, konnte auf diese Weise eine vierzigjährige Patientin heilen, die unter starken Angstzuständen litt und bereits einen Selbstmordversuch hinter sich hatte. Im Verlauf der Therapie erlebte sie ihre eigene Geburt noch einmal: »Ich werde hinausgeworfen. Man stößt mich aus einem Tal, ich gelange mit Gewalt ins Leere. Ich kann nicht mehr atmen. Das Schluchzen erstickt mich. Es ist eine unerklärliche Gewalt. Ich bin nackt, ich friere, der Tod umgibt mich. Irgend etwas stößt mich, es kracht. Ich fühle es in meinem Unterleib, in meiner Brust, ich halte den Atem an, dann habe ich das Gefühl, es öffnet sich . . .«

5. *Mütterliche Emotionen sind »ansteckend«*

Die alten Frauen haben es ja schon immer gesagt: Man soll einer Schwangeren jeden Ärger, jede Aufregung, jeden Streß, ja jede Unlust ersparen, weil sonst das Kind im Mutterleib darunter leidet. »Eine weinende Mutter gebiert ein greinendes Kind« heißt es im Volksmund. Bis vor kurzem galten solche Ansichten bei Wissenschaftlern als »Weibergeschwätz« und Aberglaube. Aber heutzutage ist nachgewiesen: *Störende Einflüsse und Traumen* während der letzten drei Schwangerschaftsmonate und im Verlauf der Geburt leisten einer späteren neurotischen Fehlentwicklung Vorschub. Die mütterlichen Angst- und Erregungszustände werden auf dem Blutweg auf das Kind übertragen und können im späteren Leben zu abnormen Verhaltensweisen, psychosomatischen Leiden und anderen Schäden führen.

Wie schon an anderer Stelle erwähnt, bildet sich die erste Bewußtseinsebene zugleich mit dem Nervensystem. Schon wenige Wochen nach der Befruchtung – und nicht erst während der letzten drei Schwangerschaftsmonate, wie viele meinen – überträgt sich jegliche Überbelastung der Mutter auf das werdende Leben. Solche Traumen werden sofort in dem noch sehr rudimentären Nervensystem gespeichert. Sie haben Auswirkungen auch auf das Erwachsenenbewußtsein. Im Säuglingsalter oder gar schon im Mutterleib erfahrener *Urschmerz* findet seinen Niederschlag in dem bis dahin einzig zur Verfügung stehenden, ausgereiften Gehirnteil beziehungsweise dem viszeralen Bewußtsein. Spätere Ereignisse können diese sehr frühen Traumen aktivieren und in der Folge sehr erregte viszerale Reaktionen sowie körperliche Erschöpfungszustände auslösen, deren Quelle dann unbekannt ist.

Etwa im sechsten oder siebten Monat sind Gehirn und Nervensystem des Ungeborenen soweit entwickelt, daß es nicht mehr nur rein physische Zustände der Mutter wahrnimmt, sondern auch ihre seelischen Zustände miterlebt. Dieser Vorgang ist natürlich nicht so greifbar, wie sich das hier vielleicht liest. Jedenfalls ist der Fetus zu diesem Zeitpunkt in der Lage, auch relativ feine Unterschiede in den Einstellungen und Gefühlen der Mutter wahrzunehmen und, was noch wichtiger ist, darauf auch zu reagieren. So übertragen sich alle krisenhaften Ereignisse, zum Beispiel Ängste und Depressionen der Mutter, auf das Kind.

6. Die psychogene Unfruchtbarkeit der Frau

Wie sehr psychische Traumen sich gerade auf den Unterleib einer Frau auswirken, sei im folgenden kurz erwähnt. Obwohl bei vielen Frauen die *Menstruation* nur einen Tag dauert, können die Begleiterscheinungen so schmerzhaft sein, daß solche Frauen einen Arzt aufsuchen müssen. Sie leiden dann an schrecklichen Kopfschmerzen und haben einen unbestimmbaren »Schleier« vor den Augen. Sie fühlen sich benommen und empfinden starke Schmerzen im unteren Teil des Rückens und in den Oberschenkeln; manchmal wird ihnen übel, und sie müssen sich erbrechen. Nicht selten geben auch ihre Beine unter ihnen nach, so daß sie einfach zusammenbrechen.

Derartige Symptome haben ihre Ursache in der Furcht vor allem, was mit Sexualität zu tun hat. Diese angstbesetzte Haltung gegenüber sexuellen und anderen körperlichen Vorgängen ist häufig auf den moralischen Druck zurückzuführen, den eine harte, brutale und engstirnige Mutter während der Kindheit aufgezwungen hat. Bei einigen Frauen kommt es auch zu übersprungenen Perioden. Wenn Frauen mit solchen Schwierigkeiten belastet sind, dann verläuft die Schwangerschaft allein schon deshalb meistens konfliktreich. Streß führt sehr häufig zur Beeinträchtigung des Reproduktionsprozesses; das gilt vor allem dann, wenn er auf Konflikten im Zusammenhang mit der Schwangerschaft und dem Gebären beruht.

Frauen, die dem Gedanken an eigene Kinder zwiespältig gegenüberstehen, leiden in der Zeit, in der sie ein Baby austragen, nicht selten an Komplikationen. Man kann davon ausgehen, daß *seelische Probleme und Konflikte* sich auf Schwangerschaft, Wehentätigkeit, die Entbindung und das Stillen nachteilig auswirken. Häufig zählen Frauen, die zu Schwangerschaftsvergiftungen, permanenter Übelkeit und starkem Erbrechen neigen, zum eher ängstlichen Typus, wogegen ihre diesbezüglich unbelasteten Geschlechtsgenossinnen dem Ganzen wesentlich gelassener gegenüberstehen und deshalb meistens auch von solchen Komplikationen verschont bleiben. Die ängstliche Frau ist viel stärker mit sich selbst beschäftigt und beobachtet jede Veränderung an sich voller Sorge. Nicht selten haben solche Frauen auch eine negative Einstellung zu Sexualität, Menstruation und Ehe. Frauen mit Schwangerschaftskomplikationen neigen nicht selten ebenso zu Abhängigkeit und Empfindlichkeit wie zu einer gewissen Infantilität. Der innere Reifungsprozeß ist bei ihnen nicht abgeschlossen, ihr »inneres Kind« hat noch zuviel Macht über sie.

Eine angsterfüllte Haltung gegenüber der Geburt bewirkt oftmals überlange und besonders heftige Wehen und steigert die Schmerzen bei der Entbindung. Eine Versuchsreihe hat ergeben, daß Frauen, die sich um sich und das Neugeborene übermäßig viele Sorgen machen, sehr viel eher mit Komplikationen bei der Niederkunft zu rechnen haben als jene, die weniger besorgt sind. Eine andere Studie beschäftigte sich mit Frauen, die eine überlange Geburt – in einigen Fällen bis zu vierundzwanzig Stunden – hinter sich hatten; sie alle hatten schon einige Zeit vor der Geburt starke Angstsymptome gezeigt. Außerdem neigten sie zu übertriebener Selbstbeobachtung und waren besonders sensibel. In allen Fällen war auch das Verhältnis zur eigenen Mutter ziemlich schlecht gewesen.

Es kann sein, daß die unbewußte Angst vor einer Schwangerschaft eine Frau kinderlos bleiben läßt. Als Uta, eine meiner Patientinnen, heiratete, posaunte sie in alle Welt hinaus, daß sie sofort Kinder haben wolle. Drei Jahre später war sie immer noch kinderlos und ging zu ihrem Frauenarzt. Der überprüfte zunächst, ob ihre Eileiter vielleicht verschlossen seien, denn das befruchtete Ei muß durch sie hindurch zum Uterus gelangen. Sind die Eileiter nämlich verstopft, ist eine Empfängnis unmöglich.

Lange Zeit galt die Ansicht, daß die Eileiter nur durch eine Verletzung oder eine Infektion blockiert werden können. Aber tatsächlich kann eine solche Blockierung der Tuben auch infolge einer seelischen Krise eintreten. Und zu dieser Diagnose kam auch Utas Arzt. Er schickte sie zu mir in die Praxis, und wir fanden in mühseliger Kleinarbeit heraus, daß Uta eine riesengroße Angst vor einer Schwangerschaft hatte.

Als Vierjährige hatte sie erlebt, wie ihre Mutter daheim in der Wohnung ein Kind zur Welt gebracht hatte. Sie hatte all das mit angesehen, hatte die Schmerzensschreie der Mutter gehört, und vor allem hatte sie erlebt, wie das Kind, das damals geboren wurde, schon nach wenigen Stunden wieder starb. Dieses Erlebnis hatte sie total vergessen, verdrängt; aber als es um eine eigene Schwangerschaft ging, da lebte diese Erinnerung in der Weise wieder auf, daß eine Blockierung des Eileiters die Folge war.

Ein Frauenarzt erzählte mir einmal, daß er Frauen, die aus psychogenen Gründen keine Kinder bekommen könnten, erzähle, sie seien »hoffnungslose Fälle« und würden nie Kinder haben. Meistens kam es dann zu einem seltsamen Phänomen: Da die Frauen sich mit dieser Tatsache abfanden, mußten sie sich nicht mehr ängstlich selber beobachten. Ihre Aufmerksamkeit wurde vom Unterleib abgezogen, und gerade deshalb passierte es dann häufig, daß sie eines Tages schwanger wurden.

Es gibt auch Frauen, die unbewußt eine Schwangerschaft dadurch vermeiden, daß sie während der kurzen Zeit, in der eine Empfängnis möglich wäre, krank werden. Andere, die immer wieder den Wunsch nach einem Kind zum Ausdruck bringen, entwickeln während der Zeit des Eisprungs schwere Kopfschmerzen mit Übelkeit, einfach um den Mann vom Geschlechtsverkehr abzuhalten. Wieder andere sind andauernd todmüde oder unternehmen gerade zum Zeitpunkt des Eisprungs eine kleine Reise. Auf jeden Fall sind sie nur dann zum Geschlechtsverkehr bereit, wenn nicht die Gefahr einer Schwangerschaft besteht.

Es gibt aber auch Frauen, bei denen ein Eisprung nicht stattfindet, obwohl die Ärzte keinen ersichtlichen Grund dafür erkennen können. Die Eierstöcke haben einfach die Produktion eingestellt und so die Empfängnis unmöglich gemacht.

Die *»unfruchtbare« Frau* war häufig als Kind kränklich und übermäßig schüchtern; ihr Selbstbewußtsein war nur schwach entwickelt, und sie hatte Schwierigkeiten mit anderen Kindern. Als Erwachsene wirkt sie nicht selten verschlossen und kühl. Häufig ist sie einfach nicht fähig, ihren eigentlichen Gefühlen Ausdruck zu verleihen.

Es gibt jedoch auch übermäßig aggressive und dominierende Frauen, die ebenfalls keine Kinder bekommen können. Sie sind oft übertrieben ordentlich und haben ihr Leben bis ins kleinste durchorganisiert. Unbewußt mögen sie von dem Gedanken beherrscht sein, daß ein Kind ihr gutorganisiertes Dasein stören würde. Unbewußt fürchten sie in einem Kind auch eine mögliche Konkurrenz.

7. Das ungeborene Kind braucht Sicherheit

Biologisch gesehen ist das Kind im Mutterleib ein Schmarotzer. Jede Schwangere muß erst lernen, dieses Wesen als Teil von sich selbst zu akzeptieren. Gelingt ihr das, so entstehen erste mütterliche Gefühle. Schafft sie es hingegen nicht, dann entwickelt die Mutter im Unbewußten *abwehrende Impulse* gegenüber dem ungeborenen Kind. Der Konflikt kann sich dann zum Beispiel in Eßsucht oder Erbrechen äußern.

Das Erbrechen ist ein Urphänomen des Menschen. Es sagt tatsächlich und symbolisch, daß etwas, das eine Person nicht »schlucken« kann, wieder heraus muß. Eine Frau, die –

bewußt oder unbewußt – in sich die Einstellung hegt, daß sie eigentlich keine Kinder will, die in sich Angst oder auch Ekel vor einer Schwangerschaft hat, neigt häufig zum sogenannten Schwangerschaftserbrechen. Dieses Phänomen deutet darauf hin, daß sie am liebsten das Kind wieder »auskotzen« möchte. Dieser Wunsch ist in der Regel unbewußt.

Interessanterweise hat sich gezeigt, daß Frauen, die sich bewußt und öffentlich dazu bekannten, keine Kinder haben zu wollen und die dann doch schwanger wurden, nicht unter Schwangerschaftserbrechen leiden. Betroffen sind von dieser unangenehmen Erscheinung im allgemeinen die Frauen, die auf der einen Seite eine scheinbar glückliche Ehe führen, andererseits jedoch unter einer unbestimmten Angst leiden. In diesem Konflikt zeigt sich eine Polarität von Ja und Nein, das heißt, die Frau schwankt zwischen Wollen und Ablehnung. Und es ist dieser unbewußt ablaufende innere Kampf, der ihr Körpersystem völlig durcheinanderbringt und sie schließlich unter Erbrechen leiden läßt. Ursache kann auch die Erkenntnis sein, daß sie als Frau ihre »Kindrolle« in einer Partnerschaft aufgeben muß, um nun endgültig zur Frau und Mutter zu reifen.

Der Erwachsene und – in geringem Maße – das Kind hatten Zeit genug, Abwehrmechanismen zu entwickeln, um die Wirkung einer Erfahrung abzumildern oder gar abzuwenden. Ein Ungeborenes hat diese Möglichkeit nicht. Wenn es getroffen wird, dann wird es direkt getroffen. Das ist der Grund dafür, warum die Emotionen der Mutter sich so tief in seine Psyche eingraben und warum solche *Engramme* (Erinnerungsbilder) das ganze Leben des Kindes so tief beeinflussen. Die grundlegenden Persönlichkeitsmerkmale verändern sich nur selten. Wenn einmal Optimismus in die kindliche Seele eingraviert ist, wäre später schon sehr viel Unglück notwendig, damit diese Haltung wieder ausgelöscht werden könnte.

Daher ist es wichtig, dem heranwachsenden Fetus nach Möglichkeit traumatische Erfahrungen zu ersparen. Die meisten Frauen wissen, daß es auch ihrem Ungeborenen zugute kommt, wenn sie etwas für sich selbst tun. Je gründlicher die

Psychologie des ungeborenen Kindes erforscht wird, desto größer ist die Chance, Tausende von Kindern vor einer Neurotisierung im Mutterleib zu bewahren.

Die Psychologie unserer Zeit geht von der These aus, daß aus Babys, die im Mutterleib übermäßig aktiv sind, später ängstliche Kinder werden. Diese Annahme hat sich als zutreffend erwiesen. Babys, die im Mutterleib ständig in Bewegung waren, entwickeln sich, wie wissenschaftliche Untersuchungen bestätigen, tatsächlich zu äußerst scheuen Kindern. Als Zwei- oder Dreijährige sind sie in der Regel den einfachsten sozialen Situationen nicht gewachsen. Sie sind im Kindergarten kontaktgestört; sie sind zu scheu, um Freunde zu gewinnen, und zu schüchtern für jede Form des menschlichen Kontakts. Am sichersten und am wenigsten ängstlich sind sie, wenn man sie in Ruhe läßt.

Natürlich kann die Psychologie nicht sagen, wie sich solche Kinder im späteren Leben einmal verhalten werden. Aber die Erfahrungen der Janovschen Urschreitherapie, die Hypnoserückführungen und die Rückführungen im Alphatraining haben auf der anderen Seite gezeigt, welch entscheidenden Einfluß traumatische Erfahrungen im Mutterleib auf die *Entwicklung der Persönlichkeit* ausüben können.

Dennoch kann man nicht einfach die Mütter und Väter schuldig sprechen. Viele ihrer Ängste haben sie unbewußt auf ihr Kind übertragen, weil möglicherweise auch sie schon im Mutterleib Schädigungen erlitten haben. Es geht also nicht darum, einen oder mehrere Schuldige zu finden, sondern zu begreifen, daß solche Schäden im Mutterleib entstehen können, und nach Wegen zu suchen, wie wir derartige Verhaltensfehler vermeiden können.

Schauen wir uns an dieser Stelle einmal den Schicksalsweg zweier Kinder an, die ganz offensichtlich pränatal vorgeschädigt waren. Die beiden Fälle stammen aus dem Archiv des Psychologen Dr. Friedrich Kruse:

Ein elfjähriger Schüler kam wegen allgemeiner Lebensunlust, verbunden mit einer Traurigkeit, die auf keinen aktuellen

Anlaß zurückging, in die Praxis. Der Junge fühlte sich in seiner Haut nicht wohl, weinte viel, sprach nicht, träumte vor sich hin. In der Schule ließen seine Leistungen nach, obwohl er einen überdurchschnittlichen Intelligenzquotienten hatte.

Von der völlig ratlosen Mutter erfuhr Dr. Kruse, daß der Junge ein uneheliches Kind sei, daß sie während der Schwangerschaft viel Kummer gehabt hatte und daß die Geburt wegen einer Steißlage des Kindes recht schwierig verlaufen war. Als Säugling hatte der Bub viel geschrien und mußte ein halbes Jahr lang vor dem Einschlafen stundenlang herumgetragen werden.

Das zweite Beispiel beschreibt die Geschichte eines siebenjährigen Mädchens, das zunächst nur behandelt wurde, weil es Bettnässerin war. Es war voll nervöser Unruhe und litt dauernd unter Angstzuständen. Das Kind neigte zum Tagträumen, sprach ständig vor sich hin und lebte still und brav ohne Widerspruch in den Tag hinein. In seinen Phantasien litt es unter der Vorstellung, der Teufel spieße es mit einer Mistgabel am Kopf auf.

Von der Mutter war zu erfahren, daß sie während der Schwangerschaft viel Kummer gehabt hatte und daß das Kind mit der Zange zur Welt gebracht worden war. Diese Zange zeigte sich dann in den Träumen des Kindes in der Vorstellung: Der Teufel spießt mich mit der Mistgabel am Kopf auf!

8. *Die Mutter als »Schicksalsgöttin«*

Es wäre für die Menschheit ein großer Gewinn, wenn werdende Mütter ihrem Kind größere Aufmerksamkeit schenken würden. Es erscheint ganz selbstverständlich, daß Schwangere an ihr Baby denken. Wenn man die vielen offensichtlich glücklichen Mütter beobachtet, kann man sich überhaupt nicht vorstellen, warum so viele Menschen pränatal geschädigt sind. Aber das eigene Baby »süß« zu finden und es zum Ausstellungsobjekt zu machen, bedeutet noch nicht, daß eine Frau eine ihr Kind liebende Mutter ist, die zugleich mit beiden Beinen in der Realität des Lebens steht.

Neuere psychologische Untersuchungen zeigen eindeutig, daß viele Mütter eben doch keine *»guten« Mütter* sind. So erwies sich beispielsweise, daß eine große Zahl von Schwangeren sich nicht intensiv mit dem in ihnen werdenden Leben auseinandersetzt. Viele Frauen sind sich der Verantwortung gar nicht bewußt, die mit einer Schwangerschaft auf sie zukommt. Sie finden es einfach nur »schick«, ein Baby zu haben, und machen sich nicht die geringsten Gedanken darüber, daß sie für das in ihnen heranwachsende Kind zur »Schicksalsgöttin« werden, die wesentlich darüber mitentscheidet, ob der neue Erdenbürger diese Welt als Himmel oder als Hölle erleben wird.

Wie sehr die innere Einstellung die Körperfunktionen einer Frau beeinflussen kann, zeigt ein Bericht der Zeitschrift *Stern*, der Anfang 1982 erschien: »Jane W. wurde mit starken Wehen vier Tage vor der Entbindung in die Klinik eingeliefert. ›Es ist höchste Zeit‹, meinte ihr Arzt, und im Kreißsaal wurde alles für einen Kaiserschnitt vorbereitet. Als die ›junge Mutter‹ nach der Operation nach ihrem Baby fragte, mußte sie sich sagen lassen, daß sie gar kein Kind bekommen habe. Sie war neun Monate lang scheinschwanger gewesen.«

In diesem Zusammenhang drängt sich die Frage auf, wie heute so etwas noch möglich ist, obwohl doch Ultraschallgeräte eine Schwangerschaft eindeutig nachweisen können. Die »Schwangerschaft« von Jane W. verlief ganz »normal«. Der Leibesumfang der Frau nahm in dem Maße zu, wie es für eine Schwangere typisch ist. Nach den jeweiligen Kontrolluntersuchungen in der Klinik wurden Blutdruck, Lage des Kindes und seine Herztöne in den Mutterpaß eingetragen. Im siebten Monat glaubte Janes Arzt, doppelte Herztöne zu hören, und vermutete Zwillinge. Er schickte seine Patientin zur Ultraschallprüfung zu einem Kollegen. Der Kollege »diagnostizierte«, daß Jane W. keine Zwillinge bekäme. »Sie bekommen aber ein großes Kind, Sie sind in der zweiunddreißigsten

Woche!« Der Arzt machte dann einen Kaiserschnitt und stellte dabei nur eine walnußgroße Zyste fest. Von ihr wurde Jane W. dann »entbunden«.

Ich möchte nicht über die Unfähigkeit von Ärzten debattieren, die nicht in der Lage waren, eine Scheinschwangerschaft festzustellen. Interessanter erscheint mir die *Reaktion des Körpers* der »Schwangeren«, der ihr eine solch große Zyste lieferte. Ihre Vorstellung hatte, da nie eine echte Zeugung stattgefunden hatte, ihren Körper dazu stimuliert, eine walnußgroße Zyste zu entwickeln. Wenn man sich dieses Beispiel vor Augen führt, bekommt man einen Begriff davon, wozu der Geist nun einer wirklichen werdenden Mutter fähig ist, wenn sie tatsächlich ein Kind in sich trägt.

Eine gesunde Siebzehnjährige hatte nach einer komplikationslosen Schwangerschaft einen offenbar völlig gesunden Jungen zur Welt gebracht. In den ersten zwanzig Stunden nach der Geburt verlief alles normal, dann erbrach das Baby frisches Blut. Auch bei der zweiten Untersuchung machte das Kind einen gesunden und kräftigen Eindruck – nur das Erbrechen hörte nicht auf. Wenige Stunden später war der Säugling tot. Die Ärzte standen vor einem Rätsel. Erst das Ergebnis der Obduktion brachte Klarheit und verblüffte die Mediziner: Das Neugeborene hatte drei Magengeschwüre.

Normalerweise entwickeln sich Magengeschwüre bei Erwachsenen, wenn sie längere Zeit unter Angst und Anspannung stehen. Aber bei Babys? War die Mutter möglicherweise so starken psychischen Belastungen ausgesetzt gewesen, daß sich Hormone, die Magengeschwüre verursachen, über die Plazenta auf das Kind übertragen hatten? Rückfragen bei der Mutter bestätigten den Verdacht: Zwar war die Schwangerschaft körperlich problemlos verlaufen, doch psychisch war die Schwangere in dieser Zeit besonders großen Schwierigkeiten ausgesetzt gewesen. Der Vater war Trinker und hatte die werdende Mutter häufig geschlagen.

9. *Schwangere brauchen besonders viel Liebe*

Viele Frauen betrachten die Zeit der Schwangerschaft als den Höhepunkt in ihrem Leben. Wenn eine Frau sich jedoch vergeblich nach einem Kind sehnt, kommt es gelegentlich zu Reaktionen, die den Grad einer Erkrankung annehmen können. Ein Kind ist, so die landläufige Meinung, für die Frau der *Beweis ihrer Weiblichkeit.* Zahllose Frauen grämen sich halb zu Tode, weil sie sich ohne Kinder als Versagerinnen fühlen.

Kommt es dann jedoch zu einer Schwangerschaft, so benimmt sich der zukünftige Vater häufig so, als gehe ihn die Sache überhaupt nichts an. Die werdende Mutter fühlt sich dann im Stich gelassen und empfindet Groll und Bitterkeit. Auch der aus einer solchen Situation resultierende Schmerz teilt sich dem ungeborenen Kind mit.

Kommen wir noch einmal auf das *Erbrechen* mancher schwangerer Frauen zu sprechen. Permanentes Erbrechen ist die bei weitem häufigste Schwangerschaftsstörung. Gewiß läßt sich diese Übelkeit oftmals auf Veränderungen im Stoffwechsel zurückführen, und es gibt Formen des Erbrechens, die eindeutig organisch bedingt sind; aber die meisten Fälle sind psychogener Natur. Das zeigt sich zum Beispiel daran, daß es bei Scheinschwangerschaften ebenfalls zum Erbrechen kommt, und zwar so lange, wie sich die Frau schwanger glaubt.

Manche Frauen können während der Schwangerschaft keine Mahlzeit bei sich behalten. Das kann für Mutter und Kind gefährliche Konsequenzen haben. Daher weist der Arzt die Schwangere in eine Klinik ein. Dort wird sie ins Bett gepackt und von verständnisvollen Ärzten und freundlichen Schwestern umsorgt. Und siehe da – sie erbricht nicht mehr. Ursache solcher »Wunderheilungen« sind nicht medizinische Maßnahmen wie die Gabe von Pillen oder Spritzen, sondern einzig und allein der Umstand, daß die Frau jetzt das bekommt, was der Ehemann ihr verweigerte: *Aufmerksamkeit* und Anerkennung in ihrer Rolle als einer Schwangeren. Kehrt eine solche Frau dann jedoch in die eheliche Wohnung zurück, ohne etwas über ihre Ängste und Aggressionen gelernt zu haben, so geht es prompt wieder los mit der Spuckerei. Da ist vielleicht ja immer noch die Schwiegermutter, die regierende Königin im gemeinsamen Haushalt; da ist der zukünftige Vater, der das trauliche »Festspiel« nicht mitmacht und seine schwangere Frau, die eigentlich lieber selbst Baby wäre, mit ihren dumpfen Wünschen nach Geborgenheit allein läßt.

Der Tübinger Gynäkologe August Mayer (1876–1968) hatte viel Gespür für Frauen, die während der Schwangerschaft sehr häufig erbrachen. Als einmal eine Schwangere zu ihm kam, die sich ständig übergeben mußte, bestellte er ihren Mann in die Praxis. Beim nächsten Besuch schaute er die Frau väterlich an und sagte: »Sie haben ganz recht, ich finde Ihren Mann auch zum Kotzen!«

Nun sind ein bißchen Heulerei, ein bißchen Würgen und Erbrechen oder eine plötzlich auftauchende Angst vor dem Alleinsein noch kein Grund, einen Psychotherapeuten aufzusuchen. Das alles kann sich schnell wieder verlieren, und aus der zunächst ängstlichen Frau wird ein wohlig und zufrieden schnurrendes »Kätzchen«. Wir dürfen nicht vergessen, daß bei den täglich kursierenden Horrorgeschichten eine junge Frau, die ihr erstes Kind zur Welt bringen soll, schon Angst bekommen kann. Ist sie jedoch seelisch einigermaßen stabil, so wird sie rasch mit solchen Ängsten fertig werden.

Es gibt aber auch Frauen – und das sind nicht wenige –, die selbst schon seit ihrer Kindheit seelisch gestört sind, die plötzlich Depressionen bekommen und auf einmal zum Beispiel zu stehlen beginnen. In früheren Zeiten sprach man dann von »Schwangerschaftspsychosen«, aber wir wollen mit diesem Begriff lieber vorsichtiger umgehen. Was sich da nämlich abspielt, ist die unbewußte Aktualisierung eines schon in der Kindheit angelegten *Programms.* Solche »Programme« sind jedoch nicht erblich erworben, sondern sie werden von der Mutter auf das Kind übertragen, und diese Kette läßt sich nicht durch eine Genmanipulation unterbrechen, sondern nur indem eine Frau in einer psychotherapeutischen Behandlung ihre eigenen Ängste verarbeiten lernt, und zwar möglichst vor einer Schwangerschaft. Wenn sie auf diese Weise lernt, sich realistisch mit ihrer Schwangerschaft, ihrer Partnerschaft und sich selbst auseinanderzusetzen, dann besteht eine tatsächliche Chance, daß sie ihre wirklichkeitsfremden Phantasien nicht auf ihr zukünftiges Kind überträgt.

2
Die »Programmierung« des Fetus im Mutterleib

1. Der Zusammenhang zwischen biochemischen Vorgängen und frühkindlichem Seelenleben

Schon die Naturvölker hatten ihre eigenen Theorien über die Möglichkeit der Übertragung mütterlicher Erfahrungen auf das ungeborene Kind. Für uns stellt sich die Frage, ob es wirklich einen Weg gibt, auf dem sich der Zustand der Mutter und speziell ihre Gefühle auf das ungeborene Kind übertragen.

Das Ungeborene besitzt – ebenso wie der Mensch außerhalb des Mutterleibs – einen *Apparat der Informationsverarbeitung* physiologischer Vorgänge, der indirekt aus der Umwelt aufnimmt. Diese Funktionen sind in der Region des verlängerten Rückenmarks bis hinauf zum Hypothalamus (Teil des Zwischenhirns) angesiedelt. Hier finden sich die Zentren des Stoffwechsels, der Regulierung der entscheidenden Funktionen des Organismus und dessen, was wir die Integration des Somatischen und des Psychischen nennen.

Informationsträger sind dabei eine Reihe biochemischer und physikalischer Eigenschaften des Blutes und der im Blut enthaltenen Transmitter. Weil es zwischen Mutter und Kind keine Nervenverbindungen gibt, ist die Übermittlung körperlicher und seelischer Zustände der Mutter durch das Plazentablut die wichtigste Informationsquelle für das ungeborene Kind. Fachleute nehmen das Bestehen innerer Rezeptoren an, die in einem biokybernetischen Modell den »Detektoren« entsprechen würden; solche Detektoren registrieren angeblich Veränderungen der inneren und äußeren Umwelt.

Sensorische Stimulationen, wie beispielsweise Geräusche, Vibrationen und die »Lage« von Mutter und Kind, sind eine weitere Informationsquelle. Die dritte elementare Erfahrungsinstanz sind die sich allmählich entwickelnden höheren zerebralen Strukturen. Die auf diesen Wegen auf das Ungeborene einwirkenden Reize beeinflussen allesamt die innersekretorischen Vorgänge. Über die innersekretorische Drüsentätigkeit und den Gesamtstoffwechsel stehen Mutter und Kind in einer Beziehung wie Sender und Empfänger.

Es scheint jedoch ziemlich sicher, daß es ein Stadium der Entwicklung gibt, in dem es noch keinen Informationsfluß zwischen Mutter und Ungeborenem gibt. In dieser Phase entwickelt sich der Embryo noch wie eine »biologische Zeitbombe«, die den Einflüssen der inneren Umwelt noch nicht zugänglich ist. Nur Strahlen, Drogen und auf die genetische Formel wirkende Substanzen haben in diesem Stadium Einfluß.

Nach und nach jedoch wird die Struktur des Fetus immer komplexer und für die ihm von seiten der Mutter zufließenden Informationen immer zugänglicher. Schwankungen im Stoffwechsel, Gifte, Ernährungselemente, Wassergehalt, Enzyme und weitere physiologische Einflüsse werden wirksam und informieren die Steuerungszentren des Kindes. Danach beginnt ein weiteres Stadium, in dem der Fetus »im Sinne« der mütterlichen Schwankungen reagiert.

Dieses noch immer hypothetische, aber logisch unentbehrliche Stadium ist sehr wichtig, weil es den *Beginn der Charakterformung* markiert. Der Fetus gewöhnt sich an den täglichen Rhythmus und an das Bestehen von Schwankungen überhaupt. In dieser Phase beginnt ein sehr wichtiger Prozeß, nämlich die Programmierung des Kindes. Die Reaktionen des Ungeborenen fangen an, sich an den Reizen der Außenwelt zu orientieren. Dazu der Wiener Professor SEPP SCHINDLER: »Irgendwo in den Steuerungszentren dürfte sich eine Fügungsinstanz organisieren, die auch nach der Geburt das ganze Leben hindurch als wichtiger Faktor, eng verbunden mit archaischen, triebhaften Tendenzen, das Verhalten des Menschen beeinflussen wird. Im Ernährungsverhalten reagiert das Kind bei Sättigung mit Beruhigung (Schlaf), was wir auch im späteren Leben beobachten können, und diese Analogie ist eine Erinnerung an dieses Stadium.«

Während der Fetus heranwächst, entwickelt sich seine Fähigkeit zur *Aufnahme und Registrierung von Informationen,* die ihm die inneren Zentren der Mutter übermitteln. Er reagiert nun nicht mehr ausschließlich als Einheit mit der Mutter, vielmehr findet in seinem Körper eine Korrektur der Einflüsse seiner eigenen inwendigen Umwelt statt. Er strebt danach, seine Homöostase, also sein inneres Gleichgewicht, aufrechtzuerhalten, so daß in Wirklichkeit ein Widerstand, ein »Kampf« gegen die mütterlichen Schwankungen beginnt. Der Fetus »distanziert« sich Schritt für Schritt von der Abhängigkeit der Mutter und baut allmählich seine eigene Balance auf. Dieses neue Stadium ist unvermeidlich; in ihm bereitet sich das Ungeborene auf das Leben außerhalb des Mutterleibes und auch auf die Geburtssituation vor. Alle Frustrationen und Traumen in diesem Lebensabschnitt der Entwicklung sind unerläßlich, jedoch nur im Rahmen gewisser Intensitätsgrenzen. Der Fetus lernt, sich anzupassen, wenn auch vielleicht noch unspezifisch. Professor Schindler ist der Meinung, daß sich schon vor der Geburt bestimmte Reaktionsmuster gegenüber Frustrationen und Traumen entwickeln. Ohne solche Strukturen hätte das Kind nach der Geburt größte Anpassungsschwierigkeiten.

Im nächsten Stadium entstehen die sogenannten *integrativen selbstregulatorischen Funktionen;* nun entfalten sich das Zentralnervensystem und die Triebtendenzen. Es kommt zur Entwicklung einer höheren Form der Homöostase, des Systems Lust-Unlust. Diese Art der Regulierung der Beziehungen zur Außenwelt wird zur neuen Basis des Gefühlslebens. Der Fetus wird jetzt quasi zu einer Persönlichkeit; die Funktion des Ego ist schon installiert, obwohl noch vorerst nur keimhaft.

2. *Der Einfluß der Emotionen auf die Chemie des Körpers*

Wir haben bereits über die Botschaften, wie sie zwischen Mutter und Kind ausgetauscht werden, gesprochen. Wir neigen dazu, einige Aspekte unserer Persönlichkeit als »physisch«, andere hingegen als »psychisch« zu empfinden. Doch diese Differenzierung ist eine rein sprachliche; denn »Geist« und »Körper« sind untrennbare Aspekte unserer Gesamtpersönlichkeit. Es ist völlig unmöglich, daß sich in einem der beiden Bereiche Veränderungen vollziehen, ohne daß dies nicht auch Auswirkungen auf den anderen hätte.

Jede von uns registrierte Emotion ist zugleich ein psychischer und ein physiologischer Prozeß. Jedes starke Gefühlserleben, wie es beispielsweise durch einen aufwühlenden Film hervorgerufen werden kann, wird von einer Hormonausschüttung begleitet, die unsere Körperchemie verändert. Je stärker derartige Gefühle und Empfindungen sind, desto heftiger verlaufen auch die entsprechenden physiologischen Prozesse. Gefühle können nicht nur das endokrine Gleichgewicht, die Blutversorgung und den Blutdruck verändern, sondern auch die Verdauung blockieren sowie die Atmung und die Hauttemperatur beeinflussen. Eine längere Phase emotionaler Spannungen kann Veränderungen bewirken, die schließlich zu Krankheiten führen. So kann die psychisch bedingte übermäßige Ausschüttung bestimmter Hormone die Entstehung einer Krankheit begünstigen.

Unser Körper versucht beständig, in einem Zustand des Gleichgewichts zu bleiben. Wird diese Balance durch Streß oder andere emotionale Faktoren beeinflußt, so »bemüht« sich der Körper, sich dem neuen Zustand durch *chemische Veränderungen* anzupassen. Doch solche Veränderungen können in anderen Bereichen schädliche Folgen haben und zu sogenannten Anpassungsstörungen führen.

Körper und Geist sind untrennbare Bestandteile einer einzigen biochemischen Einheit; die Summe ihrer Elemente macht unsere Persönlichkeit aus. Sie vereinigen sich zu einem umfassenden Gesamtprozeß. Einzelne Manifestationen dieses Prozesses können wir in unseren Organen und Geweben wahrnehmen; dazu gehören auch jene Erscheinungen, die wir »Gefühle« oder »Gedanken« nennen. Nur aufgrund sprachlicher und gedanklicher Traditionen bezeichnen wir die eine Manifestation dieses Gesamtprozesses als Körper, die andere als Geist.

Den ersten wissenschaftlichen Beleg für diese Annahme lieferte der amerikanische Biologe und Psychologe W. B. Cannon, der schon im Jahre 1925 bewies, daß sich Angst biochemisch auslösen läßt, und zwar durch das Einspritzen bestimmter Wirkstoffe, der sogenannten Katecholamine, die im Blut verängstigter Tiere (und Menschen) vorkommen. In Cannons Versuchen wurden die Katecholamine aus dem Blut erschreckter Tiere gewonnen; er injizierte diese einer Gruppe von entspannten Tieren. Nach wenigen Sekunden und ohne äußeren Anlaß zeigten auch die bis dahin ruhigen Tiere Angstreaktionen. Sind die Wirkstoffe einmal im Blutstrom, so erzeugen sie all die physiologischen Reaktionen, die wir mit Furcht und Angst assoziieren; ob es sich um den Blutkreislauf eines Tieres oder eines ungeborenen Kindes handelt, spielt dabei keine Rolle.

Strenggenommen sind Angst und Furcht des Ungeborenen also weitgehend physiologische Reaktionen auf biologische Reize, die dem Blutkreislauf der Mutter entstammen. Die *Wirkung der mütterlichen Hormone* auf den Körper des Kindes ist allerdings direkter und leichter meßbar als die Auswirkungen auf seine Psyche. Und doch regen bestimmte Substanzen aus dem mütterlichen Blut das Kind dazu an, ein einfaches Bewußtsein seiner selbst und des seelischen Aspekts von Gefühlszuständen überhaupt zu entwickeln. Das ist allerdings ein äußerst komplexer Vorgang. Jeder Schwall mütterlicher Hormone rüttelt das Kind aus seiner geistigen Leere – seinem normalen Zustand im Mutterleib – auf und trägt zur Entwicklung seines Bewußtseins bei. Etwas Ungewöhnliches, vielleicht Beunruhigendes ist geschehen, und weil er ein werdender Mensch ist, versucht der Fetus, den Sinn dieses Ereignisses zu verstehen. Zwar formuliert er die Frage nicht in dieser Weise, aber irgend etwas fragt in ihm nach dem »Warum«.

3. *Die Wirkung der mütterlichen Hormone auf das Ungeborene*

Die Hormone, die bei Angst und Streß der Mutter ausgeschüttet werden, sind der deutlichste Ausdruck der physiologischen Kommunikation zwischen Mutter und Kind. Befürchtungen seitens der Mutter um das Kind, die Schwangerschaft und den Mann oder Gefühle von Unzulänglichkeit und Unsicherheit können das Kind dauerhaft schädigen, wenn sie längerfristig immer wieder auftreten.

Eine Frau, die sich gelegentlich über Alltagsbelange Sorgen macht, bringt ihr Kind bestimmt nicht in Gefahr. Wenn solche kleinen Sorgen überhaupt eine erhöhte Hormonausschüttung auslösen, so ist diese gewiß zu geringfügig, als daß sie dem Kind etwas anhaben könnte. Was das Ungeborene jedoch nicht erträgt, ist die *ständige Attacke von Angsthormonen.* Solcher »Dauerbeschuß« belastet nicht nur die vorgeburtliche Bindung zwischen Mutter und Kind, sondern er kann auch eine Falscheinstellung des »Seelen-Thermostats« des Kindes zur Folge haben.

Störungen im Hormonhaushalt der Mutter, die ihren Ursprung in sehr frühen traumatischen Erfahrungen haben, können zu dauerhaften Schäden beim Fetus führen. Solche Störungen wirken sich unter Umständen negativ auf die Persönlichkeitsstruktur des Kindes aus, das heißt, sie sind dafür mitbestimmend, ob ein Kind aggressiv oder passiv wird.

Trächtige Primatenweibchen, denen männliche Hormone verabreicht wurden, brachten Junge zur Welt, die ein aggressiveres Verhalten an den Tag legten als die Jungen einer anderen Kontrollgruppe von Primaten, denen keine männlichen Hormone injiziert worden waren. Eine derart hormonal bedingte Aggressivität scheint irreversibel, also nicht korrigierbar zu sein. Es ist daher wichtig zu wissen, daß gewisse neurotische Fehlentwicklungen seitens der Mutter ihren Hormonhaushalt durcheinanderbringen und zu einem Überschuß an Androgenen (männliche Geschlechtshormone) führen können. Daher besteht in einem solchen Fall die Gefahr, daß – besonders – kleine Mädchen als ungewöhnlich aggressive und vermännlichte Kinder zur Welt kommen, die mit ihrer Umwelt in »männlich harter« Weise umgehen. Eine solche *Konditionierung* kann gelegentlich auch der Anfang einer späteren sexuellen Abweichung sein und beispielsweise lesbische Neigungen begünstigen. Natürlich tragen zu einer solchen Entwicklung auch andere Faktoren entscheidend bei; doch es ist durchaus möglich, daß ein Kind bereits während der Schwangerschaft für derartige spätere Verhaltensstörungen vorgeprägt wird.

So ist zum Beispiel wissenschaftlich belegt, daß männliche Ratten, denen man unmittelbar nach der Geburt das weibliche Sexualhormon Östrogen verabreicht, für ihr ganzes Leben feminisiert werden, das heißt weibliche Verhaltensweisen zeigen. Wenn das gleiche Hormon jedoch später injiziert wird, so ruft es keine derartigen endgültigen Verhaltensänderungen mehr hervor. Mithin haben Störungen im Hormonhaushalt der Mutter nur dann weitreichende Folgen, wenn sie in Phasen auftreten, da das Ungeborene besonders empfänglich für solche Einwirkungen ist. Die Natur scheint um diese Zusammenhänge zu wissen, denn während der Schwangerschaft einer Frau steigt ihre Produktion an Progesteron, dem weiblichen Keimdrüsenhormon, stark an.

Das *Hormon Progesteron* hat in vielerlei Hinsicht entscheidende Auswirkungen: Es trägt zur Entspannung der Mutter bei, setzt die nervöse Reizbarkeit des Uterus herab und dürfte schließlich gleichermaßen einen beruhigenden Einfluß auf den Fetus ausüben.

Wissenschaftler haben festgestellt, daß es während der Schwangerschaft, wenn überhaupt, nur selten zu einem Nervenzusammenbruch kommt. Nach der Entbindung jedoch, wenn der Progesteronspiegel wiederum sinkt, leiden manche Frauen an tiefgreifenden psychotischen Störungen. Daraus läßt sich schließen, daß sich während der Schwangerschaft aufgrund eines angeborenen biochemischen Mechanismus das seelische Gleichgewicht der Frau stabilisiert. Dieser natürliche Mechanismus schützt die Gesundheit der Mutter, während sie ihr Kind austrägt, und garantiert ihm die besten Lebenschancen.

Progesteron scheint eine anästhesierende, das heißt schmerzstillende Wirkung zu haben; das belegen Berichte über Patienten, die sich nach der Verabreichung hoher Progesterondosen schmerzfrei kleineren Operationen unterzogen.

Während der Schwangerschaft wird im Körper der Frau eine Substanz freigesetzt, die Schmerzen lindert und somit das Abwehrsystem stärkt. Das Fehlen akuter Psychosen in dieser Zeit legt den Schluß nahe, daß dieser »Schmerzlinderer« einen beträchtlichen Schutz darstellt – mehr noch: daß Psychosen mit nicht bewältigten Schmerzen zu tun haben. Umgekehrt muß die Krankheitsanfälligkeit der Mutter nach der Niederkunft irgendwie mit dem gesunkenen Progesteronspiegel zusammenhängen.

Starke Schwankungen des Progesteronspiegels während der Schwangerschaft können negative Auswirkungen auf die zukünftige Einstellung des Ungeborenen gegenüber bestimmten grundlegenden Lebensereignissen haben. Mit anderen Worten: Veränderungen im Hormonhaushalt der Mutter übertragen sich auf den Fetus. Diese Tatsache haben wir zu berücksichtigen, wenn wir über den Neurosenursprung nachdenken. Die vorgenannten Überlegungen lassen nur den einen Schluß zu: Ist ein Ungeborenes einer übermäßig hohen Menge bestimmter mütterlicher Hormone ausgesetzt, so führt das zur Festschreibung bestimmter Gefühlshaltungen. Dieser Vorgang betrifft die neurologischen Kreisläufe, und diese sind höchst anfällig für Störungen, also für Über- und Unterbelastung und große Schwankungen. Es besteht kein Zweifel daran, daß *Urgefühle wie Liebe oder Ablehnung* ein Kind schon früh prägen. Aber während sein Gehirn heranreift, wandeln sich zunächst die ursprünglich dumpfen Empfindungen und Gefühle in komplexe Gedanken-Gefühlsverbindungen und noch später sogar in abstrakte Ideen.

Nach zuverlässigen Untersuchungen zeigen sich die ersten Regungen des fetalen Bewußtseins erst gegen Ende des zweiten Schwangerschaftsdrittels; schwerster Streß im dritten oder vierten Monat wird zwar ebenfalls die neurologische Entwicklung des Kindes in Mitleidenschaft ziehen, vor dem sechsten Monat sind die Folgen jedoch, wenn auch nicht ausschließlich, so doch überwiegend körperlicher Natur. Vor dem sechsten Monat kann der Fetus Streßerfahrungen nur wenig mit kognitiven Inhalten füllen, weil sein Gehirn noch nicht reif genug ist, um die Botschaften der Mutter in Emotionen umzusetzen.

Eine Emotion ist nicht nur eine Empfindung als solche, sondern sie setzt auch ein Verständnis der Empfindung voraus. So ist beispielsweise Wut ein archaisches Gefühl. Nur wenn dieses Gefühl in den höherentwickelten Gehirnzentren eine Tönung und einen Sinn bekommt, wird aus ihm eine komplexe Emotion. Von den Emotionen eines Fetus kann man erst sprechen, wenn das Ungeborene fähig ist, ein Gefühl wahrzunehmen, diese Wahrnehmung mit Sinn zu erfüllen und eine passende Reaktion hervorzubringen. Anders ausgedrückt: Damit aus einer Empfindung eine Emotion wird, ist ein *Wahrnehmungsprozeß* nötig. Das wiederum setzt seitens des Kindes die Fähigkeit voraus, relativ differenzierte geistig-seelische Überlegungen anzustellen, eine Fähigkeit, die der Fetus nicht vor dem sechsten Monat erlangt.

Erst wenn es sich seines »Selbst« deutlicher bewußt wird und in der Lage ist, Empfindungen in Emotionen zu übersetzen, wird das Kind zunehmend durch den emotionalen Inhalt der mütterlichen Botschaften geprägt. In dem Maße, wie sein Vermögen, zu differenzieren und zu unterscheiden, zunimmt, verfeinert sich auch seine emotionale Entwicklung im allgemeinen. In diesem Stadium ist das Kind einem Computer vergleichbar, den man ständig neu programmiert. Zuerst beherrscht es nur ganz einfache emotionale Speicherungen. Mit zunehmendem Erfahrungsschatz und wachsendem Erinnerungsvermögen erlangt es nach und nach zusätzlich die Fähigkeit, subtilere und komplexere Verbindungen herzustellen.

Noch im dritten Monat der Schwangerschaft gehen so komplexe mütterliche Botschaften wie Gefühlskälte oder Gefühlszwiespalte weitgehend spurlos am Embryo vorbei, obwohl er auf einer ursprünglicheren Ebene so etwas wie Unbehagen zu verspüren mag. Am Tage der Geburt jedoch ist das Kind reif genug, um auf die mütterlichen Gefühle sehr exakt zu reagieren und dementsprechende körperliche, emotionale und kognitive Antworten hervorzubringen.

Daß ein Mangel an bestimmten Hormonen auch eine Schwangerschaft verhindern kann, ist eigentlich nicht neu. Um das zu verstehen, muß man nur wissen: Die Eierstöcke werden durch Hormone aus der Hirnanhangdrüse (Hypophyse) gesteuert; dabei handelt es sich um die sogenannten follikelstimulierenden Hormone (FSH). Schüttet die Hypophyse nicht genügend Hormone aus, so kann keine reife Eizelle heranwachsen. Medizinisch gesehen gibt es zwei Möglichkeiten, diesen Zustand zu beenden: Entweder man regt die Hirnanhangdrüse durch Tabletten dazu an, selbst wieder mehr Hormone zu produzieren, oder die in unzureichender Menge produzierten Hormone werden der scheinbar unfruchtbaren Frau direkt injiziert.

Die Tabletten gegen Unfruchtbarkeit enthalten die künstlich hergestellte *Substanz Clomiphen* und werden zwischen dem fünften und neunten Tag nach der Monatsblutung oral eingenommen. Ihre Wirksubstanz setzt in den Eierstöcken einen Prozeß in Gang, der sieben bis zehn Tage später zum Freisetzen einer reifen, befruchtungsfähigen Eizelle führt. Bei acht von zehn derart behandelten Frauen kommt es zu diesem Eisprung, wovon wiederum fünf auch tatsächlich schwanger werden. Die Tablette hat allerdings auch ihre Kehrseite: Die meisten durch Clomiphen eingeleiteten Schwangerschaften enden mit Früh- oder Fehlgeburten. Nur dreißig Prozent der mit dem Präparat behandelten Frauen bringen lebensfähige Kinder zur Welt – manchmal allerdings gleich drei oder vier auf einmal. Solche Mehrlingsgeburten sind die Folge einer Fehldosierung: Die betroffene Frau hat zuviel Clomiphen erhalten, daher ist in ihren Eierstöcken nicht nur eine Eizelle, vielmehr sind gleich drei oder mehr herangereift und auch befruchtet worden.

Das Risiko, anstelle des einen »Wunschkindes« gleich ein ganzes Quartett zu bekommen, ist bei der *Pro-Baby-Spritze* noch größer. Mit ihr werden die Hormone, die normalerweise von der Hirnanhangdrüse produziert werden, der unfruchtbaren Frau direkt in den Blutkreislauf injiziert. Zwar ist diese Methode noch wirksamer als die Einnahme von Clomiphen (bei neun von zehn Frauen kommt es zum Eisprung), sie führt jedoch auch häufiger zu Nebenwirkungen.

An dieser Stelle sei der Hinweis gestattet, daß die medikamentöse Behandlung der Unfruchtbarkeit eindeutig einen Eingriff in die Natur darstellt. Im Grunde genommen sollten sich Frauen, die keine Kinder bekommen, einmal fragen, ob sie vielleicht keine wollen. Immer wieder zeigt sich nämlich in psychotherapeutischen Behandlungen, daß solche Frauen eine unbewußte, aber tiefverankerte Abneigung gegen Kinder in sich tragen. Andere Frauen leiden unter einer tiefverwurzelten Angst vor Schwangerschaft und Geburt. Solche Abneigungen und Ängste können die Hypophyse dazu bringen, die Produktion des FSH einzustellen. Daher liegt es nahe, daß Fehl- und Frühgeburten nach der Einnahme von Clomiphen weniger mit den Tabletten als solchen zu tun haben, sondern wahrscheinlich Ausdruck von innerer Ablehnung und Angst sind.

3
Grundrhythmen des Lebens

1. Kleiner Exkurs in die Geschichte der Gynäkologie

Es hat eine Zeit gegeben, da die Operationsbegeisterung und die vorschnelle Handhabung des Skalpells dem Ruhm bestimmter Gynäkologen zuträglicher waren als dem Wohlbefinden der Frauen, die allzuhäufig nach »erfolgreich« durchgeführten Operationen auf dem Friedhof endeten. Etwa um 1800 spaltete sich Europa in zwei sich feindlich gegenüberstehende gynäkologische Lager, die FRIEDRICH BENJAMIN OSIANDER, Lehrstuhlinhaber im »Gebärhaus« zu Göttingen einerseits, und KARL BAER, Lehrstuhlinhaber der gynäkologischen Abteilung im Allgemeinen Krankenhaus zu Wien andererseits, anführten.

OSIANDER lehrte, daß alle Geburten möglichst »schnell« mit der Geburtszange zu erledigen seien. Er brachte von fünfundzwanzig Geburten elf mit der Zange zustande, hinterließ Scharen hirngeschädigter Kinder und verkündete: »Wer in Göttingen die Geburtshilfe nicht lernt, wird sie nirgendwo in der Welt begreifen.« BAER trat für eine möglichst natürliche Geburt ein und wünschte den »Zangen-Benjamin« zur Hölle.

Das Wort »Mörder« erklang, als IGNAZ SEMMELWEIS, Professor der Geburtshilfe in Wien, im Jahre 1861 seinen Würzburger Kollegen F. W. SCANZONI öffentlich anklagte, weil dieser seine richtigen Erkenntnisse der Ansteckbarkeit des Kindbettfiebers mißachtete und – zusammen mit der alle Neuerungen fürchtenden Masse seiner Standesgenossen – Zehntausende von Müttern sterben ließ.

In jener Zeit durften die Frauen nur vollbekleidet zur Untersuchung erscheinen. Zu diesem Zweck legten die Damen besondere Beinkleider an, und die Ärzte schoben ihre untersuchenden Finger oder Instrumente durch einen Schlitz. Tatsächlich schlichen die Frauenärzte zweihundert Jahre um die Entblätterung ihrer Patientinnen herum wie um ein heißes Eisen.

Die Frauenarzt-Vorväter zwischen 1750 und 1800, die – wie wir heute wissen – aus moralischen Gründen mit verbundenen Augen in die Krankenzimmer schlichen, waren schon glücklich, als sie wenigstens keine Augenbinden mehr zu tragen brauchten, während sie mit ihren blindtastenden Händen unter Frauenröcken und Bettüchern untersuchten und operierten, so daß sie für die nächsten hundertfünfzig Jahre gar nicht daran dachten, einen Blick unter die Decken zu riskieren. Sie wollten um Himmels willen in der Öffentlichkeit keinen moralischen Verdacht gegen ihr unter so vielen Schwierigkeiten begründetes Gewerbe erwecken.

Daher entwickelten sie ein *Untersuchungsritual,* dem die Franzosen den Namen »Touchieren« gaben. Es schrieb vor, daß Frauen im Stehen und vollbekleidet zu untersuchen seien, »mit dem Gesäß gegen einen Tisch gelehnt, die Hände vor dem Leib gefaltet, die Beine unter den Röcken leicht gespreizt«. Dem Arzt war erlaubt, »mit der linken Hand den Rock leicht anzuheben und den geölten Zeigefinger in die Vagina einzuführen, und zwar von deren hinterer Partie aus, um an der Klitoris keine unangenehmen Gefühle zu erregen«.

Was sich mit dem einen blindtastenden Finger über Veränderungen der inneren Geschlechtsorgane ermitteln ließ, war normalerweise bedeutungslos, ja oft sogar irreführend. Später war es gestattet, die linke Hand auf den bekleideten Leib der Frau zu legen und die Gebärmutter zwischen dieser Hand und dem tastenden Finger der rechten Hand genauer zu »touchieren«. Auch führten die Ärzte schließlich einen Finger in den Darm ein, um von dort aus die Gebärmutter zu betasten.

Da bis in das letzte Drittel des neunzehnten Jahrhunderts hinein nichts über Infektionen und Bakterien bekannt war und weder Sterilität noch Gummihandschuhe eingeführt waren, schleppten die Frauenarzt-Vorväter die bösartigsten Keime von einer Körperöffnung in die andere. Sie wuschen sich nur selten die Hände, weil sie bei ihrer Arbeit ja ohnehin sofort wieder schmutzig wurden. Es läßt sich deshalb gar nicht abschätzen, wie viele Frauen sie, statt ihnen zu helfen, unter die Erde gebracht haben. Dennoch erhoben sie das »Touchieren« zum Standesgesetz und verfolgten jeden in ihren eigenen Reihen, der davon abwich, um mehr über den Körper der Frau zu erfahren.

Das Armengebärhaus war schließlich eine Etappe auf dem quälend langsamen Weg zur Entblößung der Frau vor ihrem Arzt.

Zu jener Zeit war es im übrigen auch üblich, Frauen voll bekleidet zu entbinden. Dammrisse und tiefergelegene innere Verletzungen waren die Folge. Es ist nicht der Sinn dieses Buches, mit Absurditäten vergangener Zeit Schrecken zu verbreiten, jedoch sollen diese Tatsachen einen Eindruck davon vermitteln, welchen Schmerzen und Ängsten Mutter und Kind früher oft bei der Geburt ausgesetzt waren. Das ist auch der Grund dafür, weshalb heute noch viele Frauen eine so große Angst vor dem Gebären haben. Bei ihrer eigenen Geburt waren sie ja selbst Zeugen der Qualen ihrer Mutter.

Deshalb ist es wahrhaftig an der Zeit, diese Kette falscher Programmierungen zu durchbrechen und darüber aufzuklären, daß Geburt und Schwangerschaft Naturereignisse sind, die weder etwas mit Krankheit zu tun haben noch großer helfender Gebärden bedürfen, wie dies viele Frauenärzte auch heute noch verkünden.

2. *Die »biologischen Uhren« des menschlichen Organismus*

Eine der grundlegenden und geheimnisvollsten Eigenschaften aller Lebensvorgänge ist ihr rhythmisches Auf und Ab. Solchen Rhythmen begegnen wir überall in der Natur, nicht nur bei Mensch und Tier, sondern auch bei den Pflanzen; nicht nur im Gesamtorganismus, sondern auch in jedem einzelnen

Organ, in jeder Zelle, ja sogar im Wirbel der Atome, aus denen sich Materie aufbaut.

Von den elementaren Reaktionen in den Zellen bis hin zu den kompliziertesten Vorgängen in den Organismen sind alle natürlichen Abläufe rhythmisch gegliedert. Bei genauerer Betrachtung erscheinen diese *Rhythmen* als wahrhafte »biologische Uhren«, die das Leben regulieren. Lebende Materie besitzt die äußerst bemerkenswerte Eigenschaft, die Zeit in regelmäßige Abschnitte einteilen zu können. Über diese erstaunliche Fähigkeit wundern wir uns nicht mehr, wenn es sich um so wohlvertraute Rhythmen handelt wie zum Beispiel das Atmen, den Herzschlag oder um spasmisch ablaufende nervöse Reaktionen. Wie diese »Uhren« funktionieren, weiß man heute in ungefähr. Aber wonach richten sich die Tausende und aber Tausende von Rhythmen, denen wir überall in der Natur begegnen?

Für alle Lebewesen, ganz gleich auf welcher Entwicklungsstufe sie stehen, ist ihr jeweiliger Rhythmus lebensnotwendig, denn er ist ihr individuelles Leben selbst. Wenn ein Organismus »aus dem Takt gerät«, so hat das stets schwerwiegende Folgen, denn er kann in einem solchen Fall seine wesentlichen Funktionen nicht mehr erfüllen. Findet ein außer Takt geratener Organismus nicht schnellstens seinen Rhythmus wieder, so besteht für sein Leben höchste Gefahr.

Seit langem weiß man, daß physiologische Rhythmen dazu neigen, sich den Rhythmen der Umwelt anzupassen. So gleichen sie sich beispielsweise jenen Zyklen an, die durch die Bewegung der Erde und ihre Position im Weltraum gegeben sind.

Drei große, auf solchen kosmischen Bewegungen beruhende Erscheinungsweisen der Zeit sind unschwer zu erkennen: der durch die Drehung der Erde um ihre eigene Achse gesetzte Wechsel von Tag und Nacht, der durch den Umlauf des Mondes um die Erde begründete Monatszyklus und der auf der Umlaufzeit der Erde um die Sonne basierende Jahresrhythmus (zu diesem Rhythmus gehören auch die Jahreszeiten). Diese drei Zeiteinheiten sind die Grundlage aller rhythmischen Abläufe in der Natur.

Wie beeinflussen nun aber diese kosmischen Rhythmen die *zyklische Struktur organischer Abläufe?* Die unzähligen Organismen registrieren Temperatur-, Helligkeits- und Luftfeuchtigkeitsschwankungen. Alle Lebewesen sind für solche Veränderungen empfänglich. Wenn es beispielsweise im Frühjahr wärmer und heller wird, so sprießen die Pflanzen, und für die Tiere bricht die Brunstzeit an. Wenn der Winter naht, hemmt die Kälte alle Lebensäußerungen, die Bäume verlieren ihr Laub, und manche Tiere ziehen sich sogar zum Winterschlaf in ihren Bau zurück. Ebenso offensichtlich ist die Wirkung des Tagesrhythmus. Bei den meisten Tieren und Pflanzen lösen sich tägliche Wach- und Ruhezeiten ab, allerdings stellt sich jedes Lebewesen auf seine Weise auf diesen Rhythmus ein.

3. Der Mondzyklus und die biologischen Rhythmen

Der Fortpflanzungszyklus zahlreicher Meerestiere beruht auf Rhythmen, die durch den Gezeitenwechsel bestimmt sind. Dieser wiederum hängt von der Position von Sonne und Mond ab, deren Gravitation sich je nach ihrer Stellung zur Erde verstärkt oder abschwächt. Wenn Sonne und Mond in Konjunktion beziehungsweise Opposition stehen, so addieren sich ihre Anziehungskräfte, und es kommt zu einer besonders hohen Flut (Springflut), wogegen die Flut schwächer als normal ist (Nippflut), wenn die beiden Himmelskörper mit der Erde einen rechten Winkel bilden.

Es ist sicherlich bezeichnend, daß der *Menstruationszyklus* der Frau im Durchschnitt ebenso lange dauert wie die Zeit zwischen zwei Neumonden. Seit Menschengedenken hat man sich mit dieser auffallenden Tatsache beschäftigt. Im Jahre 1898 hielt der Schwede Svante Arrhenius in 11807 Fällen fest, wann genau die Regelblutung seiner weiblichen Testpersonen eintrat. Nach den präzisen Untersuchungen dieses

Arztes fiel die Regelblutung häufiger in die Zeit des zunehmenden als des abnehmenden Mondes. Am häufigsten begannen die Monatsblutungen der beobachteten Frauen am Tag vor Neumond.

Wie so oft fanden sich sehr bald Ärzte, die das genaue Gegenteil bewiesen. Jene Wissenschaftler, die meinten, beweisen zu können, daß der Menstruationszyklus nichts mit dem Mond zu tun habe, hatten allerdings einen Punkt übersehen: nämlich daß die Frau von heute ihren Gleichklang mit der Natur längst verloren hat. Darüber hinaus gibt es psychosomatische Faktoren, die die Regelblutung der Frau durcheinanderbringen können. Ursache sind unbewußte Ängste vor dem Frausein ebenso wie Ängste vor der Mutterschaft. Hinzu kommt der Aufenthalt in »modernen« Büroräumen und anderen Arbeitsstätten, in denen ständig bei künstlichem Licht gearbeitet wird, weshalb der Rhythmus der Frau durcheinandergerät.

Der amerikanische Professor F. A. Brown umreißt die Problematik folgendermaßen: »Zahlreiche Forscher geben nichts auf volkstümliche Annahmen und sind zu dem Schluß gekommen, daß derartige biologische Zyklen in keiner Beziehung zum Mondzyklus stehen. Doch ein echter, das heißt objektiver Wissenschaftler darf keine Überzeugung geringschätzen; er muß sich vielmehr die Frage stellen, ob diese Überzeugung mit Beweisen aufwarten kann. Tatsächlich ist es keineswegs ausgeschlossen, daß diese nicht völlig konstanten Rhythmen vom Mond gesteuert werden.«

Welche Gründe lassen sich also dafür anführen, daß der Mondzyklus oder andere kosmische Einflüsse auf unseren Körper einwirken? Es ist nicht ausgeschlossen, daß zu bestimmten Zeiten des Mondzyklus aufgrund von Veränderungen des elektromagnetischen Feldes der Erde der Beginn der Regelblutung begünstig wird. Vielleicht hat der Vollmond solch eine begünstigende Wirkung – zumindest stimmt diese Hypothese mit den Beobachtungen überein, die F. A. Brown hinsichtlich der Bedeutung der »Monduhr« für Tiere angestellt hat.

Wie das Tier so hat auch der Mensch außer seinen von altersher bekannten Sinnen noch weitere Wahrnehmungsorgane, die es ihm ermöglichen, kosmische Energien zu empfangen. Welche »Antennen« hat nun der menschliche Körper, um solche Energien aufzufangen? Die von Meßinstrumenten aufgezeichneten kosmischen Einflüsse scheinen so schwach, daß sie nach allgemeiner Auffassung kaum einen Einfluß auf den Organismus ausüben können. Und doch muß man zugeben, daß sich die »subtilen Zeitgeber« seiner kosmischen Umwelt auf den Menschen auswirken.

Vor etwa sechzig Jahren bewies der russische Forscher A. L. Tschijewskij die vielfältigen Wirkungen der in der Atmosphäre vorhandenen elektrischen Partikel, die wir als *Ionen* bezeichnen, auf biologische Vorgänge und menschliches Verhalten. Ionen können negativ oder positiv geladen sein. Untersuchungen namhafter Wissenschaftler haben den Beweis dafür erbracht, daß der menschliche Organismus zwischen positiven und negativen Ionen zu unterscheiden vermag. Im allgemeinen haben diese Ionen eine ihrer positiven beziehungsweise negativen Klassifizierung entgegengesetzte Wirkung: Positive Ionen erzeugen Depressionen, negative Ionen hingegen stimulieren den Organismus. Die elektrische Ladung der Luft beeinflußt also ständig die biologischen Wechselwirkungen im menschlichen Organismus. Da wir aus der Physik wissen, daß die mehr oder weniger starke Ionisierung der Luft durch kosmische Einflüsse bedingt ist, darf man wohl annehmen, daß diese kosmischen Einflüsse sich mittels der Ionisierung auch auf den Menschen auswirken.

Man weiß heute, daß der menschliche Organismus auf sehr niederfrequente, äußerst energieschwache Wellen unglaublich sensibel reagiert. Bestimmte Reflexe können durch solche Wellen merklich gestört werden. Damit wäre auch zu erklären, warum beispielsweise zum Zeitpunkt von Sonneneruptionen die Zahl der Verkehrsunfälle ansteigt; denn in den Stunden nach starker Aktivität auf der Sonne verhalten sich die niederfrequenten elektrischen Wellen höchst anomal.

Es ist ebenfalls bekannt, daß zum Beispiel bei starker Sonnenfleckentätigkeit die Quote der Herzinfarkte steigt, weil die dabei freigesetzten Energien das Blut verdicken. Die vorgebrachten Argumente belegen eindeutig die *reale Wirkung kosmischer Energien* auf den menschlichen Organismus. Daher darf wohl ebenfalls als erwiesen gelten, daß der Mond einen Einfluß auf Menstruation, Eisprung, Libido, Empfängnisbereitschaft und Geburt hat.

4. Der Mond – die »große Hebamme«

Man weiß heute, daß der Mond nicht nur einen Einfluß auf den Menstruationszyklus der Frau hat, sondern ebenso auf ihre Libido, den Eisprung und die Empfängnisbereitschaft. Wir wollen uns in diesem Buch jedoch nur mit dem Einfluß dieses Gestirns auf die Geburt beschäftigen.

Seit jeher glaubten die Menschen, der Mond habe einen *günstigen Einfluß auf die Geburt;* in vielen Gebieten der Erde bezeichnet man daher diesen im Anschluß an die lateinische Luna als weiblich empfundenen Himmelskörper sogar als »große Hebamme«. In neuerer Zeit haben Mediziner nun versucht herauszubekommen, ob zwischen der Zahl der Geburten und den beiden Mondzyklen – dem Mondmonat und dem Mondtag – tatsächlich eine Beziehung nachweisbar ist.

Zu diesem Zweck sammelte das Ärzteehepaar Esther und William Menaker die einschlägigen Daten von mehr als einer halben Million Geburten, die in verschiedenen Krankenhäusern in New York City zwischen 1948 und 1957 registriert worden waren. Aufgrund ihrer umfangreichen, mit größter Sorgfalt erarbeiteten Unterlagen kamen die beiden Forscher zu folgendem Ergebnis: Bei abnehmendem Mond werden mehr Kinder geboren als bei zunehmendem Mond; ein Maximum ist kurz nach Vollmond feststellbar, ein Minimum kurz nach Neumond.

Der Arzt Dr. KARL-HEINZ SCHULZE wollte 1947 feststellen, ob der vom Volksglauben behauptete Zusammenhang zwischen Geburtenhäufigkeit und dem Stand der Gezeiten wissenschaftlich haltbar sei. Deshalb durchforschte er Taufbücher der Insel Norderney und teilte alle Geburten in zwei Gruppen ein. In der einen Gruppe registrierte er alle Kinder, die bei Flut, in der andern diejenigen, die bei Ebbe zur Welt gekommen waren. Seinen Untersuchungen zufolge sind beide Gruppen etwa gleich stark, woraus er schloß, daß der Volksglaube ein Aberglaube sei.

Einige Jahre später stellte ein anderer Arzt, Dr. HEINZ KIRCHOFF, eine ähnliche Untersuchung an. Auch er kam zu dem Ergebnis, daß bei Flut nicht mehr Kinder geboren werden als bei Ebbe. Doch berücksichtigte er bei der Auswertung der Daten in stärkerem Maße die einzelnen Phasen der Gezeiten, und dabei entdeckte er, daß während der höchsten Flut auch die Zahl der Geburten ungewöhnlich hoch war. Kirchoff vermutete jedoch, daß diese Tatsache eher der Wirkung des Mondes als der der Gezeiten zuzuschreiben sei.

Der in Köln lebende Mediziner Dr. X. GÜNTHER, der die tägliche Kurve der Geburtenhäufigkeit in seiner Heimatstadt verfolgte, kam zu einem sehr ähnlichen Ergebnis. Auch in dieser – weit vom Meer und seinen Gezeiten entfernt liegenden – Stadt steigt die Geburtenhäufigkeit im Augenblick der Mondkulmination sprunghaft an.

5. »*Medizinische*« *Geburt und Neurose*

Nicht alle Geburten verlaufen traumatisch, aber es ist tatsächlich sehr schwierig – außer durch Anwendung von Narkotika –, *Schmerzen beim Geburtsvorgang* zu vermeiden. Diese Schmerzen können durch übermäßig lange Wehen verursacht sein oder durch Faktoren wie eine Geburt in Steißlage, Nabelschnurumschlingung, Nabelschnurvorfall oder den groben Gebrauch der Geburtszange.

Die psychologische Literatur übersieht in der Regel die Tatsache, daß der Geburtsvorgang eine Beziehung zwischen Mutter und Kind darstellt, das heißt eine Beziehung, in der das Kind etwas »lernt«. Eine schwierige Geburt lehrt das Kind, daß es hilflos ist gegenüber einer übermächtigen Umwelt, daß es machtlos ist und daß das Leben gefährlich und ein Kampf ist. In diesem Stadium sind solche Lernprozesse zwar »nur« emotionale Vorgänge, aber sie werden zur *Matrix künftigen Lernens.*

So kann ein Mensch schon bei der Geburt zu der Überzeugung kommen, daß der Kampf eine Notwendigkeit und eine unerläßliche Bedingung des Lebens ist. Ein solcher Mensch rationalisiert später auf diese Weise unbewußt sein Bedürfnis zu leben, da diese Haltung seiner Geburtserfahrung entspricht. Die Tatsache, daß diese Prägung unbewußt geschieht, ändert nichts daran, daß sie eine persönliche Erfahrung ist, die die Vorstellungen und Einstellungen geformt hat. Der Versuch, die Lebensphilosophie eines solchen Menschen zu ändern, würde dem Bemühen gleichkommen, ihm seine Lebensgeschichte ausreden zu wollen.

Das Grundmuster einer solchen Einstellung kann schon während der Geburt gelegt werden, wenn zum Beispiel die Mutter keinen Schmerz aushalten kann und daher zögert, das Kind auf die Welt kommen zu lassen. Der natürliche rhythmische Prozeß der Geburt ist unterbrochen, das Neugeborene »spürt« den eigenen Rhythmus nicht mehr – statt dessen muß es diesen Rhythmus (sein Selbst) der *Neurose seiner Mutter* unterwerfen. Es hat schon seinen Rhythmus verloren, bevor es überhaupt geboren ist. Diese schon bei der Geburt erfolgte Prägung des Kindes entscheidet wesentlich darüber, wie es später auf Mutters Angst vor der Meinung der Nachbarn reagieren wird. Wenn es sich aggressiv darum bemühen mußte, geboren zu werden, so wird es wahrscheinlich auch aggressiv und ungehorsam auf Mutters Besorgnis reagieren, und es ist kaum zu erwarten, daß es sich unterordnen wird.

Obgleich durch den Druck des Kindes, während es sich seinen Weg nach außen bahnt, einfache Schmerzen auftreten können, hat es doch den Anschein, als sei der größte Teil der Schmerzen dem neurotischen System anzulasten; genauer gesagt, die gesamte Muskulatur – auch die des Uterus – einer neurotischen Frau ist beständig angespannt und steif, ihr fehlt die notwendige Flexibilität. Die Anspannung des Uterus, die Tendenz, sich zu verkrampfen, anstatt sich zu öffnen, stellt für die Mutter die wichtigste Schmerzursache während der Entbindung dar.

Im Grunde genommen besteht keine Notwendigkeit für das heute übliche Verfahren, »normale« Frauen, die in den Wehen liegen, unter *Drogen* zu setzen. Psychotherapie und Tiefenpsychologie haben eine Menge Belege dafür sammeln können, daß diese Drogen das Kind beeinträchtigen und für seinen betäubten Eintritt in die Welt sorgen. Es ist zweifellos weit besser, das Leben lebendig, fühlend und vollempfindend zu beginnen.

Der Geburtsvorgang befindet sich in Übereinstimmung mit dem natürlichen Rhythmus des Lebens im Universum. Weiblicher Zyklus und Schwangerschaft folgen in etwa dem Rhythmus des Mondzyklus. Der weibliche Zyklus hat normalerweise einen 28-Tage-Rhythmus, die Dauer der Schwangerschaft entspricht ungefähr dem Mondjahr. Als ein erfahrener Gynäkologe einmal gefragt wurde, ob die Zahl der Geburten bei Vollmond ansteige, antwortete er: »Lassen Sie mich nur soviel sagen: Ich hasse es, bei Vollmond Dienst zu haben.«

Der Geburtsvorgang der Tiere ist instinktgesteuert. Jedes Tier hat seine eigene Art zu gebären, und diese »Technik« wird immer und überall in genau der gleichen Weise wiederholt. Ein Haushund in Alaska bringt seine Jungen auf die gleiche Weise zur Welt wie ein Haushund in München. Jede menschliche Geburt hingegen ist ein *kultur- oder zivilisationsorientierter Vorgang*. Die Frau ist so konditioniert, daß sie gegenüber Schwangerschaft, Wehen und Geburt eine bestimmte Haltung einnimmt, die sie bestimmte Erfahrungen erwarten und entsprechend den jeweiligen Traditionen ihrer Gesellschaft und Kultur reagieren läßt. Dies war schon immer so. In einer neurotischen Gesellschaft gebären daher in der Regel neurotische Frauen unter neurotischen Schmerzen neurotische Kinder.

Die Geburt ist die Brücke zwischen zwei grundverschiedenen Lebensstadien. Sie ist das Ende des Aufenthaltes im Mutterleib und der Anfang einer Phase, die die Fortsetzung der Schwangerschaft außerhalb des Uterus sein sollte.

Das Kind wird in den Eileitern gezeugt und wächst im Uterus heran. Der Uterus ist einem hohlen, muskulösen Sack vergleichbar, der sehr elastisch ist und sich mit dem Wachstum des Kindes ausdehnt. Wenn bestimmte Reize ihn erreichen, stößt der Uterus mit einer Reihe von Kontraktionen seinen Inhalt aus.

Der Uterus ist wie Blase und Darm ein inneres oder viszerales Organ. Solche Organe dienen der Ausscheidung überflüssiger Stoffe. Im Normalzustand gibt der Körper einem Ausscheidungsbedürfnis nach, bevor ein Unbehagen entsteht. Unterdrückt er jedoch ein solches Grundbedürfnis, so hat dies Schmerzen zur Folge. Das gleiche Prinzip gilt für den Geburtsvorgang.

Wenn der Sauerstoffgehalt der Plazenta absinkt, nimmt zugleich auch ihre Progesteronproduktion ab. Auf die Abnahme dieses Hormons reagieren wiederum die Muskeln des Uterus, indem sie sich zusammenziehen. Der Uterus besteht aus drei Schichten von Muskeln. Bei harmonischer Muskelaktion ziehen sich die längs angeordneten Muskelfasern zusammen, und ihre Bewegung wirkt ausstoßend. Und unter normalen Bedingungen sind die zirkulären oder Ringmuskelfasern entspannt und locker, so daß eine Erweiterung des Muttermundes und eine freie Passage für das Kind möglich sind.

Der Geburtskanal (die Vagina) besteht aus einem ungefähr zehn Zentimeter langen elastischen Muskelschlauch, der sich ohne Schwierigkeiten um das Achtfache seiner normalen

Größe ausdehnen kann. Der Uterus setzt seine rhythmischen Muskelbewegungen während des gesamten Geburtsvorgangs fort, indem er ständig Druck ausübt und die Streckung der Vagina durch Vorwärts- und sanfte Rückwärtsbewegungen erleichtert. Wenn das Baby anfängt »einzuschneiden«, unterbricht der Druck seines Kopfes die Blutversorgung in der vaginalen Umgebung, wodurch diese Region betäubt wird und der sichtbare Teil des Kindes geboren werden kann. Ist dieser Teil erst einmal geboren, so folgt der restliche Körper relativ mühelos nach.

Wenn der geistige und seelische Zustand der gebärenden Frau die Einheit der Wehentätigkeit stört, kommt es zu einem »Kampf« zwischen zirkulärer und längs angeordneter Muskulatur im Uterus. Die längsgerichteten Muskeln sind tätig, um den Muttermund zu erweitern, die Ringmuskeln hingegen verschließen den Ausgang.

Andauernde *Spannung der Gebärmuttermuskulatur* verhindert die zwischen den Wehen wünschenswerte Entspannung der Gebärenden. Darunter leidet die Versorgung der Gebärmutter mit venösem Blut, und es entsteht, was man einen weißen (ischämischen) Uterus nennt. So wird, obgleich keine anatomische Behinderung vorliegt, die normale Wehentätigkeit durch starke, aber unwirksame Muskelbewegungen behindert. Das Kind wäre wegen des übermäßigen Drucks innerhalb der Gebärmutter und der eingeschränkten Sauerstoffzufuhr zum Tode verurteilt, wenn nicht von seiten des Arztes ein Eingriff vorgenommen würde.

Die biochemischen Veränderungen, die bei einer Störung des Geburtsverlaufs eintreten, können eine ernsthafte *Gefährdung von Mutter und Kind* zur Folge haben; sie beeinträchtigen die Wehentätigkeit und sind verantwortlich für Blutungen, Gewebsverletzungen, Sauerstoffnot, Atmungsversagen und Erschöpfung des Neugeborenen. Die Reduzierung der Sauerstoffzufuhr bewirkt auch eine Verminderung der Progesteronausschüttung und damit eine Beeinträchtigung der Funktion der Plazenta, die ja eine Art Lunge für das Kind darstellt.

6. *Der Geburtsakt als körperliche Stimulierung des Säuglings*

Normalerweise haben die Uteruskontraktionen den Zweck, die Haut des Kindes zu stimulieren. Es gibt Beweise dafür, daß dies äußerst wichtig ist. Ohne diese Stimulierung können das gastrointestinale, das urogenitale und das respiratorische System nicht einwandfrei funktionieren.

Tiere lecken nach der Geburt die Haut des Neugeborenen, um für diese Stimulierung zu sorgen. Jeder Tierarzt weiß, daß das Neugeborene, wenn es von der Mutter nicht abgeleckt wird, wahrscheinlich stirbt, weil es nicht fähig ist, seine Blase und seinen Darm zu entleeren. Die peripheren sensorischen Nerven der Haut werden durch diese Stimulierung angeregt. Diese Nerven leiten die daraus resultierenden Impulse zum zentralen Nervensystem; von dort gelangen sie zu den verschiedenen Organen des Körpers. Wenn die Stimulierung der Haut fehlt, können wesentliche Organe nicht arbeiten. Diesen Zusammenhang hat Professor James A. Reyniers, der Leiter des bakteriologischen Laboratoriums der Universität von Notre-Dame, wissenschaftlich nachgewiesen.

Daher haben auch Frühgeburten (die normalerweise nach kurzen Wehen geboren werden) oder Säuglinge, die durch einen Kaiserschnitt zur Welt gekommen sind – wie wissenschaftlich nachgewiesen ist –, größere Schwierigkeiten beim Atmen, und später fällt es ihnen schwerer als andern Menschen, ihren Blasenschließmuskel zu kontrollieren.

Bei einer normalen Geburt wird der Brustkorb des Säuglings, während er den Geburtskanal passiert, zusammengedrückt. Das ruft einen beträchtlichen Druck im Brustraum, also auf das Herz-Kreislaufsystem, die Lungen und das Zwerchfell hervor. Außerdem wird durch die Muskelbewegungen des Uterus Blut aus der Plazenta durch die Nabelschnur in den Körper des Säuglings gepumpt. Beim Fehlen längerer Wehen, wie beispielsweise beim Kaiserschnitt, erhält der Säugling daher weniger Blut. Auch wird in einem solchen

Fall die Amnionflüssigkeit nicht aus den oberen Öffnungen des Säuglings herausgepreßt. Eine unzureichende »Belüftung« der Atmungswege sowie eine zu schwache Reizung des Kreislaufs sind die Folge.

Bei einer normalen Geburt wird das Kind durch den Geburtskanal gedrängt. Dabei platzt die Fruchtblase, und das Kind ist der Luft ausgesetzt. Sofort treten Veränderungen von Temperatur und Druck ein. Das Zwerchfell beginnt seine blasebalgartige Tätigkeit, die die Lungen mit Luft füllt, wobei sie von beiden Seiten auf das Herz drücken.

Wenn es für das Kind nicht gut wäre, mit Hilfe von Muskelbewegungen des Uterus und durch den Geburtskanal hindurch geboren zu werden, so hätte die Natur für eine andere Geburtsmöglichkeit gesorgt. Es gibt ausreichend Beweise dafür, daß die Bewegungen beim Geburtsvorgang wohltuend auf den gesamten Zustand des Säuglings wirken.

7. *Die »künstliche« Geburt und ihre Folgen*

Die Geburt eines Kindes ist normalerweise ein rhythmischer Prozeß. Geburtswehen haben ihren eigenen Ablauf; die Bewegung des Kindes durch den Geburtskanal in die Außenwelt ist im Grunde Teil eines geordneten Geschehnisablaufs – sofern es sich um eine auf den Körperrhythmus von Mutter und Kind abgestimmte normale Geburt handelt. Menstruation und Schwangerschaft sind zwei im Gleichmaß ablaufende Körpervorgänge. Rhythmische Prozesse sind ein wesentlicher Bestandteil des menschlichen Lebens. Neurosen stellen jedoch einen Antirhythmus dar. Bei neurotisch gestörten Menschen sind die Dinge nicht mehr in »Fluß«. Das Leben ist bruchstückhaft und zusammenhanglos. Für neurotische Frauen ist die Geburt häufig ein »unnatürlicher Vorgang« – und verläuft deshalb nicht ruhig, glatt und fließend, sondern quälend.

Aufgrund des Sozialisationsprozesses wird die menschliche Geburt, anders als bei den Tieren, nicht mehr allein von den

Instinkten gesteuert. Jede Frau erlebt eine *»angelernte« Geburt.* Sie ist angeleitet, abgerichtet und vorbereitet auf einen Vorgang, der eigentlich natürlich ablaufen sollte. Die Möglichkeit einer natürlichen Geburt wird normalerweise gar nicht in Erwägung gezogen. Die Frau wird ins Krankenhaus gebracht und unter »Drogen« gesetzt, so daß sie gar nicht in der Lage ist, die eigenen körperlichen Prozesse während der Geburt voll wahrzunehmen. Daher kann sie sich auf ihren eigenen Rhythmus nicht einstellen, denn sie fühlt ihren Körper nicht.

Wie verhängnisvoll das für das ungeborene Kind sein kann, mag folgendes Beispiel zeigen: In einer unter Leitung des Verfassers dieses Buches durchgeführten Gruppensitzung begann eine Siebzehnjährige plötzlich furchtbar zu weinen. Sie befand sich in Trance und »erlebte« ihre eigene Geburt noch einmal. »Ich bin so allein«, jammerte sie, »ich fühle meine Mutter nicht mehr.«

Rückfragen ergaben, daß die Mutter in der letzten Phase der Geburt durch eine Spritze betäubt worden war. Die Geburt ist eine gemeinsame Arbeit von Mutter und Kind. Und dieses junge Mädchen hatte sich in der entscheidendsten Stunde seines Lebens allein gelassen gefühlt. Das hatte zur Folge, daß es Phasen erlebte, in denen es die eigene Mutter völlig ablehnte. Außerdem litt das Mädchen unter Kontaktschwierigkeiten und Minderwertigkeitsgefühlen.

Eine neurotische Mutter ist nicht in der Lage, ihren Körper einzusetzen, um dem Neugeborenen zu helfen, durch den Geburtskanal zu gelangen. Häufig muß das Kind einer solchen Mutter mit Hilfe von Instrumenten zur Welt gebracht werden. Das Baby spürt jedoch alle Unterbrechungen im Geburtskanal und ist bereits aus dem Rhythmus mit sich selbst, noch ehe es das Licht der Welt erblickt hat. Der Organismus eines solchen Kindes funktioniert also schon unmittelbar nach der Geburt nicht mehr natürlich und frei fließend. Das Kind wird auf diese Weise daran »gehindert«, es selbst zu sein – sich nach seinem eigenen natürlichen Zeitgefühl zu entwickeln. Es muß sich zwangsläufig dem durcheinandergeratenen Rhythmus seiner Mutter »fügen«.

Große Geburtsschmerzen der Frau sind nach Meinung der Psychosomatiker in der Mehrzahl der Fälle auf eine Neurose zurückzuführen – auf ein *unnatürliches Verhaltenssystem*, das sich dem natürlichen Prozeß verschließt. In ganz ähnlicher Weise entsteht Schmerz, wenn sich ein wirklichkeitsfremdes Verhaltensmuster gegenüber echten Gefühlen verschließt.

Die Geburt bedeutet für das Neugeborene nicht notwendigerweise ein Trauma; ein solches ist sie nur, wenn sie traumatisch verläuft. Es ist nicht richtig, daß das Kind im Mutterleib ein idyllisches Leben führt und eines Tages gegen seinen Willen aus seiner »Schutzhülle« herausgerissen wird. Vielmehr gehört das Auf-die-Welt-Kommen zur Lebensentwicklung. Die Geburt ist eine Stufe dieser Entwicklung wie das Sprechen- und Gehenlernen. Es gibt keinerlei Beweise dafür, daß der Übergang vom angeblich sorglosen Aufenthalt im Mutterleib in die Welt der Menschen traumatisch ist. Außerdem ist nicht einsehbar, warum der Wechsel von totaler Abhängigkeit von der Mutter zu einem graduell sich verstärkenden Zustand größerer Unabhängigkeit von ihr eine Katastrophe sein sollte.

Die gegenwärtigen Bemühungen um eine *natürliche Geburt* richten sich in erster Linie darauf, den Frauen Geburtsschmerzen zu ersparen. Tatsächlich ist es ein großer Fortschritt, daß man sich überhaupt Gedanken über die natürliche Geburt macht; doch sollte man dabei die Tatsache nicht übersehen, daß wir einer neurotischen Mutter innere Schmerzen nicht gänzlich ersparen können. Es gibt so viele Möglichkeiten, eine werdende Mutter körperlich auf die Niederkunft vorzubereiten. Dagegen wird die seelische Geburtsvorbereitung heute noch sehr vernachlässigt.

Aus diesem Grund setzt sich immer mehr die Praxis durch, werdenden Müttern in Wochenend- und daran anschließenden Abendgruppen zu helfen, sich auf die Schwangerschaft »einzuschwingen« und sich auf die Geburt vorzubereiten. Die Frauen lernen in diesem Rahmen, schädliche Einflüsse von sich fernzuhalten. Dabei kommen bestimmte tiefenpsychologisch angelegte Übungen zur Anwendung, um der Frau zu helfen, den Kontakt zum Ungeborenen herzustellen und von Monat zu Monat zu intensivieren. Auf diese Weise bereiten sich die Schwangeren seelisch auf und bauen so ihre Angst erheblich ab. Fast alle derart »präparierten« Frauen verzichten bei der Niederkunft auf Betäubungsmittel. Sie sind mit vollem Bewußtsein dabei und berichten immer wieder, daß die Geburt ihres Kindes ein großartiges Erlebnis für sie war.

Um es noch einmal zu wiederholen: Qualen und Schmerzensschreie lassen sich nicht immer verhindern, wenn einem der eigenen Wirklichkeit entfremdeten Körper ein dieser ursprünglichen Wirklichkeit sich verdankendes hilfloses kleines Wesen entrissen wird. Einübung kann dabei hilfreich sein, doch sollten wir uns nicht der Illusion hingeben, daß man einem Neurotiker »beibringen« könne, normal zu sein und ohne innere Schmerzen zu leben. Jemanden zu lehren, natürlich zu sein, ist ein Widerspruch in sich.

Ein Kreißsaal mit Frauen, die vor Schmerzen schreien, ist immer noch besser als ein Kreißsaal mit folgsamen, unter Einfluß von »Drogen« stehenden Frauen, denen es verwehrt ist, das wichtigste Ereignis ihres Lebens zu erleben: die Geburt ihres eigenen Kindes. Es ist nicht nur ein Dienst an der werdenden Mutter, wenn man sie ihr Kind bei vollem Bewußtsein zur Welt bringen läßt, sondern auch an künftigen Generationen, nämlich an jenen Kindern, die geboren werden: sie haben ein Anrecht darauf, die eigene *Geburt vollbewußt zu erleben.*

Eine im übrigen neurotische Mutter, die sich darauf vorbereitet, dem Schmerz nachzugeben, erleichtert so den Geburtsvorgang, und damit fallen einige der Faktoren fort, die eine neurotisierende Wirkung auf das Kind haben könnten. Frauen, denen bewußt ist, daß sie – wenn notwendig – bei der Geburt ihres Kindes vor Schmerzen schreien dürfen, ja sogar sollten, verlieren durch dieses Bewußtsein einen Teil ihrer Schuldgefühle und inneren Spannungen. Statt dessen fordert man auch heute noch Schwangere im allgemeinen auf, sich »tapfer« und ihrem Alter entsprechend zu verhalten. So geraten diese Frauen in eine Zwickmühle: Einerseits verspüren sie bei der Geburt das Bedürfnis, ihren Schmerzen durch Schreie Ausdruck zu verleihen, andererseits leiden sie noch zusätzlich darunter, daß sie die Äußerung ihres ursprünglichen Schmerzes unterdrücken müssen. Diese Unterdrückung verstärkt jedoch die Spannungen und intensiviert mithin das Geburtstrauma. Gerade Schmerzensschreie würden in einem solchen Fall Erleichterung und Entspannung bringen, der Gesamtschmerz wäre somit geringer und erträglicher, und das wäre schon ein erheblicher Vorteil. Zum Ausdruck gebrachter Schmerz läßt sich besser ertragen als unterdrückter. Sich gegen den Ausdruck von Schmerz zu sträuben, hat eigentlich nur schädliche Folgen.

Deshalb sollten die Ärzte bei der Verabreichung von schmerzstillenden Mitteln zurückhaltender sein; derartige Mittel werden häufig rein mechanisch angewandt, sobald eine Gebärende Schmerzen äußert. Aber auch die Ärzte sollten die Schmerzen der Mutter »auf sich nehmen«; schmerzstillende Mittel decken lediglich die begleitenden Spannungszustände zu. Viele der auf die Geburt folgenden Leiden, wie zum Beispiel Kopf- und Rückenschmerzen, können tatsächlich eine Folge der Spannungsunterdrückung sein, die entweder von der Mißbilligung von Schmerzäußerungen seitens des Krankenhauspersonals herrührt oder von Medikamenten, die der Mutter gegeben werden, um sie zu »beruhigen«. Der stets fällige Preis für die Unterdrückung von Schmerzen sind spätere Verhaltensstörungen. Unterdrückung bedeutet in diesem Fall, daß sich Spannungsenergien anstauen, und diese Energien müssen ein Ventil finden, sobald sie ein bestimmtes Maß übersteigen.

Wenn wir uns fragen, was die Funktion von Wehentätigkeit und Geburt ist, so kann die Antwort nur lauten: die Vorbereitung auf das nachgeburtliche Leben. Der Prozeß der Vorbereitung braucht seine Zeit; denn das Kind, das geboren werden soll, muß etliche Wandlungen durchlaufen, bis es imstande ist, in der »schönen neuen Welt« seiner unmittelbaren nachgeburtlichen Umgebung zu leben. Der Geburtsprozeß ist die Brücke zwischen vor- und nachgeburtlicher Existenz und daher ein Teil der Gesamtentwicklung eines jeden Individuums.

Die Geburt bereitet den Säugling auf die unmittelbare Periode der ersten Stunden, Tage, Wochen und Monate der allmählichen Anpassung und Gewöhnung an die Forderungen des frühen Erdendaseins vor. Diesen Anforderungen sollte das Kind – wenn irgend möglich – mit allen Organen und Muskelfunktionen gewachsen sein.

Die Möglichkeit, sich nach seinem eigenen Rhythmus zu entwickeln, ist entscheidend für ein Kind. Daher ist es für das Ungeborene auch von grundlegender Bedeutung, zum richtigen Zeitpunkt zur Welt zu kommen. Wenn ein Kind für die Geburt bereit ist, sondert es an die Mutter ein Hormon ab, das wiederum die Hormonsekretion der Mutter aktiviert und so die Geburt in Gang setzt. Eine Geburt ist nicht nur von der Mutter abhängig; es handelt sich dabei um die *gemeinsame »Entscheidung« zweier Menschen.* Man tut der natürlichen Entwicklung der Dinge Gewalt an, wenn man die Mutter unter Druck setzt und festbindet; ihr gesamtes psychophysisches System ist in einem solchen Fall verspannt, das heißt für eine natürliche Geburt nicht bereit.

Auch heute noch ist die Ansicht verbreitet, daß das Kind bei der Geburt nichts empfindet, daß es eine unbeschriebene »Randfigur« ist bei dem »feierlichen« Ereignis der Geburt. Das aber entspricht ganz einfach nicht der Wahrheit. Für Mutter und Vater mag seine Geburt unvergeßlich bleiben, die Erfüllung eines langjährigen Wunschtraumes, für das Kind selbst jedoch ist sie von ganz anderer Tragweite – ein Erlebnis, das seine Persönlichkeit unauslöschlich prägt. Die Art seiner Geburt, ob sie schmerzhaft oder leicht, sanft oder mit Gewalt verbunden ist, bestimmt weitgehend darüber, was für ein Mensch aus ihm wird und mit welchen Augen dieses Individuum seine Umgebung sehen wird. Ganz gleich ob wir fünf, zehn, vierzig oder siebzig Jahre zu leben haben, ein Teil unseres eigenen Ich wird die Welt immer mit den Augen des Neugeborenen sehen, das wir einmal waren. Darum hat SIGMUND FREUD die Wonnegefühle und den Schmerz, von denen die Geburt begleitet wird, *Urgefühle* genannt. Ihrem Sog kann sich niemand von uns ganz entziehen.

Um die Bedeutung der Geburt für die zukünftige Entwicklung des Säuglings ganz zu verstehen, muß man sich schon die Mühe machen, diesen Vorgang aus der *Sicht des Babys* zu sehen. Gegen Ende seines neunten Monats im Mutterleib ist es sich seines Universums in hohem Maße bewußt; was es von seiner vorgeburtlichen Umgebung zu spüren bekommt, hört, sieht, ist ebenso Teil seiner selbst wie seine Arme und Beine. Da es nie mehr als flüchtig zwischen sich und seiner Umgebung unterscheiden mußte, ist das Kind sich des Unterschieds zwischen Subjekt und Objekt nicht klar bewußt. Es ist im ursprünglichsten Wortsinn eins mit seiner Welt. Es hat von seiner Mutter und durch sie von der Welt Botschaften empfangen. Diese haben zwar vorübergehend seine Ruhe gestört und die Grundlage für sein Gefühlsleben gelegt, aber abgesehen einmal von seltenen Ausnahmefällen haben kurze beunruhigende Gefühle von Irritation und Angst von seiten einer Mutter, die sich ansonsten zu dem Kind in ihrem Leib hingezogen fühlt, für die seelische Entwicklung des Ungeborenen keine schädlichen Folgen.

Die Geburt hingegen ist die erste tiefgreifende psychische und physische *Schockerfahrung*, die das Kind durchmacht, und wird dem Individuum – unbewußt – unvergeßlich bleiben. Das Kind erlebt dabei Augenblicke unglaublicher sinnlicher Wonnen – Augenblicke, in denen jeder Zentimeter seines Körpers von warmen mütterlichen Säften umspült und von mütterlichen Muskeln massiert wird. Diese Momente lösen sich jedoch ab mit anderen voller großer Schmerzen und Angst. Selbst unter den besten Voraussetzungen erschüttert die Geburt den Körper des Kindes in erdbebenhaften Ausmaßen. Aus einem Zustand – fast – vollkommener Geborgenheit wird es plötzlich in den Strudel ihm unbekannter Ereignisse gezogen und einer Zerreißprobe ausgesetzt, die viele Stunden dauern kann. Die größte Belastung für das Kind stellen die Kontraktionen der Mutter dar, die mit der Gewalt eines Sturmbocks auf es einhämmern. Kürzlich durchgeführte Röntgenuntersuchungen haben gezeigt, daß das Kind bei jedem Wehenschub wild mit Armen und Beinen um sich schlägt, als ob es sich unter Todesqualen wände.

Nicht weniger gewaltsam ist das Ende der Zerreißprobe. Wenn das Kind sich endlich dem Scheidenausgang nähert, wird sein noch sehr zerbrechlicher Schädel vielleicht von zwei Stahlzangen umfaßt, die seinen sieben oder acht Pfund schweren Körper mit einer Kraft herausziehen, als würde ein Vierzig-Pfund-Gewicht an seinem Hals hängen. In manchen Fällen wird sogar die Haut aufgeschlitzt und eine winzige Elektrode zur Aufzeichnung der Herztöne in die Wunde eingeführt. Selbst wenn es von derartigen Torturen verschont bleibt, wird es sich auf jeden Fall bald in einem kalten, lauten, grellerleuchteten Raum wiederfinden, umringt von lauter Fremden, die nach ihm greifen, es einer gründlichen Untersuchung unterziehen und an ihm zerren.

Alle diese Erfahrungen prägen sich dem Kind tief ein. Selbst die winzigsten Details hinterlassen unauslöschliche Erinnerungsspuren, obwohl der zukünftige Erwachsene später nur selten in der Lage sein wird, sich spontan an all das zu erinnern. Die Geburt hat eine Art Gedächtnisverlust zur Folge.

8. Die sanfte Geburt

»Wenn ein Kind zur Welt kommt, sitzt ihm der Schreck des Geborenwerdens in den Knochen«, sagt Dr. FRÉDÉRICK LEBOYER, der Leiter der gynäkologischen Abteilung der Frauenklinik in Pithiviers und Begründer der »sanften Geburt«. Und das ist kein Wunder: Nach neun Monaten im wohltemperierten und dunklen Mutterleib muß sich das Baby durch den engen Geburtskanal zwängen, um dann in eine Welt gezogen zu werden, die ihm völlig fremd ist. Das grelle Licht tut seinen Augen wch, Hektik und laute Stimmen machen ihm Angst. Es schreit wie am Spieß. Zu allem Überfluß wird es auch noch sofort von seiner Mutter abgenabelt. Den Übergang in das neue Leben empfindet das Neugeborene unter solchen Umständen als brutal. Kaum ist es auf der Welt, wird es schon herumgeschwenkt, gepreßt und gequält, dabei möchte es getröstet, gestreichelt und geliebt werden.

»Dem Kind muß der Eintritt ins Leben erleichtert werden«, fordert daher Geburtshelfer Leboyer seit Jahren.

Wenn das Baby da ist, sind alle glücklich: der Arzt, weil er eine elegante Entbindung gemacht hat, die Mutter, weil Schmerzen und Strapazen endlich vorbei sind, der Vater, weil ihm das kräftig schreiende Kind bestätigt, was für ein Kerl er, der Vater, doch ist. Nur einer ist nicht glücklich: der Neuankömmling selbst. Er brüllt, er zappelt, er ist außer sich vor Angst und Schrecken. Ausgestoßen aus dem dunklen und sicheren Schoß, findet er sich plötzlich in einer Welt der Kälte, der blendenden Helligkeit, der schrillen Töne. Jemand ergreift ihn bei den Füßen und läßt ihn kopfüber hängen: Neun Monate war die zerbrechliche Wirbelsäule gekrümmt wie bei einem schlafenden Kätzchen; jetzt wird sie jäh gestreckt. Sekunden später wird die zarte Haut, die bislang warm und feucht gebettet war, durch die stählerne Kälte der Waage geschockt. »Wie tüchtig das Baby schreit«, freut sich der Arzt, öffnet ihm die zusammengepreßten Augen und träufelt brennende Tropfen auf das empfindliche Gewebe. Dann wird der kleine weiche Körper in eine Zwangsjacke aus festen Stoffen gesteckt. Sein Schreien, seine wilden Zuckungen, sein verzerrtes Gesicht werden nicht als Abwehr, sondern als gesunde Reflextätigkeit registriert.

Dieses Bild einer durchschnittlichen Entbindung, bei der die Hauptperson, das Baby, einer Serie von Mißhandlungen ausgesetzt ist, schildert der Arzt Leboyer in seinem Buch *Der sanfte Weg ins Leben*, und er fragt zornig: »Muß das sein?

Warum ersparen wir nicht dem Kind dieses namenlose Martyrium, das deswegen nicht weniger qualvoll ist, weil alle Menschen es durchgemacht und es anscheinend vergessen haben? Könnte es nicht sein, daß der Schock der Geburt eine seelische Verletzung hinterläßt und somit spätere Verhaltensstörungen?«

Jahrelang, so klagt Dr. Leboyer, habe er selbst nach dieser herkömmlichen Methode gearbeitet – rasch, geschickt, effektiv. Erst persönliche Erlebnisse in Indien hätten ihm die Augen für die Lieblosigkeit der Routineentbindung geöffnet, bei der das Kind wie ein empfindungsloses Objekt behandelt wird, weil niemand sich bemüht, seinen gestenreichen Protest zu verstehen.

Der französische Geburtshelfer ist der Meinung, es gehe auch anders, und zwar besser und schonender. Die *Entbindung ohne Schmerz* – vor vierzig Jahren erstmals von dem Engländer Dick Read propagiert und inzwischen an zahlreichen Kliniken praktiziert – sollte nicht nur für Mütter gelten, sondern auch und erst recht für das Baby. Dazu müßten allerdings Ärzte und Hebammen umdenken lernen, genau wie sie es bei der Readschen Methode tun mußten, die die altehrwürdige Behauptung »Unter Schmerzen sollst du gebären« über den Haufen warf.

Zwar kann man ein Ungeborenes nicht in Geburtsvorbereitungskurse schicken. Man kann ihm nicht erklären, daß alles ganz natürlich ist, was es durchmacht, und daß es sich nur zu entspannen und ruhig zu atmen braucht, aber es gibt doch die Möglichkeit, in Mütter-Vorbereitungskursen auch das Ungeborene angemessen zu berücksichtigen. Denn wenn wir davon ausgehen, daß das Baby schon im Mutterleib seelisch beeinflußbar ist, dann ist es der werdenden Mutter auch möglich, *Kontakt mit dem Kind* aufzunehmen, ihm gedanklich immer wieder den Geburtsvorgang zu schildern und dem Kind das Versprechen zu geben, es bei seinem schweren »Gang« so gut wie möglich zu unterstützen. Denn es ist ja, wie schon ausgeführt wurde, die mütterliche Angst, die sich auf das Kind überträgt und beide in Panik geraten läßt. Wenn das jedoch möglich ist, dann ist es auch machbar, beiden das nötige Selbstvertrauen zu vermitteln, um Schmerz und Spannung so gering wie möglich zu halten.

Man muß sich auch die Frage stellen, weshalb es nötig sein sollte, das Baby nach unten hängend in die Luft zu halten, und warum es notwendig ist, es mit gleißendem Licht zu empfangen, mit einem wahren Trommelfeuer an Sinneseindrücken – Lärm, Kälte, Härte. Hat der kleine Mensch nicht das gleiche Recht wie jedes Säugetierjunge, warm und behutsam begrüßt zu werden und sich langsam mit der Welt vertraut zu machen?

Bei Dr. Frédérick Leboyer sieht eine Geburt ganz anders aus: Der Entbindungsraum ist abgedunkelt; nur ein Nachtlicht beleuchtet schwach die Szene. Das soeben geborene Kind wird vorsichtig vom Arzt auf den Bauch der Mutter geschoben und langsam, aber nachdrücklich im Rhythmus der letzten Preßwehen massiert. Keinen Augenblick bleibt es ohne Hautkontakt; Ärzte und Schwestern reden nicht, allenfalls im Flüsterton. Die Mutter aber spricht mit natürlicher Stimme, deren Vibration das Kind längst kennt und die es daher nicht erschreckt. Mehrere Minuten lang liegt es so auf dem Bauch der Mutter.

Erst wenn die Nabelschnur aufhört zu pulsieren, wird der Säugling abgenabelt. Nun taucht der Arzt das Kind in aller Ruhe einige Male in ein Becken mit warmem Wasser und gewöhnt es nach und nach an das neue Element der Schwerkraft. Das Kind bewegt wohlig die Gliedmaßen – es zappelt nicht, verkrampft sich nicht, und, vor allem, es schreit nicht wie am Spieß. Nach den ersten zwei bis drei Schreilauten, die es ganz von selbst, ohne Klaps auf den Po, gleich nach der Geburt ausgestoßen hat, gibt das Neugeborene nur ein leichtes Glucksen und Schnaufen, gleichsam erstaunte Stimmübungen von sich. Vertrauensvoll öffnet es dann die Augen. Das ganze Gesicht ist entspannt und lächelt.

Ich möchte Ihnen, verehrte Leserinnen, den guten Rat geben: Schauen Sie sich vor einer Entbindung Ihren Geburtshelfer nicht nur einmal an, fragen Sie ihn, ob er Vater ist, lassen Sie sich den Kreißsaal zeigen, versuchen Sie herauszubekommen, ob Sie sich in dieser oder jener Klinik wohler fühlen werden und ob der Arzt Ihnen so etwas wie ein Gefühl der Väterlichkeit vermittelt. Lassen Sie sich Ihre berechtigten Forderungen nicht ausreden. Sollte man trotzdem versuchen, Ihre Wünsche als belanglos abzutun, wechseln Sie den Arzt, wählen Sie eine andere Klinik. Suchen Sie sich einen Arzt, der nach Leboyers Methode entbindet. Sie selbst, und vor allem Ihr Kind, haben ein Anrecht darauf.

Leboyer und andere Ärzte, wie beispielsweise der ebenfalls französische Arzt Michel Odent, haben die Geburt wieder zu dem gemacht, was sie sein sollte: ein menschlicher, warmer Akt der Nächstenliebe und der Hilfe für Mutter und Kind. Bleibt nur zu hoffen, daß die Techniker zunehmend verschwinden und die Menschlichkeit bald in die Kreißsäle einzieht.

4
Gefahren des modernen Medizinbetriebs

1. Eine nicht ganz untypische Geschichte

Sämtliche Irrtümer unserer von Angst gepeinigten Gegenwart scheinen in geballter Form noch einmal in den Kreißsälen der Krankenhäuser zusammenzutreffen, wo sie eine Katastrophe auslösen, die kaum bemerkt wird, weil sie wie eine Zeitbombe wirkt. Das dort angerichtete Desaster ist jedoch nicht spektakulär, sondern es verteilt sich unmerklich über die Jahre und richtet überall vielgestaltiges Unheil an; doch kaum einer unterzieht sich der Mühe, einmal nach der Ursache zu suchen.

Alle selbstherrlichen Irrtümer treffen sich in der Gestalt des Medizinmannes, der sich in »bizarrer« Verkleidung und umringt von einem imponierenden Arsenal an mechanischen Zauberwerkzeugen daranmacht, die Natur zu überlisten. Zudem noch unterstützt von einer ebenso eindrucksvollen Vielfalt an chemischen Präparaten, beginnt er nun sein »segensreiches« Werk an der werdenden Mutter und befreit sie von dem Streß des seltsamen Alptraums, der jetzt beginnt.

Das Kind aber, das neue Leben, das ans Licht möchte, ist dabei ganz aus dem Blickfeld geraten, spielt nur noch eine Nebenrolle in diesem Schauspiel. Jedermann »weiß ja«, daß dieser psychisch undifferenzierte Organismus weder ein Bewußtsein noch Wahrnehmung, noch Fühlen kennt, ja überhaupt keine psychischen Funktionen. Er spürt also nichts. Nun denn, »schaffen« wir das Kind so schnell wie möglich »aus dem Weg«, damit wir unser Ich-Drama genießen können.

Zur Veranschaulichung des Gesagten möchte ich Sie an dieser Stelle mit der Geburtsgeschichte einer jungen Mutter bekanntmachen. Sie hatte keine Angst vor der Niederkunft und freute sich auf ihr Kind. Als sie jedoch den Kreißsaal betrat, verging ihr die Freude, und die Angst begann. Irma W.,

Erstgebärende, Ende Zwanzig, hatte atmen gelernt, Gymnastik betrieben – sie wollte die Geburt ihres Kindes bewußt erleben, frei von Schmerz. Sie hat es nicht geschafft.

»Da gerät man in Panik«, sagt sie, »wenn man da liegt und mit anhören muß, wie andere stöhnen, und mit ansehen muß, wie andere sich quälen.«

Es quälten sich schon zwei werdende Mütter, als Irma W. den Kreißsaal betrat und dann auf eine Liege gebettet wurde. Aus dem Hintergrund drang Wimmern zu ihr herüber. Ein junges Ding, verschwitzt und abgekämpft, stieß alle drei Minuten Klagelaute hervor: »Nein, nein, o Gott, o Gott, nein!« Niemand kümmerte sich um sie.

Die Hebamme stritt sich mit einem mürrischen Assistenten, was mit der »Steißlage« geschehen solle und ob es überhaupt eine Steißlage sei.

Die »Steißlage«, ein schmales Geschöpf, bäumte sich auf bei jeder Wehe, das Gesicht verzerrt. Geschrien hat sie nur einmal, da aber war es fast schon zu spät. Die Hebamme konnte noch gerade die Gummihandschuhe überstreifen. Das Kind wäre beinahe auf den Boden gefallen. Dann rief sie den Arzt. Der kam und fing sofort zu brüllen an: »Warum habt ihr mich nicht früher geholt?. . . und immer erst, wenn es zu spät ist. Jetzt ist sie total kaputt. Dammriß dritten Grades, und ich kann sie wieder zusammenflicken.« Sie, die Patientin, mußte das mit anhören.

Und Irma W., die ihr Kind noch bekommen sollte, auch. »Ich wollte meine Ruhe haben«, erklärt sie, »ich wollte mich konzentrieren. Aber da war eine solche Nervosität, eine so beklemmende Atmosphäre der Hektik und Hast.«

Der Arzt, gereizt, befahl Betäubung. Der Apparat funktionierte nicht. »Dann verpaßt ihr doch endlich eine Spritze!« Auch das klappte nicht sofort. Die Schwester, verstört, stach mehrmals daneben. Der Arzt nähte los, ohne die Betäubung der Patientin abzuwarten.

»Als der Arzt endlich zu mir kam«, erzählt Irma W., »war ich vor Schrecken völlig verkrampft. Da hab' ich einfach alles vergessen, die ganze schöne Atemtechnik; da habe ich nur noch gelitten.«

Er herrschte sie an, sich zu entspannen. Sie konnte es nicht, nicht mehr. Als die Preßwehen einsetzten, tat sie, was sie um nichts in der Welt zu tun sich neun Monate lang geschworen hatte: sie brüllte wie ein getroffenes Tier.

Das war vor einigen Monaten. Den Schock hat diese Frau bis heute nicht verwunden. Immer noch ist sie zutiefst empört über dieses »schmutzige Geschäft des Kinderkriegens, wo sie unsereins leiden lassen wie im Mittelalter«.

Umfragen der Illustrierten *Stern* zufolge ist diese Geschichte kein Einzelfall. Das Verhältnis vieler Frauen zu ihrem Frauenarzt ist heute gestört. Die Ärzte entschuldigen sich mit Überarbeitung und anderen fadenscheinigen Rechtfertigungen. Man darf solche Negativurteile natürlich nicht verallgemeinern. Es gibt ausgezeichnete Frauenärzte, die sehr gewissenhaft und behutsam arbeiten; häufig sind sie selbst Väter von mehreren Kindern. Das ändert jedoch nichts daran, daß es in vielen Kreißsälen immer noch verheerend zugeht.

2. *Die Geburt als Kulturerscheinung*

Wie ein Kind zur Welt kommt und welche Überlebenschancen Mutter und Kind in dieser Extremsituation haben, hängt nicht nur von der allgemeinen Konstitution beider ab, sondern vor allem davon, in welchem soziokulturellen Umfeld die Geburt stattfindet. Ein Kulturvergleich nämlich zeigt klar, daß dort, wo die Geburt als medizinisches Problem aufgefaßt und entsprechend behandelt wird, die Chancen für Mutter und Kind besonders schlecht stehen.

Warum die hochentwickelte *Kreißsaaltechnologie* einigen »primitiven« Geburtssystemen unterlegen ist, wollen wir einmal näher untersuchen.

In einem kleinen Dorf – im Dschungel von Yucatan – liegt eine Frau auf dem Erdboden ihrer Hütte und bringt ihr erstes

Kind zur Welt. Bei jeder Wehe wirft sie die Arme um den Hals ihres Mannes, der bei ihr kniet. Während der Geburtsvorbereitung arbeiten sie zusammen, ruhig und mit intensiver Konzentration, instruiert und ermutigt von anderen Müttern. Auch eine Hebamme ist da; die werdenden Eltern kennen die Geburtshelferin, so lange sie sich zurückerinnern können. Sie stammt aus einer traditionsreichen Familie berühmter Hebammen und Schamanen und hat seit Jahrzehnten allen Babys ihrer Familie auf die Welt geholfen.

Das nächste medizinische Zentrum ist viele Kilometer entfernt, dennoch fühlen sich die Menschen in dieser schlechtbeleuchteten Hütte sicher. Sie sind zuversichtlich, daß sie gut darauf vorbereitet sind, mit den Gefahren des Geburtsprozesses fertig zu werden, und die Geburt des Kindes »klappt« auch.

Zur selben Zeit liegt im hellerleuchteten Kreißsaal einer deutschen Klinik eine Frau auf dem Operationstisch in »Steinschnittlage« flach auf dem Rücken, die Beine gespreizt und in Beinhaltern festgeschnallt. In den maskierten Gesichtern, die sie verschwommen wahrnimmt, sucht sie die Augen ihres Mannes. In einen Arm hat man ihr eine Kanüle eingeführt, durch die ein Hormonpräparat in ihren Kreislauf geleitet wird, um die Wehen anzuregen. Mit der anderen Hand umklammert sie die ihres Mannes. Drähte, die aus ihrer Vagina kommen, sind mit einem Monitor verbunden, der den Herzschlag des Ungeborenen und die Stärke der Wehen registriert. Sie spürt diese Wehen nicht, denn ihr Körper ist von der Taille abwärts weitgehend betäubt. Zwischen ihren gespreizten Beinen steht ein Team grüngekleideter Ärzte und Krankenschwestern »auf dem Posten«.

Doch ihre Wehen nehmen ab, sie kann nicht effektiv genug pressen, und der Monitor verrät, daß der Herzschlag des Ungeborenen sich verlangsamt. Es wird die Diagnose gestellt: »Die Geburt steht.« Kurz darauf wird die Frau in den Operationssaal geschoben. Durch Kaiserschnitt wird sie von einem gesunden Baby entbunden. Die überglücklichen Eltern sind dankbar, daß die Ärzte dank der modernen medizinischen

Technik in der Lage waren, mit den Komplikationen dieser Geburt fertig zu werden.

So verschieden der Verlauf dieser Geburten auch ist, beide Frauen durchleben dennoch den gleichen physiologischen Prozeß. In beiden Fällen produzierte die Hypophyse einen Mehrausstoß des Hormons Oxytocin. Daraufhin setzten die Wehen ein, der Muttermund weitete sich, und das Baby ist bereit, zur Welt zu kommen, wenn auch im zweiten Fall mit medizinischer Nachhilfe.

Man sollte annehmen, daß unsere Vorfahren irgendwann im Laufe der Evolution die optimale Entbindungsmethode entwickelt hätten. Das trifft aber nicht zu. In unterschiedlichen Kulturen existiert eine *Vielfalt von Geburtsmethoden.* Interessanterweise stößt man auf solche Unterschiede nicht nur dort, wo man sie erwartet, nämlich beim Vergleich zwischen »primitiven«, nichttechnologischen Gesellschaften und fortgeschrittenen Industriestaaten. Man findet sie auch bei einer Analyse der Geburtspraktiken von Gesellschaften, die sich auf dem gleichen Entwicklungsniveau befinden, wie etwa den USA, der Bundesrepublik Deutschland, Holland oder Schweden.

Westdeutschland hat beispielsweise die zweithöchste Säuglingssterblichkeitsrate in Europa. Über die Gründe dafür schweigen sich die offiziellen Stellen aus. Es ist jedoch wahrscheinlich, daß das höhere Durchschnittsalter bei Erstgebärenden eine große Rolle spielt. Zwei Lösungsvorschläge für dieses Problem sind im Gespräch: Als erster, die Weiterentwicklung und der vermehrte Einsatz medizinischer Geburtstechnologie; als zweiter, der Abbau der Technokratie, also weniger Medikamente, weniger Kaiserschnitte, weniger Maschinerie, kurzum eine Rückkehr zu einer nach Ansicht ihrer Befürworter »natürlichen« Geburt.

In den USA gibt es inzwischen eine mächtige Minorität, deren Einfluß sich aus der Verbreitung der verschiedenen *Methoden der »natürlichen« Geburt* ersehen läßt. Solche Methoden sind: die Hausgeburt, die Leboyer-Methode der

»sanften Geburt«, der schon heute praktizierte, aber häufig noch gesetzlich behinderte Einsatz von Laien und Krankenschwestern als Hebammen, die Einrichtung von »heimeligen« Kreißsälen und das Rooming-in. Diese neue Einstellung gegenüber dem Geburtsvorgang ist – obwohl in Kalifornien als ein Phänomen der weißen Mittelklasse entstanden – inzwischen auch in einigen europäischen Staaten bereits weit verbreitet.

3. Der Kreißsaal als Domäne der Männer

Noch bilden sie eine Minderheit, die Frauen unter den Frauenärzten. Doch der Trend ist eindeutig: Nicht nur ältere, auch immer mehr junge Frauen wollen lieber von einer Frauenärztin behandelt werden. Gegenüber Frauen bringen sie eher den Mut auf, über ihre Leiden, Verhütungsmethoden und die eigenen Ängste zu reden.

So absurd es auch klingen mag, gerade die Frauenheilkunde wird von den Männern nach wie vor als ihre Domäne betrachtet und verteidigt. Unter den 7700 Frauenärzten in der Bundesrepublik Deutschland sind nur 1230 Frauen. »Die Einwände der Männer lauten: Frauen hätten zuwenig Kraft, um Kinder auf die Welt zu holen; es fehle ihnen an Stehvermögen, außerdem könnten sie durch eine eigene Schwangerschaft für längere Zeit ausfallen«, so berichtet eine Frauenärztin mit einschlägigen Erfahrungen. Die Fachärzte für Frauenleiden wollen nicht wahrhaben, daß über Jahrtausende hinweg die Geburtshilfe ausschließlich in weiblichen Händen gelegen hat.

Wie sehr den Frauenärzten die *Angst vor weiblicher Konkurrenz* in den Knochen steckt, mag folgendes Beispiel zeigen: Die Stimmung im Sitzungssaal ist aggressiv. Erregt springt ein Mann auf und schreit: »Denen müßte man die Brüste abschneiden.« Aus einer anderen Ecke schreit ein anderer: »Huren sind das!« Ein dritter tobt: »Hexen sind das!« Stimmen während einer Podiumsdiskussion zum Thema »Gebärmutterentfernungen«, die im Rahmen eines internationalen Gynäkologenkongresses am 11. Juni 1981 in dem belgischen Badeort Ostende laut wurden! Die verbalen Ausfälle der männlichen Mediziner im Saal galten vier Frauen auf dem Podium, die kritisiert hatten, daß Gynäkologen viel zu häufig und ohne zwingenden Grund die Gebärmutter entfernten.

Ausgerechnet von Frauen wollten sich die flinken Operateure nicht nachsagen lassen, sie hätten seit Jahrzehnten die Frauenheilkunde negativ umfunktioniert. Die Frauen mögen dabei genau wie die Männer aus ihrer Position heraus über das Ziel hinausgeschossen haben. Aber der Vorwurf der vier Rebellen-Kritikerinnen entbehrt gewiß nicht ganz der Berechtigung. Psychologisch gesehen drängt sich geradezu der Verdacht auf, daß viele Frauenärzte sich an ihrer eigenen Mutter »rächen« möchten, indem sie an Frauen so gern herumschneiden. Das Motiv, Frauen und Kindern zu helfen, wird jedenfalls in den *erschreckend hohen Operationsziffern* vieler Frauenärzte nicht sehr deutlich.

Ich kenne das Beispiel einer Frau, die an einer Niere operiert werden sollte. Die Frau war schwanger. Der Klinikgynäkologe untersuchte sie und meinte, sie sei im fünften Monat schwanger, das Kind müsse operativ entfernt werden. Dabei sei es wohl besser, auch die Gebärmutter zu entfernen. Auf meinen Rat hin ließ die Frau sich nochmals von ihrem Frauenarzt untersuchen. Das Ergebnis: Diese Schwangere war erst im dritten Monat; es wurde eine Kürettage vorgenommen, und heute, nach über zehn Jahren, sind Gebärmutter und Eierstöcke immer noch an ihrem Platz.

Die Münchner Frauenärztin Dr. Ilse Stolzenberg weist einem Bericht der Zeitschrift *Quick* zufolge ebenfalls auf die übertriebene Operationswut mancher ihrer Kollegen hin: »Im Gespräch mit so mancher Frau stellte ich fest: Die Operation, die sie von ihren Unterleibsschmerzen hätte befreien sollen, hatte sie nicht geheilt. Im Gegenteil, die brennenden, stechenden oder reißenden Schmerzen waren oft noch schlimmer als vorher.«

In der Klinik, in der diese Ärztin arbeitete, ging sie die Krankenberichte der Frauen durch, die operiert worden waren. Sie fand dabei heraus, daß von zweitausend operierten Frauen, die sie im Laufe der Jahre behandelte, sechzig Prozent unnötigerweise »unters Messer« gekommen waren. Weiterhin fiel ihr auf, daß in den Krankenberichten zwar ausführlich über die jeweilige Operation berichtet wurde, aber nur spärliche Hinweise auf die Lebenssituation der Frauen zu finden waren. »Da klingelte es bei mir. Ich spürte, daß hier der Schlüssel zu den rätselhaften Schmerzen lag.«

Siebenundachtzig Prozent der behandelten Frauen beklagten sich bei der Frauenärztin, daß sie nach der Operation noch stärker als zuvor unter Unterleibsschmerzen, Blutungen und sexuellen Erlebnisstörungen gelitten hatten. Die Ärztin kam weiterhin zu dem Schluß, daß eine Totaloperation für viele der davon betroffenen Frauen eine Katastrophe sei, weil nach landläufiger Ansicht eine Frau ohne Gebärmutter nicht mehr als »richtige Frau« gelte.

Solche Klagen hört diese Frauenärztin immer wieder seitens ihrer Patientinnen. Sie vergleicht den deprimierenden Zustand dieser Frauen nach dem Eingriff mit der Situation eines Menschen, dem die Tränendrüsen herausoperiert worden sind, damit er nicht mehr weinen könne; der Grund des Weinens sei jedoch genausowenig beseitigt wie bei einer Hysterektomie (Gebärmutterentfernung) die Ursache für Blutungen und Schmerzen. Und mit dieser Ansicht hat sie wohl recht.

4. Worauf Sie bei der Wahl Ihres Arztes achten sollten

Nicht umsonst bin ich auf den letzten Seiten ein wenig vom Thema abgeschweift. Der Grund dafür war, daß die Männer, die häufig so gnadenlos, zumindest leichtfertig operieren, die gleichen Ärzte sind, die auch unseren Kindern auf die Welt helfen. Alle Eltern wünschen sich, daß ihr Kind freundlich und liebevoll auf dieser Welt empfangen wird. Deshalb ist es, verehrte Leserin, wichtig, daß Sie sich, sobald Sie schwanger sind, nach einem guten Arzt oder einer guten Ärztin erkundigen. Wer die Entbindung leitet und wie Sie ihm oder ihr gegenüber eingestellt sind, ist von großer Bedeutung. Zuerst müssen Sie herausfinden, wer am ehesten als Hausarzt, Geburtshelfer und Hebamme in Frage kommt. Für eine Schwangere, die eine Risikogeburt befürchten muß, hat sich diese Frage schon beantwortet. Sie muß auf jeden Fall in einer Klinik entbinden. Eine Frau, die sich unbeschützt fühlt, wenn kein Arzt anwesend ist, oder das mit zweitklassiger Versorgung gleichsetzt, begibt sich ebenfalls besser in die Hände eines guten Arztes.

Erkundigen Sie sich bei einem Arzt Ihres Vertrauens nach einem guten Geburtshelfer-Kollegen. Noch besser ist es aber, eine Freundin oder eine Bekannte zu befragen, wie sie mit ihrem Arzt und dem Team, das er leitete, bei der Entbindung zufrieden war. In einem solchen Gespräch erfahren Sie all die Details über Persönlichkeit und Lebensanschauungen des Arztes, die in den Informationsschriften der Kliniken nicht enthalten sind. Der nächste Schritt ist die persönliche Unterredung mit dem Arzt: Seien Sie offen, lassen Sie sich nicht zu sehr von der Gestalt im weißen Kittel »an die Wand drücken« und mit allgemeinen Redensarten abspeisen.

Da es um die Geburt Ihres Kindes geht, sollte das für Sie Grund genug sein, sich genauestens zu informieren. Sie sind es, die die letzte Entscheidung trifft und nicht der Arzt. Fragen Sie ihn nach seiner Einstellung zur Geburt: Bringt *er* das Baby zur Welt oder *Sie?* Finden Sie auch heraus, welche Art von Entbindungen er am liebsten durchführt – ob er natürliche Geburten zuläßt oder nur eingeleitete. Wie hält er es mit Herzton-Wehen-Überwachung, Ultraschalluntersuchungen, Narkosen, Dammschnitten und der Anwendung von Einläufen? Darf Ihr Mann an der Geburt teilnehmen? Darf Ihr Baby nach der Geburt bei Ihnen bleiben? Und wenn Ihr Kind vorzeitig oder krank zur Welt kommt, wird man Ihnen dann erlauben, es auf der entsprechenden Station des Krankenhauses zu besuchen?

Die Art und Weise, wie der Arzt oder die Ärztin Ihre Fragen beantwortet, sind ebenso wichtig wie die Antworten selbst. Er oder sie sollte beruhigend auf Sie wirken. Und vor allem: Sie sollten Vertrauen haben.

5. Gebären ist ein Akt des Lebens, keine Krankheit

Gebären ist ein Akt des Lebens und der Hoffnung, kein pathologischer Zustand. Deshalb müssen moderne Geburtshelfer sich ihrer ursprünglichen Aufgabe erinnern – das heißt, sie sollten das Baby möglichst ohne chirurgischen Eingriff in Empfang nehmen und Schwangere wie gesunde Menschen und nicht als Kranke behandeln. Die Schwangere und ihre Familie sollten bei allen Entscheidungen, die die Wehen und die Geburt betreffen, ein *Mitspracherecht* haben. Daß die Wünsche einer werdenden Mutter ignoriert werden, wie es so oft geschieht, ist unzumutbar. Sie hat ein Grundrecht darauf, Schwangerschaft und Geburt in vollem Bewußtsein und in der von ihr gewünschten Weise zu erleben. Es ist nicht Sache des Geburtshelfers, ihr das zu verwehren, indem er Gott spielt.

Es ist beunruhigend, daß die meisten Geburtshelfer nicht bereit sind, die Verantwortung für die Geburt mit der Mutter zu teilen. Man hat ihnen im Laufe des Medizinstudiums beigebracht, daß eine Geburt größtenteils ein Problem der richtigen Bedienung von Apparaturen ist, und so bleiben sie bei der traditionellen Routine – egal, was ihre Patientinnen wollen und was neue Forschungsergebnisse eindeutig nahelegen. Glücklicherweise aber gibt es auch Ausnahmen. Noch sind es nicht sehr viele, aber sie nehmen ständig zu. Ebenso wächst die Zahl der *familienorientierten Vorbereitungskurse.* Klar muß sein: Es gibt die Methode nicht, die – ganz gleich, was deren Anhänger sagen – für jede Frau geeignet wäre. Klar muß ferner sein, daß Geburtshelfer, Freunde und Familie zwar mit Rat und Tat helfen können, die richtige Wahl zu treffen, daß aber letztlich die Frau selber ihre Entscheidung treffen muß. Das bringt ihr nicht nur Seelenfrieden, sondern kann ihr auch die Ruhe und Ermutigung schenken, die für sie und ihr Kind gut sind.

Doch selbst die besten Geburtsvorbereitungskurse können einer Schwangeren nicht alle Zweifel nehmen. Das ist normal, und es ist ebenso normal, daß eine Frau in diesem Zustand hin und wieder Angst empfindet.

Wenn schwangere Frauen ein *Selbstbild* von sich und ihrer Erscheinung entwerfen sollen, dann berichten sie häufig, daß sie sich als plumpe, schwerfällige Geschöpfe sehen. Sie befürchten, als unattraktiv zu gelten. Die Meinung der Ehemänner ist in den meisten Fällen eine andere; viele empfinden ihre schwangeren Frauen mit den vollen, fließenden Kurven als sexuell reizvoll. Dessen sollten sich Frauen bewußt sein und daher das Gespräch auch mit dem Partner über dieses Thema nicht scheuen.

5
Das Geburtstrauma und seine Folgen

1. Hinterläßt die Geburt Gedächtniseindrücke?

»Ich bin auch nicht geneigt, mich ›wissenschaftlichen‹ Deutungen des Geburtstraumas anzuschließen, die dieses als die erste Manifestation von wirklicher Angst und letztlich als Determinante des individuellen menschlichen Schicksals ansehen. Man hat auf die durchschlagende Wirkung dieses Traumas eine ganze psychologische Lehre gegründet; man hat ihm eine übermäßig wichtige Rolle zugeschrieben und es zu dem Schurken gemacht, der für alle späteren psychischen Störungen verantwortlich ist. Sigmund Freud betont mit charakteristischer wissenschaftlicher Zurückhaltung, daß es bei der Geburt kein Bewußtsein gibt, daß von dem sogenannten Geburtstrauma keine Erinnerung zurückbleibt und daß die Gefahr der Geburt noch keinen psychischen Inhalt hat.«

Diese Sätze stammen von RENÉ A. SPITZ, einem Wissenschaftler, der sich um die physiologische Entwicklung des Kindes große Verdienste erworben hat und in der internationalen Fachwelt einen guten Ruf genießt. Seine Auffassung hat viele Ärzte veranlaßt, ihm zu folgen, und so ist es zu verstehen, daß diese »Lehrmeinung« bis heute in Kraft ist. Die neuesten Ergebnisse der Wissenschaft widerlegen jedoch diese Auffassung. Zunächst jedoch noch einmal René A. Spitz:

»Im Hinblick auf das periodische Wiederaufleben dieser Kontroverse habe ich beschlossen, eine Reihe von direkten Beobachtungen durchzuführen, um objektive Daten über jede Einzelheit des kindlichen Verhaltens bei der Geburt zu bekommen. Zu diesem Zwecke habe ich fünfunddreißig Entbindungen beigewohnt, die ohne Betäubungs- und Beruhigungsmittel vor sich gingen, und habe sorgfältige Aufzeichnungen über sie angefertigt. In neunundzwanzig Fällen wurde das Verhalten der Neugeborenen während der Austreibungsperiode oder unmittelbar nach der Entbindung gefilmt. Wir haben die Beobachtungen der Neugeborenen während der folgenden zwei Wochen fortgesetzt und wiederholt sowohl ihr Verhalten beim Stillen als auch ihre Reaktion auf eine Reihe standardisierter Reize gefilmt. Diese Aufzeichnungen zeigen, daß man die Reaktion des Neugeborenen auf das Geborenwerden kaum als traumatisch bezeichnen kann. Bei Säuglingen, die normal auf die Welt kommen – das ist die große Mehrheit der Säuglinge, denn nur Bruchteile eines Prozents werden nicht so geboren –, ist die Reaktion ungemein flüchtig, keineswegs heftig und dauert nur ein paar Sekunden. Unmittelbar nach der Geburt zeigt das Kind kurze Atemnot und Manifestationen einer negativ getönten Erregung. Wenn man das Kind in Ruhe läßt, klingt diese buchstäblich innerhalb von Sekunden ab und weicht einem vollkommenen Ruhezustand. Das sogenannte Geburtstrauma, von dem Fehlinterpreten Freuds soviel hergemacht haben, zeichnet sich dadurch aus, daß es so kurze Zeit dauert und so wenig eindrucksvoll ist. Was man beobachten kann, ist ein kurzer Erregungszustand, der unlustgetönt zu sein scheint. Im Gegensatz dazu ruft das Eintropfen von Silbernitrat in die Augen des Neugeborenen eine viel stärkere und längere stimmliche Unlustreaktion hervor, die bis zu einer halben Minute dauern kann.«

Was die Wissenschaftlichkeit der von R. A. Spitz vorgebrachten Argumente betrifft, so lassen sich verschiedene *Einwände* erheben. So ist beispielsweise die Zahl der beobachteten Säuglinge so niedrig, daß man im Hinblick auf Millionen Geburten wohl kaum von einem wissenschaftlichen Versuch sprechen kann. Da die Mütter weder Betäubungs- noch Beruhigungsmittel erhielten, müßte man eher von »natürlichen« Geburten sprechen. Um die Ergebnisse einer solchen Beobachtungsreihe angemessen würdigen zu können, müßten wir mehr über den Verlauf der jeweiligen Schwangerschaften wissen; des weiteren wäre es notwendig, die jeweilige Familiensituation zu kennen; und schließlich reicht eine Beobachtungszeit von zwei Wochen nicht aus, um zu gültigen Schlußfolgerungen zu gelangen.

Spitz macht es sich in dieser Hinsicht zu leicht, denn der Säugling verfügt noch über kein vollentwickeltes Bewußtsein und hat noch keine differenzierten Ausdrucksformen für seinen inneren Schmerz. Um eine gültige wissenschaftliche Aussage machen zu können, wäre daher eine Beobachtung des Geborenen über viele Jahre erforderlich. Sehr häufig treten Geburtstraumen erst mit dem Beginn der Pubertät zutage, manchmal sogar noch später. Wir müssen daher das Wesen des Geburtstraumas von verschiedenen Seiten her durchleuchten, um zu einem fundierten Urteil zu gelangen.

Die von SIGMUND FREUD ausgelöste Revolutionierung des überkommenen Menschenbildes stellt einen Wendepunkt der Menschheitsgeschichte dar. Auch Freuds vor keiner Fragestellung zurückschreckender Geist hat die Bedeutung vorgeburtlicher Erfahrungen für die seelische Entwicklung des Individuums nicht ganz ignorieren können. Bekannt ist sein Vergleich des primären Narzißmus mit dem in sich geschlossenen Vogelei. Auch übernahm er die Theorie seines Schülers OTTO RANK über das Geburtstrauma; wenn er diesen Gedankengang nicht weiterhin verfolgte, so spielt dabei sicherlich seine Auseinandersetzung mit Rank eine Rolle. Rank wollte nämlich auch den Ödipuskomplex auf das Geburtstrauma zurückführen.

Zunächst war der Altmeister der Psychoanalyse von Otto Ranks Trauma der Geburt stark beeindruckt. Aber seine Einstellung gegenüber Otto Rank wurde zusehends kritischer und ablehnender, bis es schließlich 1926 zum endgültigen Bruch mit ihm kam. Die Theorien Ranks haben wie ein Schock auf ihn gewirkt und zu Befürchtungen Anlaß gegeben, daß sich sein ganzes Lebenswerk über die Ätiologie der Neurosen infolge der Bedeutung des Geburtstraumas in nichts auflösen würde.

Der Grund für die Ablehnung Ranks ist in der theoretischen Voreingenommenheit SIGMUND FREUDS zu suchen. Freud und der Psychoanalyse kommen das Verdienst zu, die lebensbestimmende Bedeutung der frühesten Kindheitserlebnisse in das Blickfeld gerückt zu haben. Bedauerlicherweise aber hat Freud durch seine einseitige Festlegung auf eine sexualistische Neurosenlehre die konsequente Durchführung dieses Grundgedankens blockiert und die Forschung in spekulative Bahnen gelenkt. So ist es nicht verwunderlich, daß die Erforschung pränatalen Lebens erst heute allmählich ihre verdiente Anerkennung findet.

Daß die Geburt bleibende Gedächtniseindrücke hinterläßt, darf heute als gesicherte Tatsache gelten. Die Annahme eines *Geburtsengramms* setzt aber logischerweise voraus, daß schon vorher eine Art Bewußtsein vorhanden gewesen sein muß, von dem sich die traumatischen Vorgänge der Entbindung deutlich abheben.

Auch Freud kannte bereits die sogenannten Mutterleibsträume. Er führte sie aber auf regressive Phantasien des Erwachsenen zurück, das heißt auf den Wunsch, aus der Wirklichkeit zu fliehen. Heute weiß man, daß sie auch auf Eigenengrammen beruhen können. Der sogenannte Geburtstraum hingegen hat etwa den Inhalt: »Hinaus ins Freie, sonst muß ich ersticken!« Im Zuge einer psychotherapeutischen Behandlung erscheint er meist in kritischen Phasen als Ausdruck der Wandlung und Selbsterneuerung und hat somit für den Fortschritt der Therapie eine günstige Bedeutung.

Doch zurück zum Geburtstrauma. Die Psychotherapie hat immer wieder gezeigt: Die Geburt ist für einige Patienten – im Sinne Otto Ranks – die Ursituation der Trennung und der mit dieser verbundenen Angst. Ein Trennungstrauma entsteht, wenn das Kind nicht gleich nach der Geburt in den Arm genommen und gewärmt wird. Es ist traumatisierend, ganz allein, verängstigt und mit einem Gefühl des Unbehagens in die Welt entlassen zu werden. Spätere Trennungen von geliebten Menschen können dann die klassische Trennungsangst hervorrufen – die ursprüngliche.

Einer der Gründe, warum Neurotiker so schwer allein sein können, besteht darin, daß ihre erste Begegnung mit der Welt gekennzeichnet war von jenem katastrophalen Gefühl des Alleinseins, das von ihnen Besitz ergriff, als sie von der Mutter getrennt und allein und ohne Tröstung in ein Bett gesteckt wurden. Jeder Zustand des Alleinseins im späteren Leben kann dann begreiflicherweise diesen prototypischen Schmerz reaktivieren.

Wie vielseitig *Traumatisierungen*, die rund um die Geburt entstehen, sein können, zeigen die folgenden Beispiele. Manche Neurotiker wachen nachts schon bei dem leichtesten Geräusch, andere beim schwächsten Lichtschimmer auf, wieder andere klagen über ihre Empfindlichkeit gegenüber Temperaturschwankungen. Es gibt auch solche, die sofort erwachen, wenn infolge geschlossener Fenster der Kohlendioxydgehalt im Schlafzimmer ansteigt.

In der psychoanalytischen Praxis hat sich erwiesen, daß sich solche Reaktionen auf prototypische Erfahrungen zurückführen lassen. Das heißt, wenn jemand bei der Geburt unter Atemschwierigkeiten gelitten hat, so wird er wahrscheinlich in einem ungelüfteten Raum sofort aufwachen. Aufgrund eines Schutzmechanismus (aufstehen und das Fenster öffnen) wacht der Betreffende schneller auf als andere Menschen, weil schon eine geringfügige Änderung im Kohlendioxydgehalt die prototypische Lebenserfahrung wieder akut werden läßt. Wenn der erste Geburtsschock durch Licht verursacht wurde, wird der oder die Betreffende im späteren Leben wahrscheinlich empfindlich auf Licht reagieren, das ins Schlafzimmer dringt. Empfindlichkeit gegenüber Temperaturschwankungen während des Schlafs ist die Folge einer entsprechenden *Urerfahrung*, die die körperliche Konstitution und den Gesamtstoffwechsel des betreffenden Menschen beeinflußt hat. Solche Reaktionen unterscheiden sich nicht von unbewußten Empfindlichkeiten gegenüber bestimmten Dingen, die während des Wachlebens alte Schmerzzustände neu beleben.

Arthur Janov berichtet von einem Patienten, der durch einen Kaiserschnitt zur Welt gekommen war. Bei einem Primärerlebnis gelangte er zu der Erkenntnis, er könne keine

Sache anfangen, weil er an seinem Lebensanfang nicht beteiligt gewesen sei. Deshalb verbringe er sein Leben damit, darauf zu warten, daß andere seine Angelegenheiten für ihn erledigten.

Das rhythmische Zusammenpressen des Kindes bei der Geburt stellt den ersten »körperlichen« Umgang der Mutter mit ihm dar. Wenn die mütterlichen Kontraktionen aufgrund der Gabe von Medikamenten zu schwach ausfallen, werden wesentliche Organfunktionen nur ungenügend angeregt, unter anderen auch die der Atmung. Enthält die Mutter darüber hinaus ihrem Kind auch in der Folge körperliche Stimulierung vor, dann sind die Voraussetzungen einer möglichen Disposition für spätere Atmungsstörungen gegeben. Man kann die diversen Organfunktionen durchaus mit den Muskeln vergleichen: wenn sie nicht voll in Anspruch genommen werden, verkümmern sie.

Ein guter Lebensanfang läßt das Kind spätere traumatische Erlebnisse leichter ertragen. Hingegen erweist es ein schwieriger, belasteter Lebensanfang als unerhört empfindlich und anfällig. Solche Menschen werden dann auch gelegentlich durch eigentlich völlig harmlose Ereignisse aus der Bahn geworfen. Ein Kind, das natürlich und liebevoll auf die Welt gebracht worden ist, kann im übrigen eine ablehnende Mutter haben, und dennoch wird die rückständige Spannung bei ihm nicht derart stark sein, daß es unter extremen neurotischen Erscheinungen zu leiden hat.

Allen Psychotherapeuten, die mit *Träumen* arbeiten, sind Traumbilder bekannt wie die einer sechsundzwanzigjährigen Frau, die wegen Klaustrophobie (Angst in engen, geschlossenen Räumlichkeiten) in Behandlung war:

»Ich bin in einer Blase, die sich mal zusammenzieht, dann wieder ganz groß wird, so eng, daß ich nur ganz zusammengerollt darin liegen kann. Unbeschreibliches Körpergefühl, hängt aber irgendwie mit dem Kopf zusammen, der eingeklemmt ist. Angst und Luftnot. Ewigkeitsgefühl oder daß die Zeit – wofür, vielleicht zur Geburt – nicht ausreicht. Ich gehe dann durch schmale gewundene Gänge, finde den Ausgang nicht oder bleibe in einem engen Loch stecken. Schließlich schlägt mir jemand mit einem harten Gegenstand oder einem spitzen Messer auf den Kopf. Endlich, ich bin schon fast erstickt, komme ich heraus. Draußen ist grelles Licht, und es ist sehr kalt.«

Lange Zeit hat man Träume mit einem solchen Erlebniskern (warme Umschlossenheit, dann Luftnot und Erstickungsangst, dramatische Befreiung, draußen grelles Licht und Kälte) als symbolische, in die Zukunft gerichtete Wiedergeburtsträume aufgefaßt, als Ausdruck einer durch die Behandlung angeregten inneren Selbsterneuerung. Wenn man aber erfährt, daß diese Patientin eine Zangenentbindung (harter Schlag auf den Kopf) durchgemacht hat, und wenn man weiter bedenkt, daß ihre Raumangst genau dem gleichen Erlebniskern entspricht, dann gelangt man als Tiefenpsychologe, der sich mit dem vorgeburtlichen Seelenleben befaßt, zu einer anderen Ansicht: Beide, Symptomatik und Traum, haben ihren Ursprung im Geburtserlebnis. Die Raumangst kennzeichnet eine fixierte Lebenseinstellung. Im Traum wird das Geburtstrauma noch einmal erlebt.

Auch das entgegengesetzte Krankheitsbild, die Agoraphobie (Angst vor Menschenansammlungen und großen Plätzen), hat eine geburtstraumatische Genese: Die entsprechende Symptomatik findet sich fast immer bei Frühgeburten, also Kindern, die noch nicht »geburtswillig« waren und vorzeitig aus dem Mutterleib herausgerissen worden sind.

In manchen Fällen ist allein aus dem charakteristischen Traumbild zu entnehmen, was vielfach dem Träumer gar nicht bekannt war, daß er trotz der Nabelschnur um den Hals, in einer »Glückshaube« (in der unverletzten Eihauthülle) zur Welt gekommen ist. Derartige Geburtskomplikationen lassen sich meist durch Rückfrage bei der leiblichen Mutter bestätigen.

2. Die nachgeburtliche Trennung von Mutter und Kind

Man könnte nur schwerlich eine brutalere Methode des Eintritts in diese Welt ersinnen als die von den Geburtsmedizinern unserer Zeit praktizierte. Die meisten Babys werden, wie gesagt, in grellem Licht in einem Raum voll von kaltem, rostfreiem Stahl geboren, in dem es von behandschuhten und maskierten Fremden wimmelt. Kaum geboren, werden die Säuglinge gewöhnlich ihren meist noch benommenen Müttern entrissen und ganz unfeierlich in einem Säuglingszimmer deponiert, in dem noch andere schreiende, verängstigte Kinder untergebracht sind. Das Verblüffende daran ist nicht die Tatsache, daß diese Methode heutzutage angegriffen wird, sondern daß Eltern und Ärzte nicht schon früher dagegen protestiert haben. Gerade in einem Augenblick, da Mutter und Kind einander so sehr bedürfen, wird von den Ärzten kategorisch ihre Trennung verordnet. So ist es beiden verwehrt, in dieser Zeit des Krankenhausaufenthalts die Symbiose, in der sie miteinander leben sollten und die für die Entwicklung beider so ungeheuer wichtig ist, zu leben.

Die Mutter wird während der Schwangerschaft in jeder möglichen Weise darauf vorbereitet, die Verbindung zwischen dem Kind und sich möglichst eng zu halten. Nicht nur braucht das Kind die Mutter, die Mutter braucht ebensosehr das Kind. Die *biologische Gemeinschaft,* die zwischen der Mutter und dem ungeborenen Kind während der Schwangerschaft besteht, hört bei der Geburt nicht auf. Nach der Geburt wird die gegenseitige Abhängigkeit sogar noch stärker als während der Schwangerschaft – und das ist natürlich kein Zufall. Nach der Geburt sollte sich die Mutter intensivst um das Wohlergehen ihres Kindes bemühen. Ihr ganzer Körper ist bereit, die Bedürfnisse des Säuglings zu erfüllen, sie möchte ihn streicheln, zärtlich zu ihm sein und mit ihm sprechen, ihn nähren. Ihre Brust spendet ihrem Kind nicht nur die für das Neugeborene so wichtige, schwach zitronengelbe Muttermilch, sondern das Kind gibt auch der Mutter sehr Wesentliches. Das

Gute, das Mutter und Kind während der Dauer dieser *Symbiose* einander vermitteln, ist für die Entwicklung beider lebenswichtig. Das ist allerdings eine Tatsache, die in unserer hochzivilisierten, mechanischen, enthumanisierten Welt nur zögernd und langsam anerkannt wird, denn unsere Gesellschaft betrachtet zum Beispiel das Stillen als einen beinahe animalischen Akt.

Auch Tierversuche belegen eindeutig die grundlegende Bedeutung der Mutter-Kind-Beziehung für die Entwicklung des Individuums. Vor kurzem wurde im Affenzentrum der medizinischen Fakultät an der Universität von Colorado eine Versuchsreihe mit von ihren Müttern getrennten Affenbabys durchgeführt. Diese Tests ergaben, daß sofort nach der Trennung von ihrer Mutter die Kleinen hilflos und verwirrt sind. In den ersten Tagen reagiert das isoliert gehaltene Affenjunge mit jammernden Verlassenheitslauten, ein für Primaten typisches Protestverhalten. Bald darauf taucht ein weiteres klassisches Phänomen auf: Das Junge macht auf der ganzen Linie schlapp. Danach beginnt eine Phase totaler Trauer, tiefen Kummers, und das trotz tröstender Gesten der Gefährten. Allmählich läßt sich dann das Affenjunge berühren. Das mindert zwar den Trauerstreß, aber zurück bleibt eine tiefe Depression.

Nur die Rückkehr der Mutter und ihre unverwechselbare Berührung können die Verzweiflung lindern. Nach drei bis vier Tagen intensiver Körpernähe und Umarmung verschwinden die äußeren Anzeichen der Depression. Darauf deutet zumindest das äußere Verhalten hin. Der physiologische Befund sagt jedoch etwas ganz anderes. Die Wissenschaftler maßen vor, während und nach der Trennung mit Hilfe von Sensoren verschiedene Körperfunktionen der kleinen Affen. Ein kleiner Sender übermittelte dabei die Daten. Wann immer sich im Verlauf des Versuchs Differenzen in der Stimmung und im Verhalten zeigten, wurden diese mit Veränderungen der Körperfunktionen verglichen. Professor MARTIN REITE beobachtete dabei starke Abweichungen bestimmter Funktionen vom Normalzustand. Er sagt dazu: »Wir fanden Veränderungen in der Körpertemperatur und beim Herzrhythmus. Außerdem änderten sich die Hirnstromkurve und die Verteilung der Schlafstadien. Und neueste Erkenntnisse lassen sogar Störungen im Immunsystem vermuten.«

Professor Reite glaubt, daß die körperliche Trennung von der Mutter solche körperlichen und seelischen Störungen verursacht. Allerdings verschwinden offensichtlich nur die seelischen Folgen, während die körperlichen Manifestationen bestehen bleiben. Aber auch die psychischen Folgen der Trennung verschwinden nur scheinbar. Das ist auch der Grund, warum René A. Spitz das Geburtstrauma der von ihm beobachteten Säuglinge nicht bemerken konnte.

Die *seelischen Folgen* eines solchen »frühkindlichen« Trennungstraumas werden meist erst viel später sichtbar. Professor Martin Reite ist der Ansicht, daß einige der Veränderungen, die aus einem solchen Trauma resultieren, nicht reversibel sind, das heißt bestehen bleiben, und zwar auch wenn die Mutter dem Jungen nach einiger Zeit wiedergegeben wird. Fehlt der mütterliche Kontakt über längere Zeit, so hat das neben den seelischen auch unabsehbare Konsequenzen für die Immunabwehr.

Im Affenlabor der Universität von Wisconsin haben Forscher grundlegende Aspekte des Verhaltens von Primaten wissenschaftlich untersucht. Ihre Ergebnisse sollten sehr nachdenklich stimmen. In dem Test sind die Affenbabys durch eine Glasscheibe von der Mutter getrennt. Hierdurch wird ein bestimmter Grad der Trennung von der Mutter hergestellt. Noch können Mutter und Junges einander sehen, hören und auch riechen. Nur der Körperkontakt ist ausgeschlossen. Das bedeutet für beide einen schweren Entzug. Einige Affenbabys werden ständig unter solchen experimentellen Bedingungen gehalten. Andere werden in der beschriebenen Weise abwechselnd vierzehn Tage von der Mutter getrennt beziehungsweise mit ihr zusammengeführt. Eine andere Versuchsgruppe wächst genauso auf – nur können die Tiere dieser Gruppe durch die Trennwand greifen.

Über die seelischen Folgen dieser verschiedenen Abstufungen der Trennung von Mutter und Kind sagt Professor STEPHAN SUOMI, der Versuchsleiter:

»Die Ergebnisse unterscheiden sich ziemlich. Die Kurzgetrennten verbringen anschließend viel zuviel Zeit mit intensivem Körperkontakt. Auch als Heranwachsende klammern sie sich aneinander, wie es für Jüngere typisch ist, anstatt sich altersgemäßen Aktivitäten hinzugeben, wie Körperpflege, Spielen und sexuellen Interaktionen. Später haben diese Affen große Schwierigkeiten, selbständige und selbstsichere Einzelwesen zu werden.

Ganz anders reagieren die Langzeitgetrennten. Zuerst meiden sie jeden Körperkontakt. Wenn sie sich jedoch miteinander beschäftigen, ist ihr Verhalten unkoordiniert, und sie sind außerordentlich aggressiv. Sie haben später als ausgewachsene Tiere große Schwierigkeiten, mit den anderen zusammenzuleben. Ihr normaler Kontakt untereinander schwankt von plötzlichen Gewaltausbrüchen bis zur totalen Isolation. Individuen ohne frühere Erfahrung im Körperkontakt haben später Probleme, echte Beziehungen aufzubauen. Wenn es dazu kommt, dauern sie meist nicht lange und bleiben flach und oberflächlich.

Wenn jemand Schwierigkeiten hat, eine Beziehung aufzubauen, wird er von den anderen in der Gruppe nicht akzeptiert. Tun sich alle dabei schwer, so gibt es kaum Beziehungen, und mit dem Gruppenzusammenhalt ist es vorbei. Man kann dagegen einwenden, das sei eine Art Überreaktion. So etwas passiert ja nicht auf der menschlichen Ebene. Trotzdem meine ich, eine Reihe prinzipieller Erkenntnisse läßt sich aus der Arbeit mit Primaten ableiten und auf den Menschen übertragen. Ich glaube, was den Körperkontakt angeht, führt eine dauernde Vorenthaltung auf diesem Gebiet zu ernsthaften Konsequenzen.«

Eine weitere Testreihe mit Primaten wurde an der Universität von Illinois durchgeführt. Das vor kurzem veröffentlichte Forschungsergebnis deutet sogar auf eine Schädigung des

Kleinhirns von Affenjungen infolge von Isolation hin. Die Wissenschaftler haben drei unterschiedlich gehaltene Gruppen von Affen miteinander verglichen. Die Kontrollgruppe bestand aus einigen »normal« lebenden Laboraffen mit häufigem Körperkontakt. Andere Affen wuchsen in einer für sie unnatürlichen Umgebung auf. Wie in dem Experiment an der Universität von Wisconsin wurde ihre Trennung durch eine Glasscheibe herbeigeführt. Auch hier war keine Berührung möglich, aber jede andere Form der Kontaktaufnahme. In einem Zeitraum von vierundzwanzig Stunden wurde das Trennungsglas für jeweils vier Stunden entfernt. Während dieser Zeit konnten sich die Tiere frei von einem Territorium auf das andere bewegen. Nach kurzer Zeit schon ließen sie sich dann nieder, spielten miteinander und trieben Körperpflege.

Eine weitere Versuchsgruppe lebte in totaler Isolation. Die Tiere konnten einander weder berühren, sehen, hören noch riechen. Bei der späteren Autopsie der Affen – aus allen drei Gruppen – nahm man auch eine genaue mikroskopische Untersuchung des Kleinhirns der Tiere vor. Dabei zeigte sich: Die in völliger Isolation gehaltenen Affen hatten eine eindeutige Schädigung des Kleinhirns erlitten, aber nicht nur sie, sondern auch die überwiegend getrennt Gehaltenen. Nur die natürlich lebende Kontrollgruppe war nicht hirngeschädigt.

Das heißt also, daß schon ein relativ geringer Körperkontaktentzug bei diesen Versuchsaffen ausreichte, um *Hirnschädigungen* herbeizuführen. Es ist also durchaus möglich, daß auch die kontaktbehinderten Affen der Versuche von Professor STEPHAN SUOMI in Wisconsin nicht nur verhaltensgestört werden, sondern auch ernste Gehirnschädigungen davontragen. Noch gibt es keinen letztgültigen Beweis für die auf gestörtes Verhalten, also auch Hirnschädigung, hinauslaufende Schlußfolgerung. Aber die gemeinsame Ursache für beide Schädigungen ist der Entzug des Körperkontakts.

Stellen wir uns einmal vor, das alles würde so oder ähnlich auch auf den Menschen zutreffen. Und warum sollten wir daran eigentlich zweifeln? Es gibt genügend Kinder, die längere Zeit von den Eltern getrennt waren. Und man weiß, daß diese Kinder häufig stark verhaltensgestört sind. Denken wir nur an Frühgeburtskinder, die isoliert unter einer Haube leben müssen. Es ist bekannt, daß frühgeborene Kinder häufig eine Reihe von Störungen aufweisen. Daher wird es höchste Zeit, daß die Verantwortlichen in den Entbindungskliniken endlich Sorge dafür tragen, daß Mutter und Kind nach der Geburt zusammenbleiben können.

3. Schwangerschaft und Geburt als Symbole seelischer Vorgänge

Wenn wir die durch die Geburt, aber auch die bereits im Mutterleib geprägten *Engramme* aufdecken wollen, wenn es also darum geht zu erkennen, wo der Ursprung der jeweiligen Neurose zu suchen ist, dann gibt es drei Möglichkeiten, derartige Engramme wiederzubeleben. Zu einer solchen Reaktivierung kommt es erstens im Traum, dann in tiefer Trance oder Hypnose und schließlich unter Drogeneinwirkung (LSD).

Unter der Einwirkung von LSD werden Sinneseindrücke überaus intensiv und selbst in ihren kleinsten Nuancen erlebt. Die Wahrnehmung der Umwelt besitzt eine ursprüngliche, elementare Qualität; jeder Sinnesreiz, ob nun visuell, akustisch oder durch Geruch und Geschmack vermittelt, ist von großer Eindringlichkeit. Die in LSD-Sitzungen registrierten psychodynamischen Prozesse verlaufen weitgehend in der für SIGMUND FREUDS Psychoanalyse typischen Weise. Wären solche psychodynamischen Erfahrungen der einzige Typus von LSD-Erlebnissen, so ließen sich die von der LSD-Forschung gewonnenen Erkenntnisse gleichsam als Laboratoriumsbeweise für die Grundprämissen Sigmund Freuds bewerten. Die psychosexuelle Dynamik und die fundamentalen Konflikte der menschlichen Psyche, wie sie Freud dargestellt hat, manifestieren sich in ungewöhnlicher Klarheit und Eindrücklichkeit selbst in Sitzungen naiver Versuchspersonen, die nie analysiert wurden, die keine psychoanalytischen Bücher gelesen haben und auch sonst weder direkter noch indirekter Beeinflussung dieser Art ausgesetzt waren. Unter dem Einfluß von LSD stehende Personen erfahren eine Regression in die Kindheit, ja sogar in die Säuglingszeit oder in den Mutterleib.

Die Grundprobleme der nachgeburtlichen Existenz sind die biologische Geburt selbst, dann physischer Schmerz und Seelenangst, Altern, Krankheit und Hinfälligkeit, Sterben und schließlich der Tod. Die erschütternde Begegnung mit diesen entscheidenden Aspekten der menschlichen Existenz und die tiefempfundene Erkenntnis der Gebrechlichkeit und *Vergänglichkeit* des Menschen als eines biologischen Geschöpfes sind unausweichlich von einer Existenzkrise begleitet. In dieser Erfahrung erkennt der einzelne, daß er dem Unvermeidlichen nicht entrinnen kann, ganz gleich wie er sich im Leben verhält: Er wird diese Welt mit leeren Händen verlassen müssen, all dessen beraubt, was er angehäuft und erreicht hat. Die Ähnlichkeit zwischen Geburt und Tod – die aufwühlende Erkenntnis, daß der Beginn des Lebens und das Ende einander gleich sind – ist die einschneidendste Erfahrung der nachgeburtlichen Existenz.

Eine andere wichtige Folge der erschütternden seelischen und physischen Begegnungen mit dem Phänomen der menschlichen Vergänglichkeit ist die Eröffnung *spiritueller und religiöser Erfahrungen,* die offenbar ein wesensmäßiger Bestandteil der menschlichen Psyche sind; außerdem sind sie von der kulturellen und religiösen Vergangenheit und Formung des Individuums unabhängig. Jede intensive psychotherapeutische Arbeit führt beinahe zwangsläufig in die Anerkennung der überragenden Bedeutung der spirituellen und religiösen Dimension in der universalen Seinsordnung. Selbst hartgesottene Materialisten, Skeptiker, Zyniker und kompromißlose Atheisten und Religionsfeinde, wie beispielsweise marxistische Philosophen, interessieren sich plötzlich für das Spirituelle, wenn sie mittels bestimmter tiefenpsychologischer Verfahren mit diesen Schichten ihres Innern konfrontiert worden sind.

Der amerikanische Psychotherapeut STANISLAV GROF, ein Fachmann auf dem Gebiet der LSD-Forschung, sagt: »Auf eine – zum gegenwärtigen Zeitpunkt wissenschaftlich noch nicht genau zu begründende – Weise stehen solche Erfahrungen offenbar in einem Zusammenhang mit der eigenen biologischen Geburt. Im Rahmen einer Therapie systematisch in Trance versetzte Personen beschreiben gewisse Erfahrungen, die sie in diesem Zustand gemacht haben, häufig ausdrücklich als Wiedererleben ihres eigenen Geburtstraumas. Menschen, die derart unmittelbare Verbindungen zwischen ihren Erlebnissen in Trance und dem Akt ihrer physischen Geburt nicht akzeptieren und eine rein philosophisch-spirituelle Deutung ihrer inneren Bilder vorziehen, weisen dennoch regelmäßig in tiefer Trance eine Anzahl physischer Symptome auf, die sich deutlich als symbolhafte Neubelebung der eigenen Geburt erkennen lassen. Sie nehmen Haltungen ein und bewegen sich in einer Weise, die eine verblüffende Ähnlichkeit mit den Bewegungen eines Kindes während der verschiedenen Stufen des Geburtsvorganges haben. Außerdem berichten viele der Therapierten, sie hätten in diesem Zustand Bilder von Embryos, Feten oder gerade erst geborenen Kindern gesehen und sich mit diesen hilflosen Wesen identifiziert. Ebenso häufig treten in Trancezuständen Gefühls- und Verhaltensweisen auf, die genau denen von Neugeborenen entsprechen. Häufig sehen die Therapierten auch weibliche Genitalien oder Brüste.«

Jede Stufe der biologischen Geburt hat offenbar ein spezifisches seelisches Gegenstück: Für die ungestörte intrauterine Existenz steht auf der seelischen Ebene die Erfahrung kosmischer Einheit; das Einsetzen des Geburtsvorganges hat seine Parallele in Gefühlen einer universalen Verschlingung; die erste klinische Stufe der Niederkunft, der Beginn der Kontraktionen in dem noch geschlossenen uterinen System, korrespondiert mit dem Erlebnis des Eingeschlossenseins oder des

Daseins in einer Hölle; das Vorangetriebenwerden durch den Geburtskanal in der zweiten klinischen Stufe des Geburtsprozesses hat sein seelisches Analogon in dem symbolischen Drama von Tod und Wiedergeburt; und das seelische Äquivalent für die Beendigung des Geburtsvorganges ist die symbolische Erfahrung von Tod und Wiedergeburt des eigenen Ich.

Nach Stanislav Grof lassen sich Schwangerschaft und Geburt grob in vier Phasen einteilen, die auch auf psychischer Ebene ihren symbolischen Niederschlag finden.

Urvertrauen und Mutter-Kind-Symbiose

Dieser Zustand entspricht der ursprünglichen intrauterinen Existenz. Mutter und Kind bilden noch eine symbiotische Einheit. Sofern nicht irgendwelche schädlichen Reize störend einwirken, hat das Kind in dieser Phase optimale Bedingungen: Sicherheit, Schutz, ein geeignetes Milieu und die Befriedigung aller Bedürfnisse sind gegeben.

Diese Harmonie wird jedoch im Laufe der Schwangerschaft immer wieder einmal gestört. Zu solchen Beeinträchtigungen der ungeschiedenen Einheit von Mutter und Kind kommt es beispielsweise, wenn die Schwangere vorübergehend erkrankt, wenn sie Ernährungsfehler begeht, wenn sie raucht oder Alkohol zu sich nimmt. Die Ruhe des Kindes leidet auch unter einer allzu lauten Umgebung, des weiteren bei gynäkologischen Untersuchungen und schließlich, wenn es in den letzten Schwangerschaftsmonaten zum Geschlechtsverkehr kommt. Weitere Faktoren, die die Symbiose zwischen Mutter und Kind stören, sind: Infektionen und alle Krankheiten, die von den endokrinen Drüsen ihren Ausgang nehmen, und Stoffwechselerkrankungen der Mutter; des weiteren schwere Vergiftungen, chronische Angst, Spannungen und emotionaler Streß. Ebenso schädlich ist es, wenn die Mutter einer mit übermäßigem Lärm und Vibrationen verbundenen Arbeit nachgeht, drogensüchtig ist oder unter chronischen Vergiftungserscheinungen leidet. Überflüssig zu erwähnen, daß jegliche Gewaltanwendung gegen die Mutter und Abtreibungsversuche ihrerseits die Entwicklung des Fetus schwer behindern.

Obwohl man bisher die Schäden solcher Einwirkungen ausschließlich auf der somatischen Ebene vermutet hat, deuten bestimmte psychotherapeutische Beobachtungen darauf hin, daß der Fetus solche Einflüsse möglicherweise auch auf einer »primitiven« subjektiven Ebene erlebt. Sollte dies zutreffen – und alle einschlägigen Erfahrungen deuten darauf hin –, dann gibt es wirklich den Unterschied zwischen einem »guten« und einem »schlechten« Mutterschoß, etwa analog der psychoanalytischen Unterscheidung zwischen der »guten« und der »schlechten« Mutterbrust. Die Summe der Erfahrungen, die das Kind im Mutterleib durchlebt, könnte also hinsichtlich der künftigen Stabilität der Persönlichkeit eine wichtige Rolle spielen, vergleichbar der Rolle positiver Betreuungserfahrungen in der frühen Kindheit.

Erfahrungen ungestörten intrauterinen Lebens treten während einer Therapie in den Anfangsstadien nur selten, im weiteren Verlauf der Behandlung hingegen häufiger auf. Manche in tiefer Trance liegende Menschen produzieren recht realistische und komplexe Erinnerungen an die fetale Situation. Sie erleben sich in diesem Zustand als äußerst klein, mit dem typischen Größenverhältnis von Kopf und Leib, und können die sie umgebende Flüssigkeit und bisweilen sogar die Nabelschnur fühlen. Solche Erfahrungen sind mit einem glückseligen, undifferenzierten, ozeanischen Bewußtseinszustand verbunden. Häufig fehlen den Vorstellungsbildern die konkreten biologischen Elemente, und die Aktivierung dieser Matrix manifestiert sich als ein Gefühl des *Mit-der-Welt-Einsseins.*

Die Hauptmerkmale der Matrix sind die folgenden: die Transzendierung von Subjekt und Objekt, ein starker positiver Affekt – Frieden, Ruhe, Heiterkeit und Glückseligkeit. Manchmal stellen sich auch ein Gefühl von Heiligkeit, die Empfindung reinen Seins und eine Reihe anderer positiver Erfahrungen ein.

Gestörte Einheit von Mutter und Kind

Die zweite Matrix im Zusammenhang mit Geburt und Schwangerschaft steht in enger Verbindung mit dem ersten klinischen Stadium des Geburtsvorgangs. Die intrauterine Existenz, unter normalen Bedingungen nahezu ideal, ist damit beendet. Die Welt des Fetus wird gestört, zuerst beinahe unmerklich durch chemische Einwirkungen, dann auf eine unsanfte, mechanische Weise durch periodische uterine Kontraktionen. Daraus resultiert für das Kind eine Situation äußerster Not und Lebensbedrohung mit verschiedenen Anzeichen starken physischen Unbehagens. Die Kontraktionen der Gebärmutter bedrängen den Fetus, der Muttermund ist jedoch noch geschlossen und der Weg nach außen noch nicht frei. Mutter und Kind sind füreinander wechselseitig eine Schmerzquelle, sie befinden sich in einem Zustand des biologischen Konflikts und des Antagonismus (Gegnerschaft).

Die Dauer dieses Stadiums variiert beträchtlich – wie auch die Dauer des gesamten Geburtsvorganges. Es läßt sich vermuten, daß diese Erfahrungen dann besonders schlimm sind, wenn es sich um eine pathologische Niederkunft mit verlängertem Ablauf handelt, sei es wegen eines zu schmalen Beckens oder wegen Behinderungen im Becken, sei es wegen anormaler Lage des Fetus, ungenügenden Kontraktionen, übermäßiger Größe des Kindes und anderen Komplikationen. Es ist jedoch auch denkbar, daß die Angst und die Verwirrung einer unerfahrenen Schwangeren oder eine ausgeprägt negative oder stark ambivalente Einstellung der Mutter gegenüber dem ungeborenen Kind (oder gegen den Vorgang des Gebärens) diese Phase schwieriger machen können, und zwar für die Mutter und beziehungsweise oder das Kind. Die beschriebenen Gefühle können die Wechselwirkungen zwischen den Kontraktionen des Uterus und dem Sich-Öffnen des Muttermundes störend beeinflussen.

Elemente dieser Geburtsphase können in den Vorstellungsbildern von Therapierten in rein biologischer Gestalt vorkommen, und zwar als realistische Erinnerungen an dieses spezielle

Stadium des Geburtsvorganges. Häufiger aber löst die Aktivierung dieser Matrix die für sie typischen Vorstellungsbilder des »Eingeschlossenseins« oder der »Hölle« aus. Der sich in Trance befindliche Mensch fühlt sich in klaustrophobischer Panik unentrinnbar eingesperrt und erlebt unglaubliche physische und psychische Qualen.

Menschen, die von diesem ursprünglichen Gefühl des Eingeschlossenseins geprägt sind, erscheint häufig das menschliche Leben als völlig sinn- und nutzlos und von vornherein zum Scheitern verurteilt. Bei ihnen herrscht das Gefühl vor, daß die Menschen in diese Welt »geworfen« sind, wahllos und ohne jeglichen erkennbaren Sinn. Die einzige Gewißheit scheint die Tatsache zu sein, daß die Dauer des Lebens begrenzt ist und daß es einmal enden wird. Die Tatsache der menschlichen Sterblichkeit und der Vergänglichkeit aller Dinge hängt als Damoklesschwert in jeder Minute des Lebens über den Betroffenen und macht jede Hoffnung zunichte, daß dieses Leben irgendeinen Sinn habe. Es handelt sich bei dieser Haltung um ein Grundgefühl, um eine Lebenseinstellung, die im realen Leben allerdings nicht bewußt wahrgenommen wird. Erst in tiefer Trance werden solche Haltungen sichtbar.

In der Therapie drückt sich diese Einstellung dann mittels mannigfaltiger innerer Bilder aus, welche die *Sinnlosigkeit des Lebens* darstellen und die Absurdität aller Bemühungen, an dieser Tatsache etwas zu ändern. Solche Bilder können Leben und Tod mächtiger Könige darstellen, von Personen also, die außergewöhnlichen Ruhm erlangt und riesige Reichtümer angesammelt haben. Mehr oder weniger ausdrücklich weisen dann solche Bilder darauf hin, daß sich diese exponierten Persönlichkeiten im Tode in keiner Weise von gewöhnlichen Menschen unterscheiden. Als Erinnerungsmatrix stellt diese Geburtsphase das gesamte symbolische Material, das in unangenehmen Lebenssituationen zutage tritt, in denen eine überwältigende destruktive Kraft sich der passiven und hilflosen Persönlichkeit aufzwingt. Die typischsten und häufigsten Anlässe für solche Traum- oder Imaginationsbilder sind Situationen, in denen das Überleben und die körperliche Unversehrtheit gefährdet sind. So tauchen derartige Bilder regelmäßig im Kontext mit Erinnerungen an bestimmte Operationen auf, wie zum Beispiel an Blinddarm- oder Mandeloperationen, aber auch im Zusammenhang mit dem Einrichten gebrochener Glieder. Das gleiche gilt für körperliche Erkrankungen, für Verletzungen und Unfälle, übergroße Muskelbelastung und Erschöpfung, das heißt für Notsituationen ganz allgemein. Auf einer etwas subtileren Ebene dient diese Kategorie von Bildmaterial auch zur Darstellung von psychischen Frustrationen, wie beispielsweise Verlassenwerden, emotionale Ablehnung oder Entbehrung. Aber auch bedrohliche Ereignisse schlechthin und bedrückende Situationen innerhalb der Familie können sich in diesem Medium ausdrücken.

Zusammenwirken von Mutter und Kind

Diese Ebene der Symbolsprache hängt eng mit dem zweiten klinischen Stadium des Geburtsvorganges zusammen. In dieser Phase setzen sich die Kontraktionen der Gebärmutter fort, und der Muttermund ist weit geöffnet. Nun kommt allmählich der schwierige und komplizierte Prozeß des Vorangetriebenwerdens durch den Geburtskanal in Gang. Für den Fetus ist damit ein heftiger Kampf ums Überleben verbunden, gegen den gewaltsamen mechanischen Druck und gegen die Erstikkungsangst. Der Muttermund ist jedoch nicht mehr geschlossen, und es besteht jetzt die Aussicht auf eine Beendigung der unerträglichen Situation. Die Anstrengungen und das Interesse von Mutter und Kind decken sich; ihr vereintes intensives Streben richtet sich auf die Beendigung dieses qualvollen Zustandes.

Diesem realen Geburtsstadium entspricht auf der symbolischen Ebene der titanische Kampf, der häufig katastrophale Dimensionen annimmt. Die Intensität der schmerzhaften Spannung erreicht dabei einen Grad, der weit über das hinauszugehen scheint, was der Mensch ertragen kann. Der träumende oder in Trance liegende Mensch erlebt auf dieser Ebene

Sequenzen einer immensen Verdichtung von Energie und ihrer explosionsartigen Entladung und hat das Gefühl, daß mächtige Energieströme den ganzen Körper durchfließen. Die Bilder, die typischerweise solche Erfahrungen begleiten, schließen Naturkatastrophen und die Entfesselung elementarer Kräfte ein: Vulkanausbrüche, verheerende Erdbeben, Wirbel- und Gewitterstürme. Die dabei vom Subjekt erlebten Schmerz- und Spannungszustände gehen weit über alles hinaus, was es bisher für möglich gehalten hätte. Wenn die absolute Erfahrungsgrenze erreicht ist, hört die Situation auf, die Qualität von Leiden und Qual zu haben; das Erleben verwandelt sich dann in eine wilde ekstatische Verzückung, die man als *vulkanische Ekstase* bezeichnen kann.

Im Gegensatz zu der friedlichen und harmonischen »ozeanischen Ekstase«, wie sie dem vorgeburtlichen Stadium eigen ist, schließt die vulkanische Ekstase eine ungeheure explosive Spannung mit vielen aggressiven und destruktiven Elementen mit ein. Menschen, die mit dieser Ebene in Kontakt kommen, erleben gewöhnlich abwechselnd Angst- und Untergangsgefühle, identifizieren sich jedoch zugleich mit der Wut der Elementarkräfte und ihrer destruktiven Energie. Im Zustand der vulkanischen Ekstase verschmelzen verschiedene polare Eindrücke und Gefühle zu einem einzigen undifferenzierten Komplex, der die Extreme aller möglichen Dimensionen der menschlichen Erfahrungen zu enthalten scheint.

Schauen wir uns einmal das Beispiel einer wiedererlebten Geburt an. Es handelt sich um einen vierzigjährigen Mann, der im realen Leben Schwierigkeiten hatte, einen persönlichen Kontakt zum anderen Geschlecht herzustellen:

». . . es sieht aus, als würde da jetzt ein Körper liegen, die Beine weit gespreizt wie bei einer Gebärenden. Es sieht so aus, als würde da schon der Kopf herauskommen. Hände helfen. Da ist so eine gleißende Helligkeit. Der Körper der Frau vibriert jetzt. Es sieht nach Blut aus. Als wäre es eine schwere Geburt. Jetzt wird mit einem Messer geschnitten, die Öffnung wird größer. Es muß sehr schmerzhaft sein. (An dieser Stelle beginnt der Mann zu stöhnen, und er atmet schwer. Der Atem wird immer schwerer und kommt stoßweise.) Im Moment sehe ich nur helles Licht. Ich fühle mich ganz matt. Da ist gleißende Helligkeit, als wäre da eine ganz helle Kugel. Ich sehe immer noch die weit auseinandergespreizten Beine und eine sehr große Öffnung. Die Öffnung ist dunkelrot. Es sieht so schwierig aus, das Rauskommen (stöhnt laut und anhaltend). Jetzt sehe ich einen Kinderkopf und einen halben Körper, der schwer eingeklammert ist (atmet wieder schwer). Das alles ist so anstrengend, daß nichts vorwärtsgeht. Es sieht so aus, als geht's überhaupt nicht vorwärts. Jetzt geht's wieder ein Stück weiter. Die Beine sind noch nicht draußen ... aber ... jetzt!

Ich fühle mich unruhig, so hilflos und irgendwie alleine. Als wäre niemand da. Die Frau wirkt leblos. Sie ist kraftlos, erschöpft. (Er reißt den Mund weit auf, als wolle er schreien, aber es kommt kein Laut über seine Lippen.) Ich habe ein schlimmes Gefühl und kann es nicht schildern. (Er beginnt wieder zu stöhnen, das Stöhnen geht in Jammern über, und schließlich schreit er laut und anhaltend.) Ich fühle mich so hilflos, da ist ein komisches Gerät. Es sieht aus wie ein Brutkasten. (Der Mann war ein Siebenmonatskind.) Jetzt sehe ich etwas, das sieht aus wie eine Milchflasche, die Flasche scheint größer als das Baby. Das Kind wird jetzt in Tücher gewickelt. Nun fühle ich mich auch besser.«

Trennung von Mutter und Kind

Diese Matrix ist mit der dritten klinischen Stufe des Geburtsvorganges verknüpft. Der Höhepunkt der qualvollen Erlebnisse ist überwunden, die Ausstoßung durch den Geburtskanal gelangt zu ihrem Abschluß, und der äußersten Steigerung von Spannung und Leiden folgt eine plötzliche Erleichterung und Entspannung. Auch die Periode einer behinderten und in der Regel ungenügenden Sauerstoffzufuhr ist beendet. Das Kind tut seinen ersten tiefen Atemzug, und seine Atemwege öffnen und entfalten sich. Die Nabelschnur wird durchtrennt, und das Blut, das bisher in den Nabelgefäßen zirkulierte, wird in den Lungenbereich umgeleitet. Die physische Trennung von der Mutter ist jetzt beendet, und das Kind beginnt seine Existenz als physiologisch selbständiges Eigenwesen.

Nachdem das physiologische Gleichgewicht des Kindes wieder hergestellt ist, ist nun die neue Situation unvergleichlich viel besser als die beiden vorangegangenen Phasen, jedoch in mehreren wichtigen Aspekten schlechter als das ursprüngliche ungestörte Einssein mit der Mutter. Bestimmte Bedürfnisse des Kindes werden nicht mehr so konstant befriedigt wie im Mutterleib, so ist das Kind beispielsweise nicht automatisch vor starken Temperaturschwankungen, störenden Geräuschen, wechselnder Lichtstärke und unangenehmen taktilen Empfindungen geschützt. Bis zu welchem Grad das Geborgenheitsgefühl des Säuglings in der nachgeburtlichen Phase sich dem vorgeburtlichen Harmoniegefühl annähert, hängt weitgehend von der Qualität der Betreuung ab.

Wie auch die übrigen Phasen der Geburt hat diese Matrix einen historisch-realen und einen symbolischen Aspekt. Ihre Aktivierung in psychotherapeutischen Sitzungen kann daher zu einem konkreten, realistischen Wiedererleben der Umstände der biologischen Geburt führen. Diese Erinnerung enthält manchmal überraschende, ganz spezifische Einzelheiten, die in manchen Fällen durch die unabhängige Befragung von Zeugen verifiziert werden kann.

Auf der symbolischen Ebene entspricht dieser Phase die Erfahrung von Tod und Wiedergeburt. Am Anfang dieser Phase gipfeln Leiden und Qualen in dem *Erlebnis totaler Vernichtung* auf allen Ebenen – der physischen, emotionalen, intellektuellen, ethischen, transzendenten. Der Betroffene erlebt seine endgültige biologische Vernichtung, seine emotionale Niederlage, seinen intellektuellen Zusammenbruch und die äußerste moralische Demütigung. Dabei tauchen in der Regel schnell aufeinanderfolgend Erinnerungen aus seinem ganzen Leben auf. Er hat das Gefühl, in seinem Leben total und unter jedem denkbaren Gesichtspunkt versagt zu haben; seine gesamte Welt scheint zusammenzubrechen, und alle bisher sinnvollen Bezugspunkte gehen ihm verloren. Dieses Erlebnis wird gewöhnlich als »Ich-Tod« bezeichnet.

Nachdem der so Gedemütigte die tiefste und totale Vernichtung erfahren hat und auf dem absoluten Tiefpunkt angelangt ist, wird er von einem blendend weißen oder goldenen Licht überwältigt und hat das Gefühl einer ungeheuren Dekompression und Expansion des Raumes. Die allgemeine Atmosphäre ist eine der *Befreiung und Erlösung*, ist eine der Rettung, Liebe und Vergebung. Der betreffende Mensch fühlt sich gereinigt und geläutert, als habe er eine ungeheure Menge von »Abfall«, Schuld, Aggression und Angst abgeworfen. Er empfindet eine überwältigende Liebe zu seinen Mitmenschen, eine Hochschätzung warmherziger menschlicher Beziehungen, von Solidarität und Freundschaft. Diese Gefühle sind begleitet von Demut und der Bereitschaft, sich dem Dienst an anderen und karitativen Tätigkeiten zu widmen. Irrationaler und übertriebener Ehrgeiz, Streben nach Geld, Stellung, Ansehen oder Macht erscheinen in diesem Zustand als absurde und kindische Begierden; es fällt dem Betroffenen schwer zu glauben, daß er diese Werte einmal für wichtig gehalten und mit Eifer angestrebt hat.

6
Fehl- beziehungsweise Frühgeburt und Kaiserschnitt

1. Viele Fehlgeburten haben seelische Ursachen

Dr. Bernhard Sandler, ein Experte auf dem Gebiet der Heilung weiblicher Unfruchtbarkeit vom Memorial Jewish Hospital in Manchester, ist der Meinung: »Eine Frau wird nicht aufgrund einer bestimmten ärztlichen Behandlung plötzlich zur Mutterschaft fähig, sondern wegen ihrer emotionalen Bereitschaft, sich mit den Problemen und Konflikten dieses Vorgangs auseinanderzusetzen.«

Das ist jedoch meistens nicht der Fall. So kommt es dahin, daß manche Frauen überhaupt nicht schwanger werden beziehungsweise immer wieder Früh- oder Fehlgeburten erleiden. Bei Fehlgeburten spielt zum Beispiel häufig der unbewußte Widerstand gegen die Mutterschaft eine wichtige Rolle. Viele Frauen, die bereits mehrere Fehlgeburten hinter sich haben, sind ganz offensichtlich nicht bereit, ihre Rolle als Mutter zu akzeptieren. Obwohl die Mehrzahl von ihnen immer wieder dem Wunsch nach einem Kind Ausdruck verleiht, sind solche Frauen von unbewußten Konflikten bestimmt, die für die Fehlgeburten verantwortlich sind. Viele Mütter und einige Ärzte meinen, Fehlgeburten seien auf eine Fehlsteuerung im genetischen Code zurückzuführen. Anläßlich einer vom Zweiten Deutschen Fernsehen ausgestrahlten Sendung über Schwangerschaft und Geburt konnten die zur Diskussion geladenen Humangenetiker aber keinen eindeutigen Beweis dafür liefern, daß Fehlgeburten etwas mit einer Fehlcodierung zu tun haben.

Daher müssen wir uns nach *psychologischen Faktoren* umsehen, die Fehlgeburten begünstigen. Es ist längst bekannt, daß emotionale Faktoren Einfluß auf endokrine Prozesse nehmen. So wird beispielsweise durch Angst die Adrenalinabsonderung übermäßig intensiviert, so daß vorzeitige Uteruskontraktionen die Folge sind.

Endokrine Störungen können aber auch zu einer Zervixinsuffizienz führen. Diese Schwächung des zwischen Uterus und Vagina liegenden Muttermundes kann eine vorzeitige Ausstoßung des Embryos verursachen. Eine Zervixinsuffizienz läßt sich auch bei Frauen feststellen, die im übrigen nicht an Schwangerschaftskomplikationen leiden, doch läßt sie sich fast regelmäßig bei solchen Frauen beobachten, die zu habituellen Aborten (Fehlgeburten) neigen.

Im Rahmen einer Untersuchungsreihe wurden Frauen, die alle zumindest drei Fehlgeburten hinter sich hatten, einer Operation zur Behebung dieser Insuffizienz unterzogen. Infolge dieses Eingriffs konnte die vorzeitige Weitung der Zervix vermieden werden, so daß die Frauen ihre Babys ganz normal austragen konnten. Die Operation diente vor allem dazu, einer vorzeitigen Erschlaffung der Muskeln des Gebärmutterhalskanals entgegenzuwirken. Derartige Operationen »zwingen« die betroffenen Frauen dazu, ihr Kind auf die Welt zu bringen. Ob das für das Kind immer gut ist, mag dahingestellt bleiben.

Die Praxis hat gezeigt, daß manche Frauen, die sich einer solchen Operation unterzogen haben, im späteren Verlauf der Schwangerschaft wegen emotionaler Störungen psychotherapeutische Hilfe in Anspruch nehmen mußten. Andere litten nach der Entbindung unter solchen Schwierigkeiten. »Indem wir die Frauen zu einer Mutterschaft zwingen«, folgern die an diesem Versuch beteiligten Ärzte, »aktivieren und intensivieren wir auch ihre verdrängten emotionalen Probleme und Konflikte.« Da man ärztlicherseits durch einen solchen Eingriff den Frauen die Möglichkeit nimmt, ihre psychischen Konflikte auf physiologische Weise durch den Abortus zu »lösen«, zwingt man sie zu entsprechenden emotionalen Reaktionen.

Schauen wir uns einmal den Fall einer Frau an, die bereits vier Fehlgeburten hinter sich hatte. Der Verlust jedes einzelnen Babys hatte auf diese Frau und ihren Ehemann einen traumatisierenden Effekt gehabt. Annegret, die junge Frau, gelangte schließlich zu der Überzeugung, sie würde nie ein lebendes Kind zur Welt bringen, wenn sie nicht herausfände, »warum ich so viele Babys getötet habe«. Deshalb versuchte sie, all ihre Gedanken und Gefühle zu explorieren, die in Verbindung mit Schwangerschaft und Geburt standen. Dabei stieß sie auf die Erinnerung, daß ihr eigener Vater ihr als Kind regelmäßig Klistiere (Einläufe) verordnet hatte. Er hatte sie dabei jedesmal ermahnt, den Einlauf so lange einzubehalten, bis sie sich »ausgedehnt« fühle. Das führte dazu, daß sie auch später, wenn sie sich so fühlte, alles unternahm, um »das betreffende Objekt« auszustoßen. Bezeichnenderweise waren die Aborte immer dann eingetreten, wenn sie bei fortgeschrittener Schwangerschaft meinte, »ausgedehnt« zu sein, und folglich das auszustoßen versucht hatte, was für diesen Zustand verantwortlich war.

Des weiteren erzählte Annegret, daß ihr Vater zu ihrer Mutter, während diese mit ihr schwanger gegangen war, gesagt habe, er werde niemals mit einer Frau mit Kind zusammenleben, und diese Mutter hatte »aus Liebe zu ihrem Mann« sich selbst wegen der eigenen Schwangerschaft zu verachten begonnen. Zwar war der Vater dann doch nicht davongegangen, aber die Mutter hatte ihre Tochter in dem Sinne erzogen, daß bei einer Schwangerschaft die Gefahr groß sei, daß der Mann die Frau verlassen würde. Schon als kleines Mädchen begann Annegret, alle Frauen, die Babys hatten oder schwanger waren, zu verachten. Als sie dann erwachsen war, hatte sie Angst, daß ihr Ehepartner sie verabscheuen würde, wenn sie schwanger wäre.

Fast immer leben Frauen mit habituellen Aborten in gefährdeten und unglücklichen Ehen. Nicht selten leben sie in einer infantilen Beziehung zum Ehemann, verbunden mit feindseligen Gefühlen gegenüber der eigenen Mutter. Es ist häufig der

Fall, daß eine Frau, die in einer gefährdeten Ehe lebt, die Hoffnung hegt, durch ein Kind den Auseinandersetzungen mit dem eigenen Mann ein Ende zu bereiten und einer drohenden Scheidung vorzubeugen. Doch auf der anderen Seite weiß sie – zumindest unbewußt –, daß durch ein Kind noch keine gescheiterte Ehe gerettet worden ist. Für eine solche Frau ist eine Fehlgeburt ein *Akt der »Befreiung«*. In manchen Fällen bilden organische Störungen und emotionale Konflikte zusammen die Ursache für eine Fehlgeburt.

Psychotherapeutische Methoden können, sofern sie rechtzeitig und auf angemessene Weise zum Einsatz kommen, eine drohende Fehlgeburt vermeiden helfen. Eine bekannte junge Filmschauspielerin kam einmal in meine Praxis, als schon die ersten, einer Fehlgeburt im allgemeinen vorhergehenden Blutungen eingesetzt hatten. Ich schickte sie sofort in eine Klinik, um zumindest die medizinische Versorgung sicherzustellen. Danach kam sie zu mir in die Therapie. Der Vater des Kindes lehnte die Mutterschaft der Schauspielerin ab. Beide lebten sie in einer sehr gespannten familiären Atmosphäre. Heute leben Mutter und Sohn glücklich in einer guten Gemeinschaft. Der Vater hat schließlich das Weite gesucht, für das Kind unter diesen Umständen sicher das geringere Übel.

2. *Angst und Streß begünstigen Fehl- und Frühgeburten*

Ein Team der George-Washington-Universität in Washington D.C. ermittelte, daß vor allem zu Fehl-, Früh- oder Mangelgeburten Angst führe. »Eine mögliche Erklärung«, so stellten die Ärzte fest, »könnte die Zunahme in der Produktion von Katecholaminen [Streßhormonen] sein, die wiederum die Durchblutung des Mutterkuchens herabsetzen und eine erhöhte Wehenbereitschaft verursachen.«

»Bei Schwangeren, die unter seelischem Druck stehen, treten Störungen in der Funktion des Hypothalamus und anderer Drüsen mit innerer Sekretion auf, was zu einer *Störung des hormonalen Gleichgewichts* führt, die wahrscheinlich verantwortlich ist für Störungen in Wachstum und Entwicklung des ungeborenen Kindes.« Zu diesem Ergebnis kam eine Gruppe von Wissenschaftlern, die am Frauengesundheitszentrum in Sibenik (Jugoslawien) Frauen beobachteten, die zu Frühgeburten neigten.

Die Hormone, die bei Angst und Streß ausgeschüttet werden, sind der deutlichste Ausdruck einer negativen physiologischen Kommunikation zwischen Mutter und Kind. Befürchtungen um das Kind, Zweifel an der Haltung des Ehemanns oder Gefühle von Unzulänglichkeit und Unsicherheit haben, wenn sie permanent auftreten, eine negative Auswirkung auf die seelische Entwicklung des heranwachsenden Fetus.

Außerdem erhöhen die Angst vor der Verantwortung und die Furcht, ein behindertes Kind zu bekommen, auf seiten der Frau die Wahrscheinlichkeit einer Fehlgeburt. Ähnliches gilt für Frauen, die – aus welchen Gründen auch immer – unter der Vorstellung leiden, von ihrem Partner oder ihren Freunden, ihrer Familie oder vom Arzt im Stich gelassen zu werden.

Angst hat natürlich ihre biologische Basis, und es ist durchaus möglich, daß die mütterlichen Neurohormone, die durch Angst gebildet werden, stärker auf das Kind wirken, als bisher angenommen wurde. Wir alle wissen, daß eine falsche Ernährung unser körperliches Wohlbefinden stört. Doch wir machen uns nicht richtig klar, daß eine schwangere Frau durch eine falsche Einstellung zu Schwangerschaft und Geburt ihrem Kind Leiden zufügt.

So läßt sich beispielsweise bei neurotischen Menschen in jenen Gehirnbereichen, die bei der Verdrängung eine besondere Rolle spielen, eine erhöhte Konzentration der blutdrucksteigernden biochemischen Substanz Serotonin nachweisen. Einer der Begleitumstände eines *erhöhten Serotoninspiegels* ist ein Zusammenziehen der Blutgefäße. Eine solche von neurotischen Verdrängungen verursachte chronische Verengung der Blutgefäße ist in manchen Fällen einer der Gründe für einen Spontanabort oder eine Frühgeburt.

Eine übermäßige Serotoninkonzentration kann aber auch die Blutzufuhr in die Plazenta drosseln und damit die Versorgung des Fetus gefährden. Eine Frühgeburt hat zwar, wie man weiß, ganz allgemein für das Baby stets gesundheitsschädliche Folgen; doch selten wird das psychische Trauma eines solchen Ereignisses berücksichtigt. Ein mit Imaginationstechniken behandelter Mann, der durch eine Frühgeburt zur Welt gekommen war, hatte plötzlich das Gefühl, in die Welt gestoßen zu werden, ohne dazu bereit zu sein. Und er gewann die Einsicht, daß er sich aufgrund dieser Urerfahrung während seines ganzen Lebens an Dinge geklammert, sich panisch um einen dauerhaften Arbeitsplatz und konstante Lebensverhältnisse bemüht hatte und bei jeder Veränderung von tiefer Angst ergriffen worden war. Er hatte den starken Eindruck, daß seine Panikgefühle mit seiner Frühgeburt und dem Wunsch zusammenhingen, sich bis zur normalen Geburt im Mutterleib festzuklammern.

Ganz gewiß gibt es eine Reihe noch unbekannter biologischer Faktoren, die eine Frühgeburt zur Folge haben. Doch ebenso gewiß besteht zwischen diesen Faktoren und neurotischen Störungen eine enge Verbindung. Frauen, die mehrere Frühgeburten hinter sich haben, erkennen im Zuge einer psychotherapeutischen Behandlung häufig, daß sie ihre Kinder frühzeitig zur Welt gebracht haben, weil sie ihre Schwangerschaft und das sich in ihnen entwickelnde Kind nicht wirklich akzeptieren konnten.

Aus zahlreichen Untersuchungen geht hervor, daß eine Frühgeburt für das betroffene Kind *schädliche Folgen* hat; dazu gehört eine verzögerte geistige Entwicklung ebenso wie eine größere Wahrscheinlichkeit von Erkrankungen der Atemwege. Freilich dürfte für viele dieser Störungen weniger die Frühgeburt als solche als die Tatsache verantwortlich sein, daß frühgeborene Kinder in den Brutkasten gelegt und folglich einen Teil der für ihre Entwicklung notwendigen Stimulierung und Wärme sowie des für sie so wichtigen Körperkontakts entbehren müssen; dabei ist die Kommunikation zwischen dem Kind und der Mutter total unterbrochen. In diesem Zusammenhang sollte man bedenken, daß Frühgeborene in jedem Fall noch Feten sind, die all die vom Mutterleib ausgehenden Stimulierungen noch benötigen.

Um Frühgeborenen wenigstens die Chance einer normalen Entwicklung einzuräumen, sollte man ihnen ein größeres Quantum an taktiler Stimulierung bieten, als dies üblicherweise geschieht.

Friedrich Kruse, der Präsident der Gesellschaft für pränatale Psychologie, berichtet von dem Geburtstraum einer Frau, die als Siebenmonatskind zur Welt gekommen war:

»Ich wollte ein Kind bekommen ... dann nahm ich das Kind heraus, es war zart und weiß und ganz sauber. Das sehr kleine Köpfchen hing wie eine verwelkte Blume herab. Ich war ratlos, was ich tun könnte; zuerst reinigte ich mit einem kleinen Wattestäbchen seinen eigentümlichen schmalen Mund. Dann klopfte ich seinen Rücken und schwenkte es, indem ich es an den Beinen hielt, umher. Langsam, viel zu langsam, meinte ich, gab es Lebenszeichen von sich und öffnete die Augen. Ich sagte: ›Dieses Kind kenne ich, ich sah es auf einem Foto.‹ Mich durchströmte ein nie gekanntes Glücksgefühl.«

Um den Sinn dieses Traumes ganz zu verstehen, muß man wissen, daß die Frau nach ihrer zu frühen Geburt mit einer Pipette ernährt worden war. Das Kind in dem Traum glich einem frühen Kinderfoto von ihr.

Professor Sepp Schindler, ein in pränatalem Leben erfahrener Arzt, sagt zum Thema Frühgeburt: »Die Frühgeburt stellt eine psychodynamische Erkrankung einer Mutter dar, die aufgrund ihrer mangelhaften Identität als Frau und Mutter ihren eigenen Körper nicht wahrnehmen kann und dies am Körper des Kindes austrägt. Dem Kind selbst gibt so eine Mutter prä- und perinatal ein falsches und mangelndes Körper- und Selbstgefühl, was sich auf die spätere Entwicklung des Kindes krankheitsverursachend auswirken kann. Diese auch im späteren Leben fortgesetzte Unfähigkeit, die Körperfunktionen real wahrzunehmen und zu kontrollieren, setzt sich in verschiedener Weise fort. Ein Zusammenhang mit der Frühgeburtssituation erscheint naheliegend, wenn sich herausstellt, daß bei unseren zu früh geborenen Patienten das gestörte Körpergefühl bei achtzig Prozent der Patienten in Form von anorektischen Störungen (Magersucht) oder Fettsucht der Patienten selbst oder ihrer Kinder zum Ausdruck kam.«

Für viele Menschen mag es unwahrscheinlich klingen, daß Mutterleibssituationen und auch Geburtserlebnisse erinnert werden können, wo doch jeder weiß, daß Erinnerungen an diese Situationen dem Menschen normalerweise nicht zugänglich sind. Aber man weiß heute, daß selbst winzige Details im Erleben eines Menschen unauslöschliche Erinnerungsspuren hinterlassen, obwohl der Mensch später kaum in der Lage sein wird, sich spontan an diese Gedächtniseindrücke zu erinnern.

Die Geburt und die pränatale Zeit haben eine Art *Gedächtnisverlust* zur Folge, was aller Wahrscheinlichkeit nach durch das von der Mutter während der Wehen und der Geburt produzierte Oxytocin bewirkt wird. Untersuchungen haben gezeigt, daß Oxytocin bei gebärenden Tieren eine Amnesie (Gedächtnisverlust) hervorruft; es ist daher durchaus denkbar, daß dieses Hormon dafür verantwortlich ist, daß sich so viele Geburtserinnerungen unserem bewußten Gedächtnis entziehen.

Selbstverständlich ist heute bewiesen, daß es Geburtserinnerungen gibt, und auch, daß sich diese zurückrufen lassen, wenn man dem Gedächtnis nur richtig nachhilft. Daß sich Geburtseindrücke zurückrufen lassen, liegt möglicherweise zum Teil an der natürlichen Substanz ACTH (adrenocorticotropes Hormon). Neuere Untersuchungen haben gezeigt, daß ACTH genau die entgegengesetzte Wirkung von Oxytocin hat – es stützt das Gedächtnis. Wenn eine schwangere oder kreißende Frau angespannt, bedrückt oder angsterfüllt ist, reagiert der Körper damit, daß er Streßhormone ausschüttet; die Substanz, die den Fluß dieser Hormone reguliert, ist das ACTH. Zu einer solchen Ausschüttung kommt es auch, wenn wir erschrecken oder uns ängstigen. Aber bei Schwangeren ist dieser Vorgang deshalb von so großer Bedeutung, weil auch ihr Kind davon betroffen ist. Jedesmal, wenn etwas die Mutter erschreckt, fließen große Mengen dieses Hormons auch in das kindliche System. Daher hat auch jeder Mensch unbewußt eine klare geistige Vorstellung von eventuellen während der Schwangerschaft der eigenen Mutter erlebten Streßzuständen. Dieses Phänomen könnte erklären, warum sich so viele Menschen in tiefer Trance oder tiefer Entspannung an pränatale Geschehnisse erinnern können.

3. Das infolge Kaiserschnitts fehlende Geburtserlebnis

Schon um das Jahr 1500 wurde im Zusammenhang mit dem Schweizer Schweineschneider (Schweinekastrateur) Jacob Nufer und seiner Frau Eva Sigershausen, über den ersten Kaiserschnitt berichtet. Nachdem »dreizehn Hebammen« vergebens versucht hatten, Eva zu entbinden, erbot sich Jacob Nufer, den Leib seiner Frau zu öffnen. Nur zwei Hebammen waren mutig genug, im Gebärzimmer zu bleiben, während er nach einem Gebet den Schnitt vornahm. Eva blieb am Leben, und die in dieser Nacht geborene Tochter wurde achtundsiebzig Jahre alt.

Mehr als hundert Jahre später, im Jahre 1610, half Ursula Opitz, die Frau des Böttchers Martin Opitz in Wittenberg, gegen Ende ihrer Schwangerschaft ihrem Mann bei der Arbeit. Ein Faßreif traf so unglücklich ihren Leib, daß die Gebärmutter wie ein Kürbis nach vorne drang. Als die Wehen tagelang zu keinem Erfolg führten, rief Martin Opitz den Diakon der Pfarrgemeinde, Jakob Silbermann, zu Hilfe. Aber dessen Gebete fruchteten nichts. So wandte er sich schließlich am 21. April 1610 an einen Barbier-Chirurgen. Und dieser führte im Beisein des Diakons einen senkrechten Schnitt durch die Bauchdecke in die Gebärmutter. Das Kind wurde gerettet und blieb durch die »Gnade Gottes gesund und munter«. Aber der

Uterus selbst war so groß, daß er nicht wieder in die Bauchhöhle zurückzubringen war. Der Arzt ließ ihn also draußen und hoffte, er werde brandig werden und sich dabei kleinschrumpfen. Diese Hoffnung war jedoch vergebens – am 16. Mai, um vier Uhr morgens, war Ursula Opitz tot.

Seither hat sich sehr vieles geändert, und der Kaiserschnitt gehört inzwischen zum medizinischen Repertoire eines jeden Frauenarztes. Aber immer mehr Stimmen werden laut, die verlangen, man solle den Kaiserschnitt nur so selten wie möglich anwenden, da diese Entbindungsmethode für das Kind schädliche Folgen haben könne.

Gelegentlich verläuft eine Geburt so kompliziert, daß ein Kaiserschnitt notwendig wird, um das Kind zur Welt zu bringen. Aber auch eine solche medizinisch notwendige Geburt kann das Kind traumatisieren, denn die Muskelkontraktionen während einer normalen Geburt haben unter anderem die Funktion, die Haut des Kindes zu stimulieren, die ihrerseits wiederum wichtige Körpersysteme stimuliert, unter anderen die Atmungsorgane und das Urogenitalsystem (Harn- und Geschlechtsorgane). Die Muskelkontraktionen haben etwa die gleiche Funktion wie das Ablecken tierischer Neugeborener durch ihre Mütter. Dieses Lecken der Mütter fördert bei neugeborenen Tieren die Tätigkeit des Darmtraktes und der Blase.

Beim Kaiserschnitt ebenso wie bei Frühgeburten ist unter anderem der *Mangel an körperlicher Stimulierung* problematisch (bei frühgeborenen Kindern sind die Geburtswehen gewöhnlich ziemlich kurz). Die Liebkosungen und Massagen, die das Baby auf seiner Reise durch den Geburtskanal erhält, stellen seine erste konkrete Begegnung mit der Sinnlichkeit dar; und so diffus und unklar die entsprechenden Empfindungen auch noch sein mögen, so hinterläßt die Qualität dieser Erfahrung dennoch bleibende Spuren. Der ganze Vorgang ist in einem sehr realen Sinn ein Vorläufer der Erwachsenen-Sexualität; das gleiche gilt, nur in einem ganz anderen Sinne, wenn diese Erfahrung völlig entfällt. Darum unterscheidet sich das Sexualverhalten (und sogar das Körpergebaren) von Menschen, die per Kaiserschnitt zur Welt gekommen sind, oft kraß von dem anderer Menschen.

Eine chirurgische Entbindung beraubt ein Kind der physischen und psychischen Wonnen, die ein vaginal geborenes Kind erlebt. In einem Operationssaal, aus dem Uterus seiner Mutter herausgehoben, wird ihm keinerlei Massage oder Liebkosung zuteil. Die Geburt ruft in ihm einander widerstreitende Gefühle hervor: Körperlich gesehen hat der Kaiserschnittgeborene *Raumprobleme* – das Gefühl für seine eigenen Körpermaße fliegt ihm nicht spontan zu. Er scheint nicht klar zu empfinden, wo er beginnt und wo er aufhört, deshalb neigt er zu Ungeschicklichkeit. Sexuell manifestieren sich die Folgen dieses Erfahrungsdefizits in einem übersteigerten Hunger nach Körperkontakt. Der Kaiserschnittgeborene hat Sehnsucht danach, daß man ihn ständig streichelt und umarmt. Bedenkt man, wie er zur Welt gekommen ist, dann ist nicht schwer zu verstehen warum.

Die intermittierenden Hautstimulierungen, die die Kontraktionen des Uterus während der Geburt beim Fetus bewirken, sind zwar jeweils kurz, werden jedoch während eines längeren Zeitraums periodisch wiederholt und sind daher ein ideales Mittel, den Säugling auf sein nachgeburtliches Leben vorzubereiten. Woher läßt sich mit Bestimmtheit sagen, daß gerade diese Vorbereitung auf das spätere Leben eine der Funktionen der langen kutanen Stimulation ist? Wie können wir zum Beispiel feststellen, was geschieht, wenn ein Mangel an Hautstimulation vorliegt, wie zum Beispiel bei vorzeitig geborenen Kindern, also sowohl bei Frühgeburten als auch bei durch einen Kaiserschnitt zur Welt gebrachten Kindern? Unserer Theorie entsprechend hätten wir in solchen Fällen Störungen der gastrointestinalen, der urogenitalen und der Atmungsfunktionen zu erwarten. Es liegen auch Ergebnisse von Forschungen vor, die ohne irgendeinen Bezug auf diese Theorie durchgeführt wurden und zu praktisch dem gleichen Ergebnis kommen.

Amerikanische Wissenschaftler haben eindeutig nachgewiesen, daß frühgeborene Menschen in den ersten Jahren ihres Lebens wesentlich häufiger an Erkrankungen und Beschwerden im Nasen-Rachen-Raum leiden als voll ausgetragene Kinder. Vor allem im ersten Lebensjahr trat dieser Unterschied besonders deutlich zutage.

Schon 1939 veröffentlichte Dr. Mary Shirley die Ergebnisse einer Untersuchung, die das Harvard Child Study Center in Boston an zu früh geborenen Kindern in Säuglingsheimen und Kinderheimen durchgeführt hatte. Sie fand heraus, daß die Sinnesfunktionen Frühgeborener stärker entwickelt waren als bei Vergleichskindern, daß sie jedoch im Vergleich zu voll ausgetragenen Kindern in der sprachlichen und manuellen Entwicklung etwas zurückgeblieben und auch in der Haltung und Fortbewegung retardiert waren. Bemerkenswert war auch, daß frühgeborene Kinder erst später zur Herrschaft über Darm- und Blasenschließmuskeln gelangen und Schwierigkeiten bei der Kontrolle dieser Funktionen haben. Weiterhin stellte sie fest, daß Frühgeborene unter Konzentrationsschwierigkeiten leiden, leicht erregbar, nervös, furchtsam und häufig schüchtern sind.

Die Wissenschaftlerin beobachtete darüber hinaus, daß zu früh geborene Kinder im Vorschulalter sehr viel häufiger Verhaltensstörungen aufweisen als Neunmonatskinder. Dazu gehören: übersteigerte Aktivität, verspätete Beherrschung von Stuhlgang und Wasserlassen, Bettnässen, enorm leichte Ablenkbarkeit, Befangenheit, Daumenlutschen und Überempfindlichkeit gegenüber Geräuschen.

Mary Shirley erklärte das *Frühgeburtssyndrom* folgendermaßen: »Frühgeburten sind oft Kataklysmen; die Wehen sind entweder enorm lang, oder die Geburt ist bestürzend kurz, beide Umstände sind also ein Trauma für das Kind . . . Es ist möglich, daß das zu früh geborene Kind wegen ungünstiger pränataler Bedingungen oder wegen des Fehlens gewisser intrauteriner Einflüsse, wegen des überhasteten Geburtsvorgangs, wegen Verletzungen bei der Geburt, die so gering sind, daß man sie zunächst nicht bemerkt, oder wegen einer Kombination all dieser Faktoren zu einem höheren Grad nervöser Reizbarkeit neigt als das voll ausgetragene Kind.«

Das entscheidende Manko von frühgeborenen Kindern ist der Mangel an Zeit, die Reaktionen auszubilden, die die Geburt vorbereiten und begleiten. Typisch für solche Kinder ist weiterhin, daß sie erst verspätet lernen, die Schließmuskeln des Darms und der Blase zu beherrschen und mit diesen Funktionen überhaupt größere Schwierigkeiten haben als andere Kinder.

Kaiserschnittkinder sind in mancher Hinsicht vom ersten Augenblick ihres Daseins an gegenüber anderen Kindern benachteiligt. Vor allem ist ihre Sterblichkeitsrate zwei- bis dreimal so hoch wie die vaginal entbundener Kinder. In Fällen, da der Kaiserschnitt keine medizinische Begründung hat, liegt die Sterblichkeitsziffer der betroffenen Kinder um zwei Prozent höher als bei vaginal geborenen Kindern. Ist ein Kaiserschnitt durch eine medizinische Indikation bedingt, so ist die Sterblichkeitsgefahr für das betroffene Kind um neunzehn Prozent größer als bei Kindern, die auf dem üblichen Weg zur Welt kommen.

Auch die Atemnot ist bei Kaiserschnittsäuglingen zehnmal so häufig wie bei vaginal entbundenen Kindern. Ashley Montagu, der amerikanische Physiologe, der sich sehr genau mit den infolge Kaiserschnitts auftretenden Problemen auseinandergesetzt hat, ist der Ansicht, daß alle genannten Schwierigkeiten nur darin begründet sind, daß die Kinder im entscheidenden Augenblick unter einem totalen Mangel an Hautstimulierung gelitten haben.

Dr. Gilbert W. Meiner vom amerikanischen National Institute of Health untersuchte die mit dem Kaiserschnitt verbundenen Probleme an einer größeren Zahl von Makakaffen. Er verglich dreizehn durch Kaiserschnitt geborene kleine Äffchen mit dreizehn vaginal entbundenen. Untersuchungszeitraum waren die ersten fünf Lebenstage beider Gruppen. Dabei stellte er fest, daß die vaginal entbundenen

Tiere aktiver waren und in bestimmten Situationen rascher reagierten als die Vergleichsgruppe.

Es ist durchaus wahrscheinlich, daß durch Kaiserschnitt entbundene Kinder sich positiver entwickeln können – und zwar sowohl körperlich wie auch seelisch –, wenn man ihnen während ihrer ersten Lebenstage durch Streicheln und andere Akte der Zärtlichkeit die ihnen entgangene Stimulation nachträglich verschafft. Jedenfalls weisen alle Beobachtungen darauf hin.

Dr. Sydney Segal von der University of British Columbia, der bestimmte physiologische und psychologische Daten von sechsundzwanzig vaginal Entbundenen mit den Werten von sechsundreißig durch Kaiserschnitt Entbundenen verglich, kam zu dem Ergebnis, daß Kaiserschnittkinder häufiger unter *emotionalen Störungen,* wie zum Beispiel Angsterscheinungen, zu leiden haben als andere Kinder. Die angeführten Argumente belegen eindeutig, daß es ein großer Leichtsinn ist, zu häufig, das heißt ohne zwingende medizinische Begründung, zum Skalpell zu greifen und Kinder per Kaiserschnitt zu entbinden. Zwar mag für manche Mütter diese Art der Entbindung bequemer und weniger schmerzhaft sein; aber da bei einem Kaiserschnitt die Mutter betäubt ist, ist die Mutter-Kind-Symbiose während der Geburt tiefgreifend gestört. Beide sind sie »benommen« und werden nicht geprägt durch das so wichtige Erlebnis der Geburt.

In der westlichen Welt ist die Geburt eines Kindes ein technisiertes, gewinnträchtiges Unternehmen geworden. Schwangerschaft gilt buchstäblich als Krankheit, von der man – wenn es soweit ist – mit technischen Hilfsmitteln befreit wird. Wenn eine Frau sich nicht dem Diktat des Medizinbetriebs unterwerfen will, versucht man sie einzuschüchtern und malt ihr das Geburtsrisiko und mögliche Schäden von Mutter und Kind in allen Schreckensvisionen aus. Bestimmte dieser Risiken und Schäden würden wahrscheinlich gar nicht auftreten, wenn nicht die Frauen dem Geburtsvorgang so sehr entfremdet wären.

Der Widerstand vieler Mediziner gegen die natürliche Geburt ist in gewisser Hinsicht verständlich. Diese Art der Entbindung trägt nicht so sehr zur Auslastung des Medizinbetriebs bei wie die voll technisierte Geburt. Daher verbreiten manche Ärzte Schauermärchen, um von ihrer eigenen Entbehrlichkeit abzulenken. Wenn man solchen Ärzten glauben wollte, dann wäre eine Geburt von einfachen Laien überhaupt nicht zu bewältigen.

Vor einer Reihe von Jahren stellte der Arzt Dr. William F. Windle in den USA Untersuchungen über Klinikentbindungen an und stellte dabei fest, daß besonders zwei Entbindungspraktiken für die Neugeborenen *schädliche Folgen* haben, und zwar: erstens die Verabreichung von Betäubungsmitteln an die kreißende Mutter und zweitens das Durchtrennen der Nabelschnur unmittelbar nach der Geburt.

Um seine Annahme zu belegen, stellte Dr. Windle nun einen naheliegenden Versuch an. Er behandelte trächtige Affenmütter mit allen »Segnungen« unserer modernen medizinischen Betreuung. Bei Einsetzen der Wehen gab er den Tieren genau in der menschlichen Verhältnissen entsprechenden Relation eine bestimmte Menge an Betäubungsmitteln. Außerdem durchtrennte er exakt nach der von ihm bei menschlichen Entbindungen ermittelten durchschnittlichen Zeit die Nabelschnur der Tiere. Die Affenkinder mußten in der Folge ausnahmslos beatmet werden, weil ihre Sauerstoffzufuhr nicht richtig funktionierte.

In der Natur kommen solche Eingriffe nicht vor. Ein Tierbaby atmet, sobald sein Kopf außerhalb des Gebärmutterhalses ist. Affenkinder können unmittelbar nach der Geburt schon allerlei – sie klammern sich an ihre Mutter, die sich im übrigen von der Geburt schnell erholt, ihr Kind mit sich herumträgt und ihm in diesen ersten Stunden schon nicht wenig hilft. Bald schon steht der neugeborene Affe auf seinen eigenen kleinen Füßen, springt herum und bewegt sich ein paar Schritte von der Mutter weg und wieder zu ihr zurück. Windles Affenbabys zeigten jedoch nichts von dieser munteren Beweglichkeit. Sie waren völlig hilflos. Sie konnten sich weder an ihrer Mutter festklammern noch auf ihren eigenen Beinen stehen. Die Mütter, noch ganz benommen von den Medikamenten und der wesentlich verlängerten Geburtsarbeit (eine automatische Folge von Betäubungsmitteln), konnten ihrem Nachwuchs nur wenig Hilfestellung bieten. Windle mußte daher einschreiten, um die kleinen Kreaturen am Leben zu erhalten. Bis die kleinen Tiere sich schließlich einigermaßen erholten, auf die Beine kamen und erste Anzeichen von sensomotorischem Leben zeigten, vergingen noch zwei bis drei Wochen. Windle sezierte anschließend einige dieser kleinen Affen und fand Hirnschäden der Art, wie sie durch Sauerstoffentzug entstehen. Es gelang ihm, einige der übrigen Äffchen am Leben zu erhalten, bis sie erwachsen waren. Zwar machten sie im weiteren Verlauf ihrer Entwicklung einen ganz normalen Eindruck, aber auch in ihren Gehirnen fand Windle die für Sauerstoffmangel typischen Schäden. Die bei der Geburt verursachten Schäden erwiesen sich also als irreparabel.

Als nächstes untersuchte Windle Kinder, die kurz nach der Geburt gestorben waren. In allen Fällen war bekannt, daß sie mit Betäubungsmitteln in Berührung gekommen waren und daß ihre Nabelschnur vorzeitig durchtrennt worden war. Die Autopsie dieser Säuglinge zeigte, daß die Kinder genau die gleichen *Hirnschäden* aufwiesen, wie man sie bei den Affenkindern gefunden hatte.

Die Schlußfolgerungen waren nun klar: In jenen ersten Augenblicken, da die Lunge des Kindes die Sauerstoffzufuhr vollständig übernehmen muß, ist sein Körper auf die Reserve der Plazenta angewiesen. Eine betäubte Mutter bedeutet ein betäubtes Kind, und ein solches Kind kommt nicht zum Atmen. Daher muß die Atmung künstlich unterstützt werden. Folglich ist sie anschließend noch zu langsam und nicht sehr wirksam. Durchtrennt man zu einem so frühen Zeitpunkt die Nabelschnur, so nimmt man dem Kind die einzige Chance, den ersten Schritt ins Leben selbst zu schaffen.

7
Fließbandbabys

1. Die Befruchtung außerhalb des Mutterleibs

Die grauhaarige Schwester am Schreibtisch sieht schon gar nicht mehr hin. »Stecken Sie's wieder ein. Sie wissen doch, daß das nichts nützt.«

Traurig schiebt die hübsche junge Frau das Geldbündel wieder in die Handtasche und geht mit geröteten Augen zur Tür. Dort wartet ihr Mann und legt tröstend den Arm um sie. Die beiden kommen jeden Mittwoch, Woche um Woche. Ein Fall von vielen in der Bundesrepublik Deutschland: Seit Jahren belagern Frauen Kliniken und Krankenhäuser, obwohl ihnen nichts fehlt – außer einem Kind. Sie alle hoffen, zu den Glücklichen zu gehören, an denen das Wunder der außerkörperlichen Befruchtung versucht wird. Sie wollen ein *Retortenbaby.* Erst waren es ein paar Hundert, dann Tausende. Nach der Geburt des kleinen Oliver in der Klinik für Frauenheilkunde der Universität Erlangen sind es unzählige geworden, die neue Hoffnung schöpfen. Manche von ihnen bieten Geld, um auf den Wartelisten nach vorn zu rücken.

Fünfzehn Prozent aller Ehen in der Bundesrepublik Deutschland sind von zumindest angeblich ungewollter Kinderlosigkeit überschattet. Aus medizinischer Sicht gibt es dafür viele Gründe, der häufigste – so Professor KARL-GÜNTHER OBER, Leiter der Erlanger Klinik – ist mechanischer Art: eine »Blockierung« der Eileiter. Wegen dieser Blockierung kann es nicht zu einer Befruchtung kommen.

Psychosomatiker sehen das allerdings anders. Sie glauben, daß diese Form der Unfruchtbarkeit auf einer Ablehnung der Mutterschaft auf einer tiefen unbewußten Ebene beruht. Wenn kein tatsächlicher organischer Fehler vorliegt, läßt sich dieses Problem auch psychotherapeutisch lösen, und zwar einfacher, natürlicher und ohne größeren Kostenaufwand. Ein solches Verfahren hilft der »unfruchtbaren« Frau dabei, sich Klarheit darüber zu verschaffen, warum sie sich auf der einen Ebene des Bewußtseins ein Kind wünscht und warum es eine andere unbewußte Ebene gibt, die diesen Wunsch sabotiert. In bestimmten Hypnoseverfahren suggeriert der Therapeut solchen Frauen, daß sich ihre inneren Verkrampfungen und Blockaden lösen. Er verhilft ihnen zu einer Verstärkung ihres Wunsches nach einem Kind. Danach suggeriert er ihnen, alle ihre inneren Zweifel seien verflogen und ihr Körper sei zur Befruchtung bereit. Auf diese Weise lernen solche Frauen, sich für sich selbst und das werdende Leben wirklich zu öffnen. Der Erfolg erweist die Richtigkeit dieses Verfahrens.

Gynäkologen in aller Welt überlisten den Körper solcher Frauen seit einigen Jahren, indem sie Ei und Samen in einem mit einer Nährflüssigkeit gefüllten Glasschälchen außerhalb des Körpers zusammenbringen, das befruchtete Ei ungefähr zweiundsiebzig Stunden lang in einem Brutschrank die ersten Zellteilungen durchlaufen lassen und es dann in die Gebärmutter implantieren.

Diese *Insemination in vitro*, künstliche Befruchtung außerhalb des Körpers, hatte – zumindest offiziell – erstmals im Jahre 1978 Erfolg. Das Ergebnis war Louise Brown, heute etwa fünf Jahre alt. Professor SIEGFRIED TROTNOW aus Erlangen, der dem ersten deutschen Retortenbaby namens Oliver zum »Leben verhalf«, hat die Methoden englischer und australischer Mediziner übernommen – »Techniken«, die bislang weltweit nachweislich wenigstens sechzig- bis achtzigmal Frauen, die bis dahin als unfruchtbar gegolten hatten, zu gesunden Kindern verhalfen.

Aus dieser Tatsache läßt sich jedoch gleichermaßen folgern, daß diese Frauen durchaus empfängnisfähig waren, sobald man ihre seelischen Blockaden auf diese Weise umgangen hatte. Die künstliche Befruchtung bringt aber auch die Gefahr mit sich, daß so behandelte Frauen sich mit ihren inneren Problemen nicht auseinandersetzen und darum auch nicht an der ihnen gestellten Aufgabe reifen, sondern, um es deutlich zu sagen, vor sich selbst davonlaufen. Es ist daher auch verständlich, daß das Verfahren der außerkörperlichen Befruchtung in aller Welt heftig umstritten ist. Mahner und Kritiker protestieren gegen den »Versuch, dem lieben Gott und der Natur ins Handwerk zu pfuschen«. Nicht ganz zu Unrecht, denn dieser Eingriff in natürliche Lebensvorgänge wirft grundlegende Fragen auf.

War Louise Brown wirklich das erste Retortenbaby? Oder sind etwa früher geborene Laborkinder verheimlicht worden? Oder hat es vielleicht sogar mißglückte Versuche gegeben und Kinder, die tot oder mißgestaltet auf die Welt gekommen sind? Ist die künstliche Befruchtung wirklich so ungefährlich, wie die Verantwortlichen sagen? Wie groß ist die Chance, daß das Ei außerhalb des Mutterleibs Schaden nimmt? Wie weit ist die Möglichkeit auszuschalten, daß bei Ei und Sperma Verwechslungen im Labor stattfinden?

Ein weißes britisches Ehepaar, das sich nach einer langen kinderlosen Ehe zu einer künstlichen Befruchtung entschlossen hatte, war bei der Geburt des Babys einigermaßen überrascht. Als das Kind zur Welt kam, stellte die Mutter zu ihrer Bestürzung fest, daß sie einem schwarzen Baby das Leben geschenkt hatte. Den Fall, der zunächst geheimgehalten wurde, beschreibt der Londoner Professor DUNCAN MITCHELL in seinem erst unlängst veröffentlichten Buch *Die künstliche Familie*. Der Professor schreibt in diesem Zusammenhang: »Die Eltern sind natürlich fuchsteufelswild, denn sie befinden sich in einem furchtbaren Dilemma.«

Mitchell meint, es habe sich bei dieser Verwechslung um grobe Fahrlässigkeit in einer der Spezialkliniken für künstliche Befruchtung gehandelt. Nach den allgemeinen Richtlinien solle der Samenspender dem Vater ähnlich sehen – über die rassische Zugehörigkeit gibt es diesbezüglich jedoch keine eindeutigen Vorschriften. Da die meisten Eltern über eine solche Zeugung nur innerhalb der Familie und im engsten Freundeskreis sprechen, steht das Ehepaar mit dem schwarzen

Kind jetzt vor einem besonderen Problem. Entweder die beiden müssen sich über den Klatsch der Nachbarn hinwegsetzen oder aber die Wahrheit eingestehen. Mindestens zweitausend Kinder werden laut Mitchell jährlich in Großbritannien durch künstliche Befruchtung gezeugt. Der Professor fordert deshalb strengere Sicherheitsmaßnahmen, sonst könnten »skrupellose Leute ihr einschlägiges Wissen mißbrauchen«.

Als die Hebamme der jungen Lehrerin ihr schwarzes Baby zeigte, erlitt die junge Mutter einen Weinkrampf und einen Schock. Sie ist seither in psychiatrischer Behandlung. Die Eheleute haben ihr Baby zum Zeitpunkt der Niederschrift dieser Zeilen noch nicht aus der Klinik abgeholt. Für die Eltern handelt es sich bei diesem »Unfall« gewiß um eine bedauernswerte Sache. Unangenehm ist der Vorfall auch für die Krankenschwester, die den Samen verwechselt hat. Am schlimmsten ist jedoch, daß nicht ein einziger Mensch sich über das Schicksal des Kindes Gedanken macht. Alle von dieser Verwechslung Betroffenen nehmen sich sehr wichtig. Aber was diesem Kind angetan wurde, scheint völlig gleichgültig zu sein. Eines ist jedoch trotz allem eine unumstößliche Tatsache: Die blonde junge Lehrerin ist die leibliche Mutter dieses schwarzen Kindes!

Professor PATRICK STEPTOE, gleichfalls ein englischer Fachmann, hat festgestellt, daß sich die Entwicklung der befruchteten Eizelle im Brutschrank verlangsamt und daß sich die Einpflanzung nach zweiundsiebzig Stunden deshalb häufig als problematisch erweist: in den meisten Fällen wird der Embryo wieder abgestoßen. Nur jede vierte Patientin wird schwanger – durchschnittlich erst nach drei »Einnistungsversuchen«.

Ob sich bei Retortenkindern einmal *Spätschäden* zeigen werden – wer wagt heute schon ein abschließendes Urteil darüber abzugeben? Der deutsche Psychiater Dr. KLAUS BICK hat in seiner Hypnoseklinik immer wieder festgestellt, daß der menschliche Organismus sich sogar an die eigene Zeugung erinnern kann. Kann man es einem Menschen zumuten, die unbewußte Erinnerung in sich zu tragen, daß der Vater Sperma nur rein funktionell gespendet hat und es keine Liebe zwischen einer Mutter und einem Vater gab, daß nicht das Gefühl des Einsseins die Zeugung begleitet hat? Soll ein solcher Organismus später vielleicht die Erinnerung in sich tragen, daß der »große Schöpfungsakt« zwischen Glas und Chrom in einer Nährlösung stattgefunden hat?

Niemand weiß heute, ob diese Kinder nicht später einmal zu »seelischen Krüppeln« werden, und zwar unabhängig von der guten oder schlechten »Technik« der Gynäkologen. Diese Gefahr besteht deshalb, weil die Mütter solcher Kinder ihre unbewußte Ablehnung der Mutterschaft niemals korrigiert haben. Ein weiterer Grund für eine solche Annahme liegt darin, daß bislang die meisten Retortenbabys per Kaiserschnitt zur Welt gekommen sind. Wie sie gezeugt werden, so werden diese Kinder auch entbunden: künstlich in den Leib gesetzt, werden sie mit Hilfe der »Geburtstechnik« auch wieder herausgeschnitten. Früher war der Mensch erst nach der Geburt ein »Erdenbürger«. Heute verläßt mancher schon neun Monate früher erstmals den Mutterleib und »erblickt« bereits als befruchtetes Ei das Licht der Welt – das Laborlicht. Ob solche Kinder zu beneiden sind?

Der Direktor der Ersten Münchner Frauenklinik, Professor Josef Zander, vertritt folgenden Standpunkt: »Für einen Arzt muß klar sein, daß jedes Experimentieren mit einem befruchteten menschlichen Ei, das heißt mit menschlichem Leben, sittlich unerlaubt ist. Er muß die beteiligten Ehepaare über die medizinische Tragweite dieses Eingriffs informieren, und er muß schließlich mögliche Mißbildungen bei dem Kind nach menschlichem Ermessen ausschalten.«

Ein »Ja« zur Befruchtung der weiblichen Eizelle außerhalb des Körpers der Frau macht Professor Zander aber auch von der Einwilligung beider betroffenen Ehepartner abhängig: »Wenn die Unfruchtbarkeit der Frau auf andere Weise nicht überwunden werden kann, liegt ein berechtigter Grund für eine Ausnahmeregelung vor. Selbstverständlich müssen beide Ehepartner ihre Einwilligung gegeben haben.«

Ärzten, die sich an diese Regeln halten, gebührt Professor Zander zufolge Dank, weil sie auf diese Weise kinderlosen Ehepaaren die Möglichkeit eröffnen, daß ihr berechtigter Wunsch nach einem eigenen Kind in Erfüllung geht.

Gegen diese Auffassung gibt es gewichtige Einwände; denn kaum eine der »unfruchtbaren« Frauen ohne organischen Befund ist jemals auf die Idee gekommen, die Verantwortung für ihr »Unvermögen« bei sich selbst zu suchen, sich mit ihren inneren Konflikten auf irgendeine Weise auseinanderzusetzen und das Problem »Kinderlosigkeit« von innen her zu lösen. Wenn man sich darüber hinaus die vielen unglücklichen Menschen auf dieser Welt ansieht, die von ihrer Mutter abgelehnt wurden und ihr Leben lang nach Liebe suchen, sie aber nirgends bekommen, dann drängt sich die Frage auf, ob nicht die Natur vielleicht in solchen Fällen ein natürliches Ausleseverfahren praktiziert, um potentielle Kinder vor einer möglichen »Kindfrau« als Mutter zu schützen.

Solche Worte mögen in den Ohren betroffener Frauen hart klingen. Sie können eine Frau aber auch zu dem Entschluß anregen, nun endlich selbst die Verantwortung für ihre Kinderlosigkeit zu übernehmen und die ursächlichen Konflikte zu klären, anstatt mit dem Gedanken durch die Welt zu laufen, daß da schon einer kommen wird, »der mich zur Mutter macht«. So hat beispielsweise in solch ungeklärten Fällen der Ehemann von vornherein keine Chance, denn vor ihm hat die Frau ja möglicherweise gerade »dichtgemacht«, weil sie ihn auf irgendeiner Ebene ablehnt. Daher ist bei der Zeugung im Reagenzglas der Ehemann bestenfalls noch der biologische Erzeuger, der eigentliche Vater hingegen, der den Zeugungsakt, den Schöpfungsakt, vollzieht, ist immer der Gynäkologe, eine Tatsache, welche die Stellung des Arztes als Schicksalsgestalt nur noch mehr festigt.

In Großbritannien streiten sich Ärzte und Wissenschaftler über die Frage, ob bereits befruchtete Eizellen im Tiefkühlfach aufgehoben werden dürfen, um sie später aufzutauen und weiterzuzüchten. Dazu äußert sich Dr. John Dawson vom

Ethik-Ausschuß der britischen Ärztevereinigung wie folgt: »Als das erste Retortenbaby zur Welt kam, gab es dagegen keine ethischen Bedenken. Aber wenn man anfängt, befruchtete menschliche Eizellen durch Einfrieren zu konservieren, dann beginnt die Manipulation.«

Die Geburt des ersten Retortenbabys war in erster Linie ein gigantischer Medienrummel und ein Geschäft. Die bevorstehende Niederkunft einer Königin von England hätte kaum mehr Aufsehen erregen können: Wochenlang glich das Allgemeine Krankenhaus von Oldham nahe Manchester einer belagerten Festung, die von Reportern und Fotografen rund um die Uhr belauert wurde.

Doch von Lesley Brown, der Frau, die im Jahre 1978 das »Baby des Jahrhunderts« (so der Londoner *Daily Express*) zur Welt brachte, bekamen damals die Spürhunde der internationalen Boulevard-Presse nicht einmal den Schatten hinter einer Gardine zu Gesicht. Der Regisseur des sensationellen Geschehens, Professor Dr. PATRICK STEPTOE, hatte seine Patientin hermetisch gegen die Außenwelt abgeschirmt und die Sternstunde seiner Karriere wie ein Drama inszeniert. Erst als der Maestro schließlich die Geburt einleitete, war die Öffentlichkeit im Operationssaal zugegen: Ein Kamerateam des britischen Fernsehens filmte, was ein deutsches Massenblatt tags darauf als das bislang »größte Wunder der Medizin« beschrieb, das erste Retortenbaby der Welt! Wer sich jedoch damals von dem ganzen Rummel nicht hat blenden lassen, hatte einen etwas anderen Eindruck, nämlich daß er Zeuge war, wie ein künstlich gezeugter Mensch aus dem Bauch seiner Mutter herausgeschnitten wurde. Wenn man bedenkt, daß Kaiserschnittgeburten Risikokinder schaffen, dann können wir dieses Ereignis bestimmt nicht als eine Sternstunde der Wissenschaft feiern.

Im übrigen werden auch jetzt noch die meisten Retortenbabys per Kaiserschnitt zur Welt gebracht. Mütter und Ärzte wollen in letzter Minute nichts mehr riskieren. Die Ärzte, die eigentlichen Schöpfer dieser Kinder, wollen nicht auf das

Machtempfinden, gottähnlich eine Art neuer Schöpfung in die Welt gebracht zu haben, verzichten. So fehlt diesen Kindern nicht nur die Zeugungserfahrung, weshalb ihnen möglicherweise archetypische Erfahrungen bezüglich ihrer eigenen Sexualität fehlen werden; sie wurden außerdem auch noch ebenso unnatürlich wieder aus dem Mutterleib herausgehoben. Zwar ist über die seelische Verfassung der betroffenen Mütter während der Schwangerschaft so gut wie nichts bekannt, aber man kann gewiß davon ausgehen, daß sie unter erheblichen Spannungs- und Angstzuständen zu leiden haben und daß daher ihre Babys einem entsprechenden pränatalen »Bombardement« ausgesetzt sind.

Das »Wunder von Erlangen« weckte auch bei den über hunderttausend Frauen in der Bundesrepublik Deutschland Hoffnungen, die funktionsunfähige Eileiter haben und daher auf natürlichem Weg kein Kind empfangen können. Für die meisten von ihnen bleibt jedoch der Wunsch nach einem Retortenbaby unerfüllbar. Noch befassen sich nur wenige Kliniken mit dieser Methode; und auch die Erfolge von Erlangen dürfen nicht darüber hinwegtäuschen, daß neben großem Können und jahrelanger Erfahrung ein gerütteltes Maß an Glück dazu gehört.

Dennoch, der Weg zum Routine-Retortenbaby scheint frei zu sein. Die geistigen Väter von Louise Brown – Professor Patrick Steptoe und Dr. Robert Edwards – betreiben seit einiger Zeit »das Geschäft mit dem Mutterglück« in großem Stil in ihrer Privatklinik Courne-Hall bei Cambridge. Kostenpunkt pro Versuch: zwischen 1600 und 2100 Pfund (6800 bis 9000 DM).

Noch nie zuvor in der Geschichte der Medizin hat ein Wissenschaftler einen Erfolg konsequenter vermarktet als Steptoe die Geschichte seines Retortenbabys. Clever wie ein mit allen Wassern gewaschener Nachrichtenhändler hatte er während der letzten Monate vor der Geburt – zunächst durch diskrete, aber gezielte Tips – die Sensationspresse auf die richtige Fährte gelockt. Kurz vor dem Ende seines Experiments versteigerte er die Exklusivrechte seiner Story routiniert für etwa 1,2 Millionen DM an das meistbietende Massenblatt *Daily Mail.* Dieser Betrag wurde allerdings auf ein Konto von Louise Brown überwiesen. Mit seiner ganzen Medienkampagne verstieß Steptoe schon arg gegen die Gesetze der ärztlichen Ethik.

In den USA bietet sich Frauen, die unfähig zur Mutterschaft sind, noch eine andere Möglichkeit, an ein Kind zu kommen. Dort läßt sich eine *Ersatzmutter* an ihrer Stelle befruchten. Für einen Preis von bis zu zwanzigtausend Dollar sorgt Dr. FRANK LEVIN, der Chef der Louisville Surrogate Parenting Association (Gesellschaft für Ersatzeltern), für die Bereitstellung einer Frau, die sich auf dem Wege der künstlichen Befruchtung durch den Ehemann der Unfruchtbaren schwängern läßt, das daraus entstehende Kind austrägt und bei der Geburt abtritt. Das erste Kind dieser Art wurde im November 1980 geboren.

In medizinischer Hinsicht sind die entsprechenden Probleme gelöst; künstliche Befruchtung ist eine einfache, billige und sichere Angelegenheit. In juristischer Hinsicht ergeben sich in diesem Zusammenhang jedoch einige schwierige Fragen. In erster Linie ist unklar, wem so ein Kind gehört: dem kinderlosen Ehepaar oder dem Samen spendenden Ehemann und der Ersatzmutter. Die in solchen Fällen abgeschlossenen Verträge setzen fest, daß das Kind dem Ehepaar zur Adoption freigegeben wird, aber viele Rechtsexperten sind der Ansicht, daß kein Gericht das Kind seiner natürlichen Mutter wegnehmen würde, egal was der Vertrag besagt. ANGELA HOLDER, die Leiterin der Abteilung für Recht, Naturwissenschaften und Medizin an der Yale University, umreißt die Problematik folgendermaßen: »Es gibt in den Vereinigten Staaten von Amerika kein Gericht, das auf der Einhaltung eines solchen Vertrages bestehen würde, wenn die Ersatzmutter das Kind behalten würde.« Und GEORGE ONNAS, Professor für Recht und Medizin an der Boston University, ist sicher, daß ein Ehepaar ohne Folgen den Vertrag brechen könnte, wenn es beschließt, die Annahme des Babys zu verweigern, weil dieses mißgestaltet oder geistig behindert oder aus welchen Gründen auch immer unakzeptabel ist.

Selbst wenn diese juristisch heiklen Probleme gelöst werden könnten, stellt sich immer noch die Frage, ob der Einsatz einer Ersatzmutter zu rechtfertigen ist. Zwar stimmt es, daß sie einem kinderlosen Ehepaar zu einem Kind verhelfen kann, das, biologisch gesehen, zur Hälfte ein eigenes Kind ist. Man sollte sich jedoch auch einmal über die Motive einer Frau, die sich für derartige Experimente zur Verfügung stellt, einige Gedanken machen. Vermietet sie ihren Körper, weil sie es genießt, schwanger zu sein? Oder nur des Geldes wegen? In den meisten Fällen ist sicherlich Geld das Hauptmotiv. Eine solche Ersatzmutter wird sich aus verständlichen Gründen dagegen sträuben, sich gefühlsmäßig für das Kind zu engagieren, das sie in sich trägt. Verhielte sie sich anders, so würde es später für sie zu schmerzvoll sein, sich von dem Kind zu lösen. Man kann daher in der Regel wohl kaum voraussetzen, daß einer solchen Frau das *Wohl des Kindes* über alles geht. Würde sie aufhören zu rauchen und zu trinken? Würde sie sich ordentlich ernähren? Und wenn sie in den Wehen läge, würde sie durchhalten bis zu einer natürlichen Geburt, oder würde eine solche Mutter sich betäuben lassen? Würde sie es sich unter diesen Umständen gestatten, das neue Leben in sich zu lieben und es zu respektieren?

Ähnliche Fragen ergeben sich im Zusammenhang mit dem Problem der Retortenbabys. Die künstliche Herstellung von Leben stellt einen massiven Eingriff in die Natur dar, und wenn wir uns in irgendeiner Form von unseren bisherigen Erfahrungen leiten lassen können, dann müssen wir bei solchen Manipulationen mit Risiken rechnen, die wir nicht einmal erahnen können. Daß dem so ist, liegt sicherlich weniger in der Technik selbst begründet, sondern in ihren Anwendungsmöglichkeiten. Wird der Medizinbetrieb trotz seiner Vorliebe für wissenschaftliche Sensationen und der verbreiteten Neigung zum Größenwahn dem Versuch widerstehen, diese Technik im großen Stil anzuwenden?

Gerade in diesen Tagen hat der »Internationale Verband gegen die Mißhandlung menschlicher Feten« schwere Vorwürfe gegen in Lyon und Bordeaux praktizierende Ärzte erhoben. Der Verband wirft den betroffenen Medizinern die Verwendung der Körper abgetriebener Kinder zu therapeutischen Zwecken vor, vergleicht diesen ungeheuren Mißbrauch mit »Nazi-Methoden« und fordert, die »Verschwörung des Schweigens darüber« endlich zu brechen.

Und das ist der Hintergrund: Die angeklagten französischen Ärzte machen Versuche mit abgetriebenen, noch lebenden Feten. In Bordeaux wurden lebende Feten von sechzehn und mehr Wochen durch Kaiserschnitt aus dem Mutterleib entfernt. In anderen Laboratorien haben die Ärzte sogar noch Feten bis zu einundzwanzig Wochen aus dem Mutterleib entfernt, für Versuchsreihen verwendet und ihnen zu diesem Zweck die Köpfe abgeschnitten. Lapidarer Kommentar der angegriffenen Ärzte: »Wir benützen nur klinisch tote Feten für unsere Versuche.«

Der französische Professor Alain Touraine hat zur Rechtfertigung derartiger Praktiken vorgebracht, nur dank der Forschung mit Feten könnten kranke Kinder behandelt werden, die ohne natürliche Abwehr gegen Infektionen geboren werden und unter Plastikzelten, streng von der Außenwelt abgeschirmt, leben müssen. Die Injektion von Zellen menschlicher Feten sei außer einer Knochenmarkübertragung die einzige für sie mögliche Behandlungsmethode. »Haben wir das Recht«, so Professor Touraine, »diesen Kindern mit einem schweren Immundefizit die Heilung zu verweigern? Für mich wäre das unterlassene Hilfeleistung.«

An dieser Argumentation können wir ganz deutlich die doppelbödige Moral gewisser Gynäkologen erkennen, die zunächst wehrlose, gesunde Kinder dem Mutterleib entreißen, um sie dann grauenvoll als Transplantationsmaterial für todkranke Kinder zu verwenden. Das gesunde Kind muß sterben, damit ein krankes Kind leben kann, ein Kind, dessen Immunsystem möglicherweise wegen der unbewußten Ablehnung der

Mutter nicht intakt ist. Ich meine, beide Kinder sind an dieser Situation ganz und gar unschuldig, und eigentlich hätten sie beide das Recht auf Leben. Aber welches von beiden Kindern leben darf, das entscheiden Gynäkologen, die Herren über Leben und Tod: groteske Manipulateure!

2. *Der Mensch als »Schöpfer«*

Einen »Neubau des Menschen von Grund auf« hatte der Genetiker und Nobelpreisträger HERMANN JOSEPH MULLER schon zu Beginn der neuen Wissenschaftsära prophezeit – »der Forschergeist wird in Zukunft gottähnliche Wesen hervorbringen, deren dürftige Vorahnungen wir lebenden Kreaturen von heute sind.«

Der Nobelpreis für Medizin und Physiologie, von dem wohl auch P. STEPTOE und R. EDWARDS träumen dürfen, ist in den letzten drei Jahrzehnten fast ausschließlich an Biochemiker und Genetiker verliehen worden. Und die Forscher haben in diesem knappen Zeitraum Entwicklungen nachvollzogen, die in der Natur einige hundert Millionen Jahre Zeit erfordern würden.

Noch ist der Stand dieser Wissenschaft etwa dem der Luftfahrttechnik zur Zeit der Gebrüder O. und W. WRIGHT oder dem Anfangsstadium der Atomtechnik zur Zeit der ersten Atomspaltung vergleichbar – aber sechsundsechzig Jahre nach dem Erstflug der Wrights landeten Menschen auf dem Mond, und der Atompilz wuchs schon sieben Jahre nach OTTO HAHNS Experimenten erstmals in den Himmel über New Mexico.

Das Tempo der Biowissenschaften ist offenbar nicht minder stürmisch. In den sechziger Jahren noch utopisch anmutende Vorhersagen sind von der Wirklichkeit schon überholt. So hatte eine Gruppe von zweiundachtzig Experten damals die praktisch »unbegrenzte Konservierung menschlicher Samenzellen« und die »Einpflanzung künstlich befruchteter Eizellen« in die Gebärmutter um das Jahr 1990 erwartet – schon 1978 waren beide Ziele erreicht.

Um herauszufinden, welche Teile des genetischen Codes in der menschlichen Zelle für bestimmte Aufgaben zuständig sind, verschmolz ein schweizerisch-amerikanisches Biochemikerteam Mäusezellen mit Menschenzellen. Diese Hybridzellen wurden in Mäuseembryos eingebracht und die Keimlinge (nach dem Muster der Steptoe-Implantate) normal ausgetragen. In den Zellen der Mäusenachkommen war nur noch das Menschenchromosom 17 nachweisbar. Es hatte offensichtlich das genetische Programm für das Fell der Mäuse geändert – die Tiere wiesen alle weiße Flecken im Fell auf.

Nachdem es schon vor Jahren gelungen war, aus den Darmzellen von Fröschen durch Übertragung der Zellkerne in Eizellen bis zu dreißig identische Kopien des Elterntieres herzustellen (zu »klonen«), haben Biochemiker nun auf ähnliche Weise auch zum erstenmal Mäuse fortgepflanzt.

Auch ein Mensch, ein amerikanischer Millionär, soll eine jüngere Kopie seiner selbst von einer anonymen Helferin austragen lassen, verkündete der US-Schriftsteller DAVID RORVIK jüngst in dem Buch *In his Image.* Rorviks abenteuerliche Erzählung, durch keinerlei Dokumente oder Zeugenaussagen belegt, versetzte gleichwohl die Fachwelt in nahezu panische Aufregung. Fast sämtliche wissenschaftlichen Koryphäen meldeten sich heftig zu Wort. Die hitzige Reaktion der Gelehrten verriet nur ihre Unsicherheit. Zwar versicherten sie unisono, es sei einstweilen noch unmöglich, einen Menschen zu »klonen«.

Doch im Prinzip, so erläuterte Professor PETER STARLINGER vom Institut für Genetik an der Universität Köln, »spricht kein Naturgesetz dagegen, dasselbe nicht auch eines Tages beim Menschen zu machen«.

Nach Ansicht des Genetikers JOSEPH STRAUB vom Kölner Max-Planck-Institut für Züchtungsforschung ist es im Grunde nur eine Frage der mikrochirurgischen Technik. Säugetier-Eizellen seien weitaus kleiner als etwa Froscheier, und es bereite daher um so größere Schwierigkeiten, menschliche Keimzellen zu manipulieren.

Offensichtlich laufen all diese Entwicklungslinien auf einen imaginären Fluchtpunkt zu – jene *Vision vom künstlichen Menschen,* die als Wunsch oder Alptraum seit Jahrtausenden durch die Köpfe der Naturphilosophen, Alchimisten und Dichter spukt, angefangen vom Idealmenschen des Altertums über den Golem der jüdischen Legende, den aus Sperma und Pferdedung gezeugten »Homunkulus« des PARACELSUS bis hin zum gleichnamigen Phiolengeschöpf aus GOETHES *Faust.*

Geradezu seherisch vorausgeahnt hatte der österreichische Dichter ROBERT HAMERLING die Methode des britischen Gynäkologen R. STEPTOE. In seinem Versepos vom *Homunculus* ließ er schon 1888 einen Doktor das zarte Protoplasmaklümpchen präparieren und ihn mit »unsäglichem Bemühen« den Embryo in den Mutterschoß einer armen Dorfschulmeisterin verpflanzen.

Tatsächlich ist das von den britischen Fortpflanzungsexperten P. STEPTOE und R. EDWARDS entwickelte Verfahren ein ganz entscheidender Schritt in Richtung Homunkulus: Zeugung und Anfang der Schwangerschaft finden außerhalb des Körpers statt, können also direkt überwacht und beobachtet, aber ebensosehr eines Tages gesteuert und manipuliert werden.

Zwar mögen gezielte Eingriffe in das Erbgut des Menschen derzeit noch utopisch anmuten. Die im Kern einer jeden menschlichen Zelle gespeicherten Geninformationen würden ausgedruckt immerhin eine Enzyklopädie von rund neunhunderttausend Druckseiten füllen. Aber angesichts superschneller Computer, Datenspeicher und verfeinerter Mikrochirurgie scheinen auch solche Manipulationen prinzipiell denkbar zu sein.

Zudem sind gewisse Biochemiker längst dabei, den Zeitraum für die Möglichkeiten solcher manipulativer Eingriffe zu verlängern. Prototypen von künstlichen Gebärmüttern wurden sowohl im Tierversuch als auch in Experimenten mit menschlichen Embryos schon erprobt. Illegal aus dem Uterus

Schwangerer entnommene Embryos können in solchen Stahl- und Glasapparaturen schon heute für einige Tage am Leben erhalten werden.

Endpunkt dieser Entwicklung wird wahrscheinlich eine Schwangerschaft sein, die, vollständig außerhalb des Mutterleibs, in künstlichen Brutkästen abläuft, eine Biotechnik die der Brite ALDOUS HUXLEY schon 1932 in seinem Zukunftsroman *Schöne neue Welt* ausgemalt hat. Wenn eine solche »Züchtung« eines Tages gelingen sollte, dann hätten wir mit Sicherheit eine »Gattung« geschaffen, deren Zugehörigkeit zur Menschheit nur noch eine faktische, jedoch innerlich nicht empfundene wäre. Ohne innere Bindung an den Mitmenschen würde ein durch nichts gemilderter Machtkampf ausbrechen oder ein widerstandsloses Sichfügen die Folge sein. In Brut- und Normzentralen reifen bei Huxley unter dem Motto »Gemeinschaftlichkeit, Einheitlichkeit, Beständigkeit« Tausende von identischen Embryos heran, die alle fein säuberlich nach ihrer Zweckbestimmung konditioniert werden – von Alpha-plus bis Epsilon-minus.

Begonnen hat diese Entwicklung in der Wirklichkeit mit den ersten *Spermaübertragungen* Anfang der fünfziger Jahre. Der Eingriff, vor allem dazu gedacht, Männern mit mangelnder Spermienbeweglichkeit zu Nachwuchs zu verhelfen, fand alsbald den Beifall prominenter Genetiker. Nobelpreisträger H. J. MULLER sah darin die ideale Methode, das Genpotential der Menschheit zu verbessern. Er spielte mit dem Gedanken, Samenbänke mit dem Erbgut genialer Männer, wie beispielsweise EINSTEINS, anzulegen, aus denen sich die Frauen weltweit sollten bedienen können.

Aber die künstliche Insemination fand auch Widerspruch, vor allem bei Juristen und Theologen. In der Bundesrepublik Deutschland stand für die Strafrechtsreformer 1962 die »sozial-ethische Verwerflichkeit« der anonymen Samenübertragung außer Frage. »Das Treiben der Mediziner«, so formulierten sie, »rührt an die Wurzeln der Sittenordnung und der menschlichen Kultur.«

Doch ungeachtet der Kritik aus dem Munde von Juristen und Theologen beider Konfessionen und trotz des Widerstandes vieler Ärzte gegen das aufkommende »Laichgewerbe«, wie sie es abfällig nannten, wurde die Übertragung männlicher Samen bald zur Routine.

Die Möglichkeit, männlichen Samen in flüssigem Stickstoff bei minus 180 Grad Celsius praktisch unbegrenzt lange zu speichern, ließ die ersten Samenbanken entstehen.

Erste Versuche, die *Befruchtung des weiblichen Eis* in die Retorte zu verlegen, reichen gleichfalls bis in die fünfziger Jahre zurück. Doch erst Mitte der sechziger Jahre waren die Wissenschaftler in der Lage, daß sie Eizellen regelmäßig »in vitro« (außerhalb des Körpers) befruchten konnten – aber noch handelte es sich dabei um die Keimzellen von Kaninchen, Hamstern und Mäusen.

Das britische Team P. Steptoe und R. Edwards war es dann, das 1969 in dem Wissenschaftsblatt *Nature* den Durchbruch melden konnte: In mehrjähriger Arbeit hatten der Gynäkologe Steptoe und der Cambridger Physiologe Edwards eine Reihe von Verfahren entwickelt, die menschliche Eizelle und Spermien außerhalb des Mutterleibs erfolgreich zusammenzuführen.

Die schon heute vorliegenden Forschungsergebnisse lassen mit Grauen daran denken, welche weiteren »Sensationen« die Gentechniker in Zukunft noch produzieren werden. Bleibt nur zu hoffen, daß verantwortungsbewußte Wissenschaftler den experimentierfreudigen Genetikern und Bioklempnern einen Riegel vorschieben. Was wir gewohnt sind, »Seele« zu nennen, läßt sich jedenfalls nicht kopieren. Und seelenlose Menschen aus der Retorte könnten, was heute den Menschen auszeichnet, zerstören: den »göttlichen Funken«.

Abgesehen einmal davon wären in einer solchen Gesellschaft die Frauen nur noch Eier produzierende Arbeitstiere, und Männer dürften vielleicht einmal in der Woche bei den Samenbanken ihr Sperma abliefern.

8
Mutterliebe und Urvertrauen

1. Die »gute« Mutter

Der Mutter, von der in diesem Kapitel die Rede sein wird, kann man bei vielen Gelegenheiten, in vielen Gestalten und an verschiedenen Orten begegnen. Sie weiß, daß die Erschaffung neuen Lebens das Höchste ist, das ein Mensch vollbringen kann, und dieses Leben zu bewahren, zu nähren und zu fördern ist eine höhere Kunst, als in irgendeinem Beruf erfolgreich zu sein.

Sie empfängt, weil sie den tiefen Wunsch hegt, Leben hervorzubringen. Ihre Schwangerschaft steht für eine solche Frau über allem anderen, und sie gewinnt aus ihr Stärke und Ruhe. Sie weiß, daß der Strom des Lebens sie trägt und daß die Kraft dieses Stromes ihre eigene ist. Ein Mann kann zwar eine Stütze für dieses stille Zutrauen sein, aber es gibt Schwangere, die sogar auch ohne Mann ihr inneres Gleichgewicht behalten. Es sind jedoch nicht Ehe und Familie, denen man die Krankheiten unserer Gesellschaft anlasten kann; vielmehr sind die Probleme in einer engen Beziehung zwischen Mann und Frau vielfach gesellschaftlichen Ursprungs.

Die Unterstützung der Frau durch den Mann ist im allgemeinen auch heute noch von größter Bedeutung für eine angstfreie Schwanger- und Mutterschaft. Die Bedeutung des Vaters (besonders vom zweiten Lebensjahr an), der für das Kind die Rolle eines Bindeglieds zwischen der Mutter und der Welt spielt, kann gar nicht hoch genug eingeschätzt werden. Der Typus der Mutter, von dem hier die Rede ist, ist verantwortungsbewußt: eine solche Frau antwortet auf die Bedürfnisse ihres eigenen Körpers mit der gleichen Achtung und Sorgfalt, die sie auch ihrem Kind – vor und nach der Geburt – entgegenbringen wird.

Sie antwortet auf ihre Schwangerschaft, indem sie sich in der ihr gemäßen Weise auf die Geburt vorbereitet und in dieser Zeit eine tiefe innere Bindung mit dem Kind herstellt. Auf diese *innere Verbindung* arbeitet sie, vor allem in den letzten Schwangerschaftsmonaten, gezielt hin. Vielleicht hat sie nur eine einfache Melodie, die sie immer wieder für ihr ungeborenes Kind summt. Sie spricht oft mit ihm, denn sie weiß, es hört sie und reagiert darauf mit Bewegungen seines Körpers. Sie bleibt innerlich stets eng mit ihm in Verbindung und widmet ihm positive und schöpferische Gedanken. Mutter und Kind sind schon in dieser Phase Freunde. Sie lauscht ihrem Kind und bemerkt dessen verschiedene Bewegungen und Reaktionen. Von dessen ersten Lebensäußerungen an lernt sie von ihrem Kind, lernt, jede seiner Lebensäußerungen wahrzunehmen und darauf entsprechend zu antworten. Sie weiß, daß Angst der größte Feind des ungeborenen Kindes ist, und schaltet so weit wie möglich alles aus, was Ruhe und Gelassenheit stört. Jeden Tag beginnt sie in stiller Meditation, ebenso beschließt sie ihren Tag, und auch die Zeit dazwischen ist eine lebendige Meditation, eine Vereinigung, ein Stillwerden des Geistes, eine Einstimmung auf die Lebenszeichen von innen. All die kleinen Absichten, aber auch wichtigere Vorhaben des Lebens wiegen nichts mehr gegen das große Ziel, neuem Leben zur Entfaltung zu verhelfen.

Die »gute« Mutter liefert sich nicht an Zweifel aus, sie wählt frei, was sie in ihrem Herzen tragen will, und sie wählt das Zutrauen. Sie weiß, daß sie sich gegen die Angst (und ihre hormonalen Folgen) entscheiden kann. Vielleicht beschließt sie, ihr Kind ganz allein auf die Welt zu bringen. Bis zuletzt behält sie ihren ruhigen Tagesrhythmus bei und meidet alle Risiken, ernsthaft zu erschrecken oder sich anzuspannen, denn eine hohe Adrenalinbelastung schadet ihrem Kind. Sie bereitet einen geeigneten Platz für die Entbindung vor, ruhig, mit gedämpftem Licht und vor plötzlichen Störungen sicher. Die ersten Anzeichen für den Beginn der Geburt erfüllen sie mit Erwartung und Erregung, aber sie bleibt ruhig, frei von dem

Alptraum, sich jetzt hastig auf den Weg in eine Klinik machen zu müssen; sie geht bis zuletzt ihren Verrichtungen nach.

Sie weiß, daß jemand ihr hilft, eine Hebamme, vielleicht ein Arzt und, wenn möglich, die Mutter. Jeder, der bei ihr ist, sollte ihr Ruhe und Unterstützung geben. Verwandte und Freunde müssen in dieser Situation fernbleiben; sie lenken nur ab und stören den Ablauf des Geschehens. Der Antrieb und alle Absichten der Gebärenden müssen in einem einzigen Punkt totaler Konzentration gebündelt sein. Sie nimmt jene Haltung ein, die sie mit den Kräften der Erde verbindet und alle Muskeln in die Lage ihrer besten Aktionsfähigkeit bringt: sie kauert oder kniet. Sie befindet sich im Fluß mit dem Geschehen, im Gleichgewicht von Spannung und Entspannung.

Die Milliarden Jahre der Entwicklung, die in den Genen einer Frau gespeichert sind, sagen ihr, was zu tun ist. Ihr Wissen hat keine Worte, ist weder ausgedacht noch systematisch. Sie ist nur der Schnittpunkt sanfter Bewegungen. Ihr Denken verschmilzt mit dem Tun ihres Körpers; sie ist wie ein Kind. Sie lebt mit der gleichen Inbrunst, die man bei tiefer Versunkenheit in ein Spiel erfährt: totale Aufmerksamkeit und äußerste Konzentration. Jede Bewegung, jede Wandlung, jedes Befolgen eines Zeichens fließt in den unaufhörlichen Strom beherrschter Hingabe. Weil sie verantwortlich ist, weil sie antworten kann, wird sie von ihrer Kraft getragen, stimmt voller Freude einem Körperwissen zu, von dem sie »geatmet« wird und das zur rechten Zeit das Richtige tut.

Dieses *harmonische Fließen* setzt sich fort, sobald das Kind durch gemeinsame Anstrengungen auf diese Welt gekommen ist. Noch mit der Nabelschnur verbunden, legt sie es an ihre Brust.

2. *Die Bedeutung des Stillens für die Entwicklung des Kindes*

Über die Wichtigkeit des Stillens ist bereits eine Reihe von Untersuchungen angestellt worden. Der bereits erwähnte Physiologe Ashley Montagu führt in seiner Arbeit viele Ergebnisse solcher Untersuchungen an. Danach haben mit Muttermilch genährte Säuglinge eine bessere Immunreaktion, weil die Kolostralmilch (Sekret der Brustdrüsen vor und unmittelbar nach der Geburt), die von der Mutter in den ersten Lebenstagen ihres Kindes abgegeben wird, einen hohen Gehalt an Antikörpern, das heißt an Abwehrstoffen, gegen Infektionen besitzt.

Montagu hat die *Vorteile der Ernährung mit Muttermilch* dokumentarisch belegt. Danach kann als erwiesen gelten, daß Säuglinge, die keine Muttermilch erhalten, mit größerer Wahrscheinlichkeit an Erkrankungen der Atemwege, an Durchfall, Ekzemen und Asthma zu leiden haben. Ernährung mit Muttermilch fördert auch die Entwicklung der Gesichts- und Zahnstruktur. Schließlich besteht zwischen dem Saugen an der Mutterbrust und der Atemtätigkeit eine enge Beziehung, das heißt, je länger ein Säugling an der Mutterbrust saugt, um so größer ist die Wahrscheinlichkeit, daß er später voll und tief durchatmen kann. Je tiefer der Säugling durchatmet, um so geringer ist im allgemeinen die Gefahr, daß er seine Gefühle unterdrückt. Oder um es anders auszudrücken: Bei Neurotikern stehen alle Körperfunktionen einschließlich der Atem- und Muskeltätigkeit im Dienst des Abwehrsystems. Jede Atemtätigkeit ist verhalten; wenn ein Kind unter dem Zwang steht, seine Gefühle zu unterdrücken, dann ist zu erwarten, daß seine Atemtätigkeit gestört wird und es flach atmet und kurzatmig wird.

Einer der wichtigsten Faktoren beim Stillen ist der *enge körperliche Kontakt* zwischen Mutter und Kind. Körperkontakt trägt dazu bei, den Sauerstoffgehalt des Blutes zu erhöhen, er führt zu einem Ansteigen der Erregbarkeit des Atemzentrums, was wiederum ein tieferes Einatmen bewirkt, den Sauerstoffgehalt des Blutes erhöht und auf diese Weise die Fähigkeit zu verstärkter Muskelanstrengung fördert.

Die entscheidenden Elemente des Stillens sind Saugen, Wärme, Körperkontakt und rhythmisches Wiegen. Experimentelle Untersuchungen über das Stillverhalten von Affen haben gezeigt, daß wiegende Bewegungen eine zusätzliche Wohltat bedeuten und zur Befriedigung und Entspannung der Jungen beitragen. Bei der Fütterung mit der Flasche wird allzu häufig dem Säugling einfach der Schnuller in den Mund geschoben, während er in seinem Bettchen liegt und sich selbst überlassen bleibt. Dabei kommen die infantilen Bedürfnisse nach Körperwärme und Körperkontakt sowie überhaupt alle zur Entspannung und Befriedigung des Kindes erforderlichen Begleitumstände zu kurz. Die Fütterung mit der Flasche ist im besten Falle eine künstliche Bedürfnisbefriedigung; sie kann den natürlichen Stillvorgang in keiner Weise ersetzen.

Eine neurotisch gestörte Mutter, die sich schwer damit tut, Milch zu produzieren, dürfte mit einiger Sicherheit ihr Neugeborenes auch launenhaft, ohne innere Gelassenheit und rücksichtslos behandeln, so daß in einem solchen Fall der Säugling das Stillen nicht unbedingt als angenehmes Erlebnis erfahren muß. Kinder, vor allem Säuglinge, die besonders empfänglich für Berührungen sind, spüren durchaus Schmerz und Spannungen der Mutter während des Stillens und reagieren sofort auf diese Empfindung, so daß sie sich selbst verspannen, anstatt sich zu entspannen. Gewiß wird nicht gleich ein neurotischer Prozeß in Gang gesetzt, wenn ein Säugling einmal weniger sanft angefaßt und zur Eile angetrieben wird. Doch wenn eine Mutter sich über Monate und Jahre in dieser Weise verhält, dann kann das im Verein mit anderen traumatisierenden Faktoren zu einem unerträglichen Spannungsdruck führen.

Es gibt jedoch auch Mütter, die an ihrem Säugling ihre helle Freude haben, ihn aber dennoch nicht stillen. Beim Füttern halten sie ihr Baby eng an sich geschmiegt und helfen ihm geschickt. Sie lächeln es an und sprechen mit ihm, und wenn das Kind auf dem Wickeltisch liegt, überschütten sie es mit Zärtlichkeit. Eine solche Mutter geht mit ihrem Kind besonders liebevoll um, solange es noch ein Säugling ist. Trotzdem ist die Abwehr da; sie zeigt sich jedoch häufig erst, wenn das Kind aus dem Säuglingsalter, aus der Symbiose, heraus ist, wenn es eben nicht mehr niedlich ist.

Der Säugling muß schon in den ersten Lebensstunden und -tagen sehr viel lernen! Nach der Abgeschlossenheit und Stille im Mutterleib muß er sich nicht nur an die kalte Welt, an die Helligkeit, die Geräusche aller Art gewöhnen, sondern sich auch auf die neue Ernährungsweise einstellen. Das ist für das Kind nicht so einfach, denn im Mutterleib floß ihm über das Blut der Mutter ununterbrochen Nahrung zu. Die langen Schlafperioden der ersten Lebensmonate helfen ihm dabei, sich nach und nach auf die Welt und den neuen Lebensrhythmus einzustellen. In den ersten Wochen meldet sich das Kind rund um die Uhr in der Regel etwa alle vier Stunden, wenn es Hunger hat.

Wenn eine Mutter diesen Rhythmus möglichst konstant einhält, wird das Kind sehr bald »wissen«, wann es »dran« ist. Natürlich wird es gelegentlich zwischendurch aufwachen und schreien. Einige »Fachleute« raten dazu, in solchen Situationen nicht auf das Kind einzugehen, damit es sich an seine Zeiten gewöhnt. Ich halte davon gar nichts, sondern bin vielmehr der Meinung, daß ein Säugling dann etwas bekommen sollte, wenn er Hunger hat. Die Natur sollte ihm den Rhythmus vorgeben und nicht die Mutter. Das erfordert zwar Opfer, aber es schenkt auch zufriedene Kinder, und darauf allein kommt es an.

Viele Mütter lassen ihr Baby, wenn es sich »zu früh« meldet, einfach schreien und begehen damit einen entscheidenden Fehler. Genau besehen handelt es sich in einem solchen Fall für den Säugling um eine Angst erzeugende Situation: Die nicht erscheinende Mutter läßt den auftretenden Hunger zu einer Gefahr werden. Objektiv gesehen besteht zwar keine solche

Gefahr, aber vom Säugling, dem die nötige Lebenserfahrung fehlt, wird dieser Zustand als alarmierend wahrgenommen. Häufen sich solche Situationen, dann kann kein Urvertrauen entstehen, im Gegenteil, derartige Situationen lösen *Urängste* aus, die zu tiefgreifenden Persönlichkeitsstörungen führen können. Ein langer Reifungsprozeß wird hier gewissermaßen schon in seinen Anfängen blockiert, und ein Mensch mit einer solchen Urerfahrung wird in seinem Leben immer mehr und schneller essen als andere und immer in sich einen psychischen Hunger verspüren.

3. Urvertrauen und Mutterbrust

Die Geburt ist für Mutter und Kind Schwerstarbeit, daher brauchen beide danach die tröstende Gegenwart des jeweils anderen. Die Mutter freut sich, wenn sie das Kind sieht, seinen ersten Schrei hört und seine körperliche Nähe empfindet. Der Säugling fühlt sich in der wärmenden Nähe der Mutter, in ihren Armen, die ihn halten und streicheln, und an ihrer nährenden Brust geborgen. Wenige Minuten nach der eigentlichen Niederkunft beginnt die dritte Phase der Geburt: die Plazenta wird abgelöst und ausgestoßen. Danach hören normalerweise die zerrissenen Gefäße der Gebärmutter zu bluten auf, und der Uterus nimmt allmählich wieder eine normale Größe an. Wenn das Kind unmittelbar nach der Geburt an die Mutterbrust gelegt wird, beschleunigt das Saugen des Kindes diese Prozesse.

Das Stillen löst im Körper der Mutter verschiedene Prozesse aus, die zur Folge haben, daß der Uterus sich wieder zusammenzieht. Welche Befriedigung könnte für ein neugeborenes Kind größer sein als die Umarmung der Mutter und das Saugen an ihrer Brust; was könnte ihm nachhaltiger vermitteln, daß ihm Gutes bevorsteht? Die Hautstimulation, die der Säugling durch die streichelnde Hand der Mutter, durch die Nähe ihres Körpers, ihre Wärme, vor allem auch durch die während des

Saugens erlebte Stimulation des Gesichtsbereiches, der Lippen, der Nase, der Zunge und des Mundes erlebt, spielt eine bedeutsame Rolle für die Atmung, und daher, wie bereits erwähnt, auch für die Sauerstoffversorgung des Blutes.

Das Saugpolster an seiner Oberlippe ermöglicht es dem Säugling, die Brust festzuhalten. Gleichzeitig nimmt das Kind das lebenswichtige Kolostrum auf und damit die gesündeste Nahrung, die es für einen Säugling gibt. Diese Substanz wird nur zwei Tage lang von der mütterlichen Brust produziert und dient unter anderem zur Verhütung von Durchfall. Das Stillen des Kindes ist sogar die einzig wirksame Behandlung gegen Durchfall. Das Kolostrum enthält eine Reihe von Wirkstoffen, die das Kind gegen Krankheiten immunisieren. Das Stillen bringt für das Neugeborene eine Reihe von Vorteilen, die miteinander im Zusammenhang stehen – Vorteile immunologischer, neuraler, psychologischer und organischer Art.

Im Laufe der Evolution des Menschen war das Stillen das erfolgreichste Mittel, die Bedürfnisse des abhängig und gefährdet geborenen menschlichen Säuglings zu befriedigen. Wahrscheinlich gibt es nur einen einzigen Grund, warum die »Flasche« in unsere Kinderstube eingezogen ist: Bei der weltweit riesigen Zahl an Säuglingen kann eine Industrie, die auf Profit bedacht ist, eine solche Einnahmequelle nicht ungenutzt lassen. Aus diesem Grund wurde den Müttern der letzten Generationen eingeredet, wie gesund es sei, dem Säugling per Flasche bestimmte Wirkstoffe zuzuführen. Es gibt jedoch für einen Säugling nichts Gesünderes als die *Muttermilch.*

Während der ersten zwei Tage nach der Geburt spendet die Mutterbrust das sogenannte Kolostrum, danach für etwa eine Woche die sogenannte Erstmilch. Etwa nach zehn Tagen entwickelt die Mutter die reife Vollmilch. Alle diese »Milchzusammensetzungen« haben den Zweck, den Bedürfnissen des Kindes so zu dienen, daß der Säugling allmählich die Fähigkeit entwickelt, die Stoffe zu verdauen, die er aufnimmt. Die enzymatischen Systeme des Kindes brauchen einige Tage, um sich soweit zu entwickeln, daß sie mit diesen Substanzen, vor allem den Eiweißkörpern, fertig werden. Das Kolostrum, die Erstmilch und die reife Milch sind genau auf die physiologische Entwicklung des kindlichen Verdauungstraktes abgestimmt.

Alle hier aufgeführten Tatsachen weisen darauf hin, daß das Stillen den fundamentalen Bedürfnissen des Kindes entspricht. Es ist natürlich nicht so, daß der Säugling ohne Brustnahrung nicht überlebt, aber er entwickelt sich nicht so gesund, und – eines ist gewiß – das gestillte Kind hat eine wesentlich größere Chance, gesund heranzuwachsen als das Flaschenkind.

4. Das Stilltrauma

Ein zwölfjähriger Junge wurde wegen seiner unglaublichen Stehl- und Eßsucht zu einem Psychotherapeuten gebracht. Er hatte Hunderte von Laden- und Hausdiebstählen begangen und schockierte seine Eltern durch seine Tischmanieren: Er konnte den Teller niemals voll genug kriegen, häufte Löffel und Gabel übervoll und schlang dann alles gierig hinunter. Wenn das Essen bereits aufgetragen war, sich jedoch niemand im Raum befand, fuhr er mit beiden Händen in die Schüsseln und stopfte sich den Mund voll. Einmal beobachtete ihn sein Vater dabei, wie er zwei Kilogramm Brot, ein Kilogramm Zucker und eine Literflasche Essig entwendete, sich mit seiner Beute hinter einen Busch verzog und alles unter mehrfachem Erbrechen hinunterschlang.

Aus dem Bericht der Eltern ging hervor, daß der Junge sich bis zu seinem elften Lebensjahr in dieser Hinsicht völlig normal benommen hatte; die Eltern hatten sich bis dahin nur Sorgen gemacht, weil er immer so still, ängstlich und kontaktscheu gewesen war und viel vor sich hingeträumt hatte. Im Alter von elf Jahren verschwand seine Schüchternheit plötzlich. Er wurde frech, streitsüchtig und begann zu stehlen, und zwar ausschließlich Nahrungs- und Genußmittel.

Um den Jungen zu beschäftigen und abzulenken, ließ ihn sein Vater Listen über die gestohlenen Gegenstände anfertigen, die viele Seiten füllten. Anschließend forderte er ihn dazu auf, sich in Aufsätzen Rechenschaft über seine Probleme und Wünsche abzulegen. In diesen außergewöhnlichen Dokumenten kamen immer wieder Formulierungen vor wie beispielsweise: »Ich bin nicht Herr über den Brotschrank und kann nicht so viel essen, wie ich will!« und: »Ich wünschte, daß ich Gewalt über den Brotschrank hätte.« Über einen Verwandtenbesuch schrieb er: »Ich konnte frei über den Brotschrank verfügen und durfte so viel essen, wie ich wollte.«

Die Mutter hatte die viel älteren Schwestern des Jungen gestillt, ihn jedoch nicht, da sie nach seiner Geburt unter einer Brustentzündung gelitten hatte. Diese Brustentzündung läßt sich nicht unschwer als unbewußte Ablehnung des männlichen Geschlechts diagnostizieren. Da die Mutter wenig Erfahrung mit künstlicher Kindernahrung hatte oder weil es zur Zeit der Geburt des Jungen – gegen Kriegsende – nicht ausreichend Nahrung gab oder einfach aufgrund ihrer Ablehnung des Jungen, es gelang ihr jedenfalls nie, dem Säugling ausreichend Nahrung zu geben. Die Mutter erzählte dem Therapeuten, daß ihr Sohn einmal sechs Wochen lang ununterbrochen geschrien habe. Zwar habe sie sich damals verzweifelt um ihn bemüht und ihn nächtelang herumgetragen, schließlich habe eine Nachbarin sie darauf aufmerksam gemacht, daß das Kind wahrscheinlich unter Hunger leide.

Es ist eigentlich unvorstellbar, daß eine Mutter mit bereits vier Kindern beim fünften nicht wissen sollte, wann es Hunger hat. Näher liegt die Erklärung, daß diese Frau aus Angst vor dem männlichen Geschlecht ihren Sohn sehr »kurz« hielt, damit er nicht so groß (autoritär) werde wie ihr Mann beziehungsweise sein Vater.

Daß dieser Junge schwer geschädigt war, braucht nicht besonders erwähnt zu werden. Viele Ursachen der Eßsucht mancher Menschen resultieren aus frühkindlichen Still- beziehungsweise Ernährungserfahrungen, das heißt, hinter der ständigen Eßsucht steht die Urangst »Ich bekomme nicht genug zu essen und muß sterben«. Bei diesem Symptom handelt es sich um einen neurotischen Selbsterhaltungstrieb, der erst dann aufgelöst werden kann, wenn das Gefühl entsteht, diese Eßsucht sei unbegründet. Eine solche Veränderung läßt sich jedoch nicht über den Verstand erreichen, sondern dazu bedarf es des nochmaligen Durchlebens der auslösenden Ursituation. Erst wenn das »innere Kind« erkennt, daß gegenwärtig genügend Nahrung vorhanden ist, daß auch die Zukunft gesichert ist und daß es an ihm selbst liegt, dafür zu sorgen, daß es ihm in dieser Beziehung gut geht, kann dieser Zwang aufgehoben werden.

Wesen und Entstehung frühkindlicher Traumatisierung lassen sich einprägsam an einem Phänomen studieren, das speziell in unserem Kulturkreis sehr verbreitet ist: der *Dunkelangst.* Diese Angst ist gerade im deutschen Sprachraum besonders häufig anzutreffen.

Die biologische Grundlage der Dunkelangst ist die Mangelausstattung des Kleinkindes, dessen einzige Möglichkeit der Abwehr von Unlust und Bedürfnisspannungen darin besteht, durch Schreien die Mutter herbeizurufen. Die Befriedigung derartiger Bedürfnisse entspricht dem Stillen im eigentlichen Wortsinn. Wenn nun das Kind von den ersten Lebenstagen an die Erfahrung macht, daß auf sein Notsignal hin jemand kommt, der den Unlustreiz abstellt, dann gewinnt es bald Vertrauen zur Welt, es fühlt sich sicher und umsorgt und kann all seine Kräfte für die Bewältigung seiner Entwicklungsaufgaben einsetzen. Ist dies jedoch nicht der Fall, ist also das Kind langen und intensiven Unlustreizen ausgesetzt, ohne daß ihm Hilfe seitens seiner Bezugspersonen gewährt wird, dann bilden sich starke Unlustengramme, die zu erhöhter Angstbereitschaft führen und einen großen Teil der Bewältigungskräfte des Kindes binden.

Die spezifische Dunkelangst entsteht nun dadurch, daß Mütter – häufig sogar auf ärztlichen Rat hin – ihre Neugeborenen aus »Erziehungsgründen« wochenlang Nacht für Nacht schreien lassen. Diese »Erziehungspraxis« geht von der bornierten Vorstellung aus, ein Neugeborenes schreie aus purer

Boshaftigkeit. Bei solchen Kindern setzt sich dann geradezu zwanghaft die Assoziation fest: »Wenn es dunkel wird, bin ich mutterseelenallein.« Wenn solches nächtliches Weinen die Mutter (oder den Vater) ungerührt läßt und der Säugling merkt, daß er Nacht für Nacht vergeblich schreit, dann tritt das Schreien auch ohne äußeren Anlaß auf: es wird zum Angstschrei ohne Bezug auf einen bestimmten Anlaß. Die einbrechende Nacht wird dann auch in späteren Zeiten des Lebens zur Unruhequelle des Menschen.

Die Reaktion von Neugeborenen auf eine Mutter, die sie nicht akzeptiert, ist erstmals 1938 von MARGARET RIBBLE beschrieben worden. In extremen Fällen verfallen solche Babys in ein Koma mit herabgesetzter Atemfrequenz, tiefer Blässe und verminderter Wahrnehmungsfähigkeit. Solche Kinder befinden sich in einem akuten Schockzustand. RENÉ A. SPITZ hat in diesem Zusammenhang präzise Analysen vorgenommen. In einem von ihm beschriebenen Fall war die Mutter des Kindes ein sechzehnjähriges, ungewöhnlich hübsches Mädchen. Sie war als Dienstmädchen beschäftigt gewesen, und der Sohn ihres Arbeitgebers hatte sie verführt und geschwängert. Da die junge Frau das Kind nicht wirklich wollte, war die Schwangerschaft von schweren Schuldgefühlen begleitet, denn das Mädchen hatte eine streng katholische Erziehung genossen. Sämtliche nach der Geburt angestellten Versuche, das Baby zu stillen, scheiterten. Die Mutter hatte angeblich keine Milch. Es war jedoch ohne Schwierigkeiten möglich, Milch aus ihrer Brust herauszudrücken. Es gab auch keine Schwierigkeiten, als man dem Kind diese Milch aus der Flasche zu trinken gab. Während des Stillens benahm sich die Mutter so, als wäre ihr das Kind vollkommen fremd und überhaupt kein lebendiges Wesen. Sie zog sich von dem Säugling völlig zurück, wobei ihr Körper, ihre Hände und ihr Gesicht starr gespannt waren. Die Brustwarzen hingegen hatten nicht jene Spannung, die für das Stillen erforderlich ist.

Diese Situation dauerte fünf Tage lang; während dieser Zeit wurde das Kind mit Milch, die man aus der Brust herausgedrückt hatte, am Leben erhalten. Bei einem letzten Versuch des Anlegens fiel das Kind selbst in eine Art von Erstarrung. Man mußte es mit künstlichen Mitteln wieder ins Leben zurückholen.

Obwohl es gelang, die Mutter durch gutes Zureden während des noch verbleibenden Klinikaufenthaltes zum Stillen zu bewegen, ist die weitere Entwicklung dieses Kindes dennoch einigermaßen vorgezeichnet. Eine solche Mutter hat gewiß noch mehr Abwehrmechanismen auf Lager, um ihre auf den Säugling projizierte Abneigung gegen dessen Vater auszuleben.

In einem anderen Fall stillte die Mutter zwar anfangs ihr Neugeborenes, weigerte sich jedoch in der Folge, es zu nähren, und ging deshalb zu Flaschenkost über. Sowohl beim Stillen als auch während sie es mit der Flasche fütterte, beklagte die Mutter sich ständig über das Kind. Sie beschwerte sich, das Stillen sei unbefriedigend, weil das Kind ständig erbreche, aber auch die Fütterung mit der Flasche war nicht das Richtige, weil das Kind auch dabei erbrach. Als sich dann die Mutter wegen einer Erkrankung in die Klinik begeben mußte und das Kind von Pflegepersonen betreut wurde, hörte das Erbrechen sofort auf; es trat jedoch sofort wieder auf, als die Mutter nach drei Wochen die Betreuung erneut übernahm.

Man weiß heute, daß das Säuglings- und Kleinkindererbrechen etwas mit einem Gefühl der Ablehnung seitens der Mutter zu tun hat, also symbolisch aufzufassen ist. Was das erwähnte Kind mit seinem Erbrechen ausdrücken wollte, war wohl in etwa: »Eine solche Mutter kotzt mich an.«

Es gibt eine Form des Stillens, die von den Fachleuten *Self-demand-system* (Stillen auf Verlangen) genannt wird. Das bedeutet, daß der Säugling, immer wenn es ihn danach verlangt, die Brust der Mutter bekommt. Er wird also entsprechend seinen Bedürfnissen genährt. Doch auch dieses totale Eingehen der Mutter auf den Säugling bringt einige Probleme mit sich. Wenn Mutter und Kind bei dieser Art des Zusammenspiels gefühlsmäßig eins sind und sich die Mutter nicht überbeansprucht fühlt, dann mag dieses System für den Säugling ideal sein.

Allerdings findet sich dieses »Self-demand-system« besonders häufig bei überbesorgten Müttern. Man kann davon ausgehen, daß eine überbesorgte Mutter dazu neigt, auf jede Unlustäußerung ihres Babys damit zu reagieren, daß sie es füttert oder stillt. Es ist sogar wahrscheinlich, daß manche Mütter Schuldgefühle, die aus einer unbewußten Feindseligkeit gegen das Kind entstehen, auf diese Weise überkompensieren. Dank dieser Tendenz zum Überkompensieren sind sie geradezu versessen darauf, das »Self-demand-system« zu praktizieren. Das erweckt gelegentlich den Eindruck, als wollten sie dafür büßen, daß sie ihrem Kind eigentlich gar nichts geben wollen – am allerwenigsten die Brust. Es handelt sich dabei also um eine Entspannungsreaktion der Mutter.

Aber auch ein Säugling, der immer wieder Nahrung will, agiert eine Spannung aus. Spannung muß zur Abfuhr gebracht werden; ein Säugling mit Hypertonie muß viel größere Spannungsmengen in viel kleineren Zeitabständen zur Abfuhr bringen als ein ruhiges, gelassenes Kind. In der frühen Kindheit ist der Mund das wichtigste Abfuhrorgan.

Wenn Frauen überhaupt keine Muttermilch produzieren, dann drückt sich darin gelegentlich eine *Ablehnung des Kindes* durch die Mutter aus.

Abgesehen einmal von den grundlegenden Voraussetzungen des Überlebens wandeln sich unsere Bedürfnisse im Verlauf der verschiedenen Entwicklungsstufen. Welche Art des Wissens und der Erfahrung als jeweils notwendig gilt, ist unterschiedlich. In den ersten Lebensmonaten ist Wissen identisch mit Empfinden und Spüren. Der Säugling empfindet, was um ihn herum geschieht, auch wenn er es nicht erklären kann. Später entwickelt sich dann aus dieser »Empfindung« ein Begriff. Ein Säugling fühlt, daß ihm unwohl ist, und hat in dieser Weise ein sehr intensives Bewußtsein seiner Welt. Damit seine diversen Wahrnehmungen ein Ganzes ergeben, muß die Umwelt, die seine Eltern ihm schaffen, auf geradezu physische

Art und Weise einen »Sinn« haben. Wenn ein Kind schreit, weil ihm nicht wohl ist, so sollte man es hochnehmen und beruhigen. Unterläßt man das, so bekommt die Welt des Kindes einen »falschen Sinn«.

Unsere Verachtung für den »Egoisten« trifft häufig schon den Säugling. Ein Kind, das die bewußten oder unbewußten Wünsche seiner Eltern erfüllt, ist ein »gutes« Kind; wenn es sich aber weigert, nur »lieb« zu sein, und eigene Wünsche hat, die den elterlichen zuwiderlaufen, so wird es als egoistisch und rücksichtslos bezeichnet. Den meisten Eltern wird dabei gar nicht bewußt, daß sie das Kind dazu mißbrauchen, ihre eigenen, oft genug egoistischen Wünsche zu erfüllen, sondern sie sind des festen Glaubens, daß sie es »erziehen« müssen, um ihm bei der »Sozialisation« zu helfen. Will ein so »erzogenes« Kind die Liebe der Eltern nicht verlieren (und welches Kind kann sich das schon leisten?), so muß es »teilen«, »geben« – »Opfer bringen« und »verzichten« lernen, lange bevor echtes Teilen und wahrer Verzicht überhaupt möglich sind.

Ein Kind, das neun Monate lang gestillt wurde, hat kein Bedürfnis mehr nach der Mutterbrust, man muß es nicht erst dazu »erziehen«, auf die Brust zu »verzichten«. Ein Kind, das lange genug »egoistisch«, »habgierig« und »asozial« sein durfte, entwickelt zu gegebener Zeit von selbst die Freude am Teilen und Geben; ein für die Bedürfnisse der Eltern verzogenes Kind hingegen erlebt diese Freude vielleicht nie, auch wenn es mustergültig und pflichtbewußt teilt und gibt und darunter leidet, daß die anderen nicht ebenso gut sind wie es selbst. Als Erwachsene versuchen in dieser Weise konditionierte Menschen, ihren eigenen Kindern diesen »Altruismus« wiederum so schnell wie möglich beizubringen, was in der Regel nicht besonders schwierig ist. Aber um welchen Preis?

Daß die Entwicklung des körperlichen Wachstums genetisch vorprogrammiert ist, daran gibt es keinen Zweifel; wir kennen sogar den biologischen Mechanismus dieser Programmierung. Alle Säuglinge und Kleinkinder auf dieser Welt folgen dem gleichen körperlichen Entwicklungsmuster mit etwa der gleichen Reifungsgeschwindigkeit. Die Entwicklung der Zähne, der genitalen Sexualität und anderer grundlegender psychischer und physischer Merkmale folgt überall derselben Gesetzmäßigkeit. Zum Glück liegt die Verantwortung für die zeitliche Abfolge dieser Entfaltung nicht in unseren Händen. Alles, was von uns verlangt wird, ist, diesen genetischen Plan zu fördern und ihn nicht zu unterlaufen.

5. *Die Entstehung der Mutter-Kind-Bindung*

Jeder Mensch ist zutiefst von seiner Mutter beeinflußt, und diese Beeinflussung beginnt schon im Mutterleib. Aber nicht nur die Mutter beeinflußt ihr Kind, sondern sie erhält auch schon bestimmte Signale von dem in ihr heranwachsenden Ungeborenen. Ideal ist eine *ausgewogene Wechselwirkung* zwischen beiden. Aber dieser Vorgang der Synchronisation ist sehr komplex. Neuere Untersuchungen lassen vermuten, daß die mütterlichen Reaktionen in diesem Zusammenspiel zum Teil biologisch gesteuert sind. Aber selbst mit dieser biologischen Unterstützung – wie können zwei verschiedene Menschen eine so ausgefeilte und zeitlich bis ins Detail festgelegte Kooperation zustandebringen, ohne vorher wenigstens einmal geübt zu haben?

Heute weiß man, daß Mutter und Kind schon Monate vor der Geburt beginnen, ihren Rhythmus und ihre jeweiligen Reaktionen miteinander zu verzahnen. Das läßt nur einen Schluß zu: Die nachgeburtliche Bindung zwischen Mutter und Kind ist nur die Fortsetzung eines Bindungsprozesses, der schon lange zuvor während der Schwangerschaft begonnen hat. In der vorgeburtlichen Phase entwickelt sich zwischen Mutter und Kind eine Reihe von ziemlich spezifischen Schlüsselreizen, die ihre nachgeburtliche Bindung vorbereiten. Wenn eine Mutter ihr Kind schon während der Schwangerschaft innerlich ablehnt, dann kann keine echte Bindung entstehen.

Die Bedeutung der *vorgeburtlichen Beeinflussung* des Fetus durch die Mutter wird besonders deutlich in einem von Dr. Peter Fedor Freybergh, Professor für Gynäkologie und Geburtshilfe an der Universität von Uppsala in Schweden, veröffentlichten Fallbericht:

In dem von ihm beschriebenen Fall war eine junge Mutter nicht in der Lage, ihren Säugling zu stillen, weil das Kind die Mutterbrust ablehnte. Sobald das Kind Flaschennahrung bekam, gab es keine Schwierigkeiten; der Säugling zeigte großen Hunger und nahm die Flasche bereitwillig an. Als es in der Folge jedoch wieder der Mutter angelegt wurde, weigerte sich das Baby zu trinken. Der Gynäkologe legte daraufhin das Kind einer anderen Mutter an, und schon trank es die ihm dargebotene Muttermilch. Das Kind weigerte sich jedoch strikt, von der Brust der eigenen Mutter zu trinken. In einem Gespräch mit der Mutter erfuhr Professor Fedor-Freybergh dann, daß die Frau eigentlich hatte abtreiben wollen, der Ehemann jedoch seine Zustimmung verweigert hatte. Dieser Säugling hatte also schon lange schmerzhaft die Ablehnung der Mutter empfunden und weigerte sich deshalb, sie anzunehmen.

Das vorgeburtliche Geschehen zwischen Mutter und Kind hinterläßt bei dem Säugling ähnlich tiefe Spuren wie seine nachgeburtlichen Erfahrungen. Die Gefühlsmuster, die vor der Geburt entstehen, sind langfristig wirksam und wirken sich auf die Mutter-Kind-Bindung ebenso entscheidend aus wie jene, die nach der Geburt geprägt werden.

Die Rolle der Mutter ist in beiden Prägungsphasen ähnlich: Sie bestimmt das Tempo, sendet die Reize aus und bestimmt auch in einem gewissen Maß die Reaktionen des Kindes. Aber das Kind entscheidet, ob ihm ihre Angebote sinnvoll erscheinen. Schon ein drei bis vier Monate alter Fetus folgt seiner Mutter nicht bedingungslos. Verwirrende, widersprüchliche, gleichgültige oder feindliche Regungen nimmt er entweder nicht zur Kenntnis, oder er reagiert auf diese konfus ablehnend.

Zu einer vorgeburtlichen Bindung zwischen Mutter und Kind kommt es nicht automatisch. Sie erfordert Zeit, Liebe und Verständnis. Sind diese drei Bedingungen gegeben, so lassen sich im späteren Leben des Säuglings viele der seelischen Störungen ausgleichen, denen jeder Mensch im Alltag ausgesetzt ist.

Das ungeborene Kind ist bemerkenswert flexibel; wenn es sein muß, kommt es sogar mit wenigen ausgeprägten mütterlichen Gefühlen aus. Aber es kann sich nicht ganz ohne die Hilfe der Mutter an sie binden. Wenn die Mutter sich seelisch verschließt, so ist das Kind hilflos. Aus diesem Grund machen schwere psychische Erkrankungen der Mutter diese Bindung unmöglich. So sind beispielsweise die Kinder schizophrener Mütter häufig seelisch und körperlich gestört.

Die frühe Mutterbindung wirkt sich auf das ganze Leben aus. Wenn eine enge, liebevolle Bindung zwischen Mutter und Kind bestanden hat, so ist das ein Band, das einem Kind ein Leben lang Vertrauen und Kraft schenkt. Dieses richtige Zusammenspiel können Mutter und Kind natürlich nicht im eigentlichen Sinne »lernen«. Die frühe *Mutter-Kind-Bindung* fliegt ganz natürlich zu, kommt sozusagen spontan von innen. Die Natur war sehr einfallsreich bei ihrem Entwurf eines Bindungssystems, das den Bedürfnissen des Neugeborenen genau angemessen ist. So kommt es während der Schwangerschaft nicht nur zu einer dramatischen Verhaltensänderung der erwachsenen Frau – eine Änderung übrigens, die Sigmund Freud hartnäckig bestritten hat –, die Frau verändert sich vielmehr sogar genau in der Weise und für die Zeitdauer, die ihrem Baby am meisten gerecht werden. Um gefühlsmäßig, geistig und körperlich zu gedeihen, braucht das Kind besonders in den ersten zwei bis drei Lebensjahren stetig Liebe und Zuneigung.

Auch ein Säugling trägt seinen Teil zu dieser Bindung bei. Seine Hilflosigkeit, seine Unfähigkeit, sich selbst zu ernähren, zu kleiden und zu beschützen, die Laute, mit denen er sich mitteilt, das alles ist speziell dazu angetan, bei den »Großen«

eine Reaktion des Lieben- und Behütenwollens hervorzurufen.

Wenn eine Mutter zum erstenmal ihr Neugeborenes sieht, wird sie bestimmt instinktiv die Arme ausstrecken, um es an sich zu drücken. Das ist die natürlichste Reaktion der Welt und erfüllt zugleich ein elementares und lebensnotwendiges Bedürfnis des Kindes. Wenn ein gerade auf natürliche Weise geborenes Kind der Mutter auf den Bauch gelegt wird und seine Gliedmaßen zur Erforschung seiner neuen Umwelt zu gebrauchen beginnt, wird die Berührung zum Kommunikationsmittel. Hände – am besten die der Mutter – umfangen das Kind sanft und zart oder streicheln rhythmisch seinen Rücken und erinnern es an den ihm aus dem Mutterleib her vertrauten Rhythmus. Diese Berührung versichert dem Kind: »Wir beide sind noch immer zusammen; wir beide sind am Leben, für dich kann das wunderbare Abenteuer Leben jetzt beginnen.«

6. *Auch Vaterliebe kann »mütterlich« sein*

Die Liebe des Vaters zu seinem Kind ist genau so komplex und wichtig wie die der Mutter. Wenn man ihm nur eine Chance dazu gibt, kann ein Mann ebenso »mütterlich« sein wie eine Frau: beschützend, gebefreudig, anregend, auf die Bedürfnisse seines Kindes eingehend, besorgt. Daß es so übermäßig lange gedauert hat, bis diese simple Lebenstatsache Anerkennung gefunden hat, liegt zum großen Teil daran, daß die falschen und klischeehaften Vorstellungen über den Vater in unserer Kultur so tief verwurzelt sind. Selbst Leute, die es hätten besser wissen sollen, waren in dieser Hinsicht meistens borniert. Die Anthropologin Margaret Mead wollte wahrscheinlich ironisch sein, als sie den Vater als vor der Geburt biologisch notwendig und als danach sozial nebensächlich bezeichnete. Als Psychotherapeut könnte man eher den Eindruck gewinnen, daß diese Dame gegen Männer, speziell gegen den eigenen Vater, Aggressionen hatte, sonst hätte sie auch in ihrer Zeit nicht eine solch unsinnige Behauptung aufgestellt – obwohl sie damit eine weitverbreitete Meinung zum Ausdruck brachte.

Zum Glück ändert sich diese Haltung allmählich. Psychologen haben herausgefunden, daß der Anblick eines Neugeborenen bei einem frischgebackenen Vater das *gleiche Repertoire* liebevollen Verhaltens hervorruft wie bei einer jungen Mutter; er girrt, spricht mit dem Säugling und schaut ihn liebevoll und begeistert an. Bevor der Psychologe Ross Parke vor ein paar Jahren in einer kleinen Klinik in Wisconsin das Verhalten frischgebackener Väter beobachtete, war das offenbar niemandem aufgefallen. Dr. Parke stellte auch fest, daß Männer sich etwas langsamer für ihre Kinder erwärmen – wahrscheinlich, weil sie biologisch oder kulturell bedingt nicht so sehr darauf vorbereitet sind wie die Frauen.

Andere Wissenschaftler entdeckten, daß die Zuneigung des Mannes für sein Kind auf die gleiche Weise entsteht wie seitens der Frau, und zwar durch den frühzeitigen Kontakt mit dem Säugling. Je früher ein Vater Gelegenheit hat, sein Kind zu sehen, desto engagierter, interessierter und begieriger ist er, den Säugling zu berühren, in den Arm zu nehmen und mit ihm zu spielen. Besonders intensiv ist die Vater-Kind-Beziehung, wenn der Vater bei der Geburt gegenwärtig war und die schmerzliche Ankunft des Kindes miterlebte.

In der Art und Weise, wie Väter mit ihren Kindern spielen, unterscheiden sie sich von den Müttern. Gewöhnlich agieren sie aktiver und körperbetonter als Mütter. Aber diese Art des Umgangs eines Vaters mit seinem Kind steigert wiederum die Bereitschaft der Mutter, ihr Kind anzulächeln und sich intensiv um es zu kümmern. Aus dieser Tatsache ziehen manche Psychologen den Schluß, daß beide Elternteile in dem Zusammenspiel ihres Eingehens auf das Kind auf jeweils einzigartige, sich jedoch ergänzende Art und Weise zur körperlichen, seelischen und geistigen Entwicklung des Kindes beitragen. Ob dieses Muster genetisch oder kulturell bedingt ist, läßt sich heute noch nicht sagen.

Eine bei manchen jungen Frauen zur Zeit verbreitete Auffassung wird jedenfalls durch die vorgenannten Erkenntnisse widerlegt, daß nämlich ein von der Mutter allein erzogenes Kind unter diesem Zustand nicht leide. Häufig haben solche Mütter für ihr Verhalten sehr *egoistische Motive*. Sie benehmen sich so, als seien sie selbst noch kleine Kinder, die mit ihren Puppen spielen. Nur sind diese »Puppen« leider lebendige Kinder, die offensichtlich ausschließlich deshalb in die Welt gesetzt worden sind, um einer Kindfrau zu bestätigen, daß sie wenigstens biologisch eine erwachsene Frau ist.

Väter und Mütter beschäftigen sich mit ihren Kindern ziemlich genau so, wie man es – im allgemeinen – von Männern und Frauen erwartet. Die Frauen nehmen fast unweigerlich die Versorgerrolle ein und kümmern sich um das, was traditionell der Frau »zukommt« – das heißt, sie füttern, wickeln und trösten das Kind. Männer neigen eher dazu, im Umgang mit ihren Kindern »aggressiv« und verspielt zu sein.

Um solche Verhaltensunterschiede wissenschaftlich zu erfassen, führten kürzlich Wissenschaftler in Boston den folgenden Versuch durch: Sie beobachteten das Verhalten einer Gruppe von Kindern, Müttern und Vätern, die sich zu diesem Zweck in einem geschlossenen Raum aufhielten. Je nach Geschlechtszugehörigkeit der Eltern gab es große Übereinstimmungen des Verhaltens. Die Mütter waren im großen und ganzen ruhiger, beschützender und sanfter im Umgang mit ihren Kindern. Nur selten erlahmte ihr Interesse, und ebenso selten verloren sie die Nerven. Ob sie ihre Babys im Arm hielten, liebkosten, mit ihnen sprachen oder spielten, immer waren sie zärtlich. Die Väter hingegen erregten sich leichter, waren unbeständiger und verspielter und zeigten mehr Körpereinsatz. Während die Frauen mehr mit den Kindern redeten, pufften die Männer sie vorsichtig mit dem Finger oder hoben sie hoch in die Luft.

Wie kommt nun aber eigentlich die Vater-Kind-Bindung zustande? Am Anfang einer solchen Beziehung fehlen die augenfälligen seelischen und körperlichen Bande, durch die

Mutter und Kind aneinandergekettet sind. Väter tragen ihre Kinder nicht neun Monate lang in sich, stillen sie nie, geben ihnen in der Regel nur gelegentlich die Flasche und verbringen nur selten so viel Zeit mit ihnen wie Mütter. Trotzdem kann das Band, durch das ein Vater mit seinem Kind verbunden ist, ebenso stark und lebenswichtig sein wie die Bindung zwischen Mutter und Kind.

9
Die Grundbedürfnisse des Kleinkindes

1. Hautkontakt ist alles

Es ist ein allgemeines Gesetz der embryonalen Entwicklung, daß eine Organfunktion um so wichtiger ist, je früher sie auftritt. So ist zum Beispiel die funktionelle Bedeutung der Haut sehr groß. Die Hautoberfläche hat eine enorme Zahl von sensorischen Wahrnehmungsorganen, die Empfänger sehr unterschiedlicher Reize – wie Hitze, Kälte, Berührung oder Schmerz – sind.

Nach der Geburt muß die Haut sich an eine wesentlich kompliziertere Umgebung anpassen, als es zuvor der Fall gewesen ist. Die Haut ist fähig, auf diese neuen Umweltreize äußerst differenziert zu reagieren. Sie ist das bei weitem größte organische System des Körpers und erstreckt sich beim Neugeborenen über 2500 und beim durchschnittlichen Erwachsenen über 18000 Quadratzentimenter.

Die Haut hat im übrigen vier *physiologische Funktionen.* Sie dient

1. zum Schutz des Organismus vor mechanischen Verletzungen, Strahlenschäden und vor dem Eindringen fremder Substanzen und Organismen;
2. als Sinnesorgan;
3. als Temperaturregulator und
4. als Träger des Stoffwechsels, Fettdepot und Stoffwechselorgan.

Vom Säuglings- bis ins Greisenalter hat der Mensch das Bedürfnis, gestreichelt zu werden. Dr. HARRY BAKWIN, der als einer der ersten Kinderärzte erkannt hat, wie wichtig ein zärtlicher Umgang mit dem neugeborenen Kind ist, vertritt in dieser Frage den folgenden Standpunkt: »Entscheidend für ein kleines Kind scheint das taktile und kinästhetische Empfinden zu sein. Man kann Säuglinge durch zärtliches Klopfen und Wärme leicht beruhigen, wenn sie wegen Schmerz- oder Kälteempfindungen schreien. Daß Kinder ruhig daliegen und nicht schreien, wenn man sie ins Freie stellt, ist wahrscheinlich wenigstens teilweise der Berührung ihrer Haut durch die Luft zuzuschreiben.«

Die Temperatur des Kindes im Mutterleib ist vermutlich dieselbe wie die der Mutter, aber während der Geburt und unmittelbar danach ist seine Temperatur ein wenig erhöht. Wenn man einen Säugling vorübergehend der Kälte aussetzt, schreit er zwar, aber eine Schädigung tritt nur dann ein, wenn dieser Zustand zu lange dauert. Normalerweise genießt der Säugling die Wärme, die vom Körper der Mutter ausgeht und ihn durchdringt, und leidet, wenn diese spezifische Wärme fehlt. Darum ist es ein grober Verstoß gegen alle Gesetze der Psychologie, wenn man den Säugling sofort nach der Geburt badet und ins Säuglingszimmer bringt. Wenn beispielsweise nach einem Kaiserschnitt die – betäubte – Mutter ihr Kind nicht angemessen in Empfang nehmen kann, so wird das betroffene Kind zukünftig voraussichtlich immer unter Wärmemangel leiden.

Nicht umsonst spricht man von der Wärme eines Menschen. Ein solches Gefühl der Wärme ist auch für die Sexualität des Menschen von entscheidender Bedeutung. Die Hautnähe des Partners und das Gefühl seiner Wärme sind wesentlicher Bestandteil jeder Liebesbeziehung.

Intensive Freude an Wärme, wie sie sich unter anderem in neurotischen Badegewohnheiten zeigt, findet man meistens bei Personen, die sich gegenüber ihrer Umwelt passiv verhalten. Für solche Menschen ist das »Empfangen von Zuneigung« identisch mit »Wärme«. Sie tauen erst in einer »warmen Atmosphäre« auf und liegen oft stundenlang in der warmen Badewanne oder sitzen auf einem Heizkörper. Oft gehören sie dem Menschentypus an, der sein Leben lang nach Wärme, Zuneigung und Liebe hungert. Es gibt jedoch auch solche, die Wärme und Nähe nicht ertragen können. Da sie diese Empfindungen nie kennengelernt haben, reagieren sie darauf mit Scheu und Abwehr.

Die übliche Praxis, den Säugling, sobald er auf der Welt ist, zu baden, führt zu Wärmeverlust und Kälte, das vor allem, weil die Käseschmiere, die sogenannte Vernix caseosa, dabei entfernt wird. Diese Vernix caseosa besteht aus von der Haut des Kindes ausgeschiedenem Talg und von seiner Haut abgestoßenen Epithelzellen, die diese davor bewahren, aufzuweichen. Nach der Geburt bewahrt die Käseschmiere den Säugling vor Wärmeverlust. Aus diesem Grund halten Experten das Abwaschen dieser käsigen Substanz für schädlich. Das ist vor allem dann der Fall, wenn die Temperatur der Umgebung unter 27 Grad Celsius liegt. Im großen und ganzen ist es besser, diese Schutzhülle intakt zu belassen und das Neugeborene neben die Mutter zu legen, bis diese es stillen kann. Viele spätere Hauterkrankungen haben ihren Ursprung in den ersten Lebenstagen des Menschen.

2. *Liebe ist eine aktive Kraft*

Mutterliebe ist nur ein – allerdings elementarer – Aspekt des Phänomens Liebe überhaupt. Liebe ist ein aktiver, kreativer Akt und hat nichts Passives an sich. Wer jedoch keine Liebe empfangen kann, der kann auch keine geben. Was heißt in diesem Zusammenhang eigentlich *geben?* So einfach diese Frage zunächst auch klingen mag, so schwer ist sie zu beantworten. Das verbreitete Mißverständnis besteht in der Annahme, geben bedeute »etwas aufgeben«, einen Verlust erleiden, ärmer werden. Menschen, die nicht schöpferisch sind, erleben das Geben als eine Verarmung. Sie weigern sich daher, etwas von sich herzugeben. Manche Menschen machen aus dem Geben eine Tugend im Sinne des Opferns. Sie leben aus dem Gefühl, man müsse deshalb geben, weil es so schwerfällt. Sie opfern, um tugendhaft zu sein. Für solche Menschen ist aus den genannten Gründen Geben seliger denn Nehmen, sie beziehen größere Erfüllung aus Entbehrungen als aus dem Besitz von Dingen.

Für schöpferische Menschen hat das Geben einen ganz anderen Charakter. Für sie ist das Geben höchster Ausdruck der eigenen Fülle. Gerade im Akt des Schenkens erleben sie ihre Stärke, ihren Reichtum, ihre »Macht«. Dieses Erlebnis einer gesteigerten Vitalität und Potenz erfüllt den betreffenden Menschen mit Freude. Er erlebt sich als überströmend, hergebend, lebendig und erfüllt. Unter diesem Gesichtspunkt ist Geben mit größerer Freude verbunden als Empfangen, jedoch nicht deshalb, weil es ein Opfer ist, sondern weil im Akt des Schenkens die eigene Lebendigkeit zum Ausdruck kommt. Das elementarste Beispiel dafür bietet die erotische *Liebe zwischen Mann und Frau.*

Der Höhepunkt der sexuellen Aktivität des Mannes liegt in einem Akt des Gebens; der Mann gibt sich selbst, gibt seinen Penis der Frau preis. Im Augenblick des Orgasmus gibt er ihr seinen Samen. Wenn er potent ist, kann er nicht anders; wenn er nicht geben kann, ist er impotent. Bei der Frau handelt es sich um einen gleichen, wenn auch komplexeren Vorgang. Auch sie gibt sich, öffnet die Tore zu ihrer innersten Weiblichkeit: im Akt des Empfangens gibt sie. Wenn sie zu diesem Akt des Gebens innerlich nicht fähig ist, wenn sie nur empfangen kann, dann ist sie frigid. Für sie existiert jedoch noch ein weiterer Akt des Gebens, nicht als Geliebte, sondern als Mutter. Sie gibt sich dann dem Kind, das in ihr heranwächst, danach gibt sie dem Kind ihre Milch und körperliche Wärme.

Daß zur Liebe die *Fürsorge* gehört, wird in der Liebe einer Mutter zu ihrem Kind am deutlichsten. Keinerlei Beteuerung ihrer Liebe würde uns im geringsten beeindrucken, wenn wir erleben müßten, daß sie es an Fürsorge für das Kind fehlen ließe, daß sie sich weigerte, es zu füttern, zu baden und für sein leibliches Wohl zu sorgen. Ihre Liebe wirkt dagegen glaubhaft, wenn sie ihr Kind liebevoll umsorgt. Fürsorge und Besorgtheit enthalten ein weiteres Element der Liebe: die Verantwortung. Damit ist nicht der Begriff der Pflicht gemeint, also etwas, das von außen auferlegt wird. Verantwortungsvoll sein bedeutet, zu antworten und sich den Anforderungen dieser Welt zu stellen und sich mit ihnen auseinanderzusetzen. In der Verantwortung antwortet der ganze Mensch. Er fühlt sich verantwortlich für seine Mitmenschen. Für eine werdende Mutter und für eine Mutter überhaupt bedeutet dies: Fürsorge für die seelischen und körperlichen Bedürfnisse ihres Kindes.

Die Ergänzung der Verantwortung ist der *Respekt.* Respekt beinhaltet die Fähigkeit, einen Menschen so zu sehen, wie er ist, und seine einmalige Individualität zu erkennen. Respekt beinhaltet das Streben, den andern Menschen wachsen und sich entfalten zu lassen. Dem Respekt fehlt daher jede Affinität mit dem Egoismus. Wenn bestimmte Eltern ihre Kinder sozusagen als Altersversorgung aufziehen, fehlt dieser Respekt. Liebende Eltern möchten, daß ihr Kind zu seinem eigenen Nutzen und in seiner eigenen Art wächst und sich entfaltet und nicht zu dem Zweck, ihnen zu dienen. Wer einen anderen Menschen liebt, fühlt mit ihm und akzeptiert ihn so, wie er ist, nicht wie er sein sollte. Es ist klar, daß man einen Partner nur respektieren kann, wenn man die eigene Unabhängigkeit erreicht hat.

Es gibt eine ganze Reihe von Müttern, die nicht nur besorgt um ihre Kinder sind, sondern überbesorgt. Während eine solche Mutter davon überzeugt ist, ihrem Kind besonders zugetan zu sein, besteht häufig tief in ihrem Innern eine verdrängte Feindschaft gegenüber diesem Kind. Überbesorgt ist eine Mutter nicht, weil sie ihr Kind besonders liebt, sondern weil sie die Tatsache kompensieren muß, daß sie unfähig ist, ihr Kind überhaupt zu lieben. Diese Auffassung basiert unter anderem auf einschlägigen Erfahrungen mit der neurotischen Selbstlosigkeit, einem Symptom, das relativ häufig anzutreffen ist.

Eine Mutter entscheidet wesentlich über das künftige Glück ihrer Kinder. Sie kann nicht nur Leben geben, sondern auch Leben nehmen. Sie ist diejenige, die belebt, und ebenso diejenige, die zerstört. Sie kann Wunder der Liebe tun, und niemand kann tiefer verletzen als sie.

Die Natur hat es so eingerichtet, daß die Kinder der Spezies Mensch länger und in höherem Maße von ihren Eltern abhängig sind als die Jungen jeder anderen Gattung. Würden Eltern und Gesellschaft insgesamt den Sinn dieser langen Abhängigkeit und langsamen Reifung angemessen würdigen, so könnte ein Kind die Welt entdecken und ihr begegnen, ohne danach fragen zu müssen, welchen Nutzen oder Wert seine Entdekkungen haben. Wäre es den Kindern gestattet, diese natürliche Weltsicht zu gewinnen, so würden dadurch enorme geistig-seelische Potentiale freigesetzt.

Das Schicksal des – zukünftigen – Kindes beginnt bereits, wenn sich seine Eltern kennenlernen. Werden sie einmal eine harmonische Ehe führen? Wird ihre Verbindung eine echte Bindung sein, die Krisen übersteht und Konflikte aushält? Sie kann nur gelingen, wenn beide Eltern sich aus ihrer jeweiligen Eltern-Kind-Bindung gelöst haben und ihre volle persönliche Eigenständigkeit besitzen. Sie müssen im seelisch-geistigen Bereich selbst abgenabelt sein. Um Kinder in die Welt zu setzen, die bei ihnen geborgen sind, müssen sie gegenüber ihrer eigenen Familie frei sein und frei für die Familie, die sie zu gründen beabsichtigen. Daher sollten sie sich im Streben nach gemeinsamen Zielen zusammenfinden und bereit sein, die legitimen Ansprüche der Gesellschaft zu respektieren.

Es ist nicht so entscheidend, ob sich die jeweiligen Partner gleichen oder ob sie sich ergänzen. Gleich und gleich gesellt sich gern, heißt es zwar im Volksmund, aber auch: Gegensätze ziehen sich an. Grundlegend für eine gute Ehe ist, ob sich die Partner verstehen, ob sie sich in jeder Situation des Lebens etwas zu sagen haben, ob sie einander etwas bedeuten und ob sie sich in Freud und Leid einig sind. Das Vermögen der Innigkeit bedarf der nie versiegenden lebendigen Zwiesprache. Ein tiefes Verständnis füreinander schafft Gemeinsamkeit und drängt nach Vervollkommnung, es weckt und nährt den Wunsch nach dem Kind. Hier schon beginnt die Formung des Kindes!

Das Verlangen von Mann und Frau nach einem Kind markiert quasi den *Beginn der Erziehung*, weil die Vorstellung der zukünftigen Eltern von ihrem Kind das Bild prägt, dem der Neuankömmling nach der Geburt gerecht werden soll. Kinder verfügen über sehr feine »Antennen«, um die offenkundigen und insgeheimen Erwartungen der Eltern wahrzunehmen. Sie haben auch das Bestreben, diejenigen, die sie lieben, nicht zu enttäuschen. Daher wird ein Kind instinktiv versuchen, der ihm zugedachten Rolle gerecht zu werden.

Wie vielgestaltig sind doch die Einflüsse, die für diese Rolle mitbestimmend sind: Familientradition und Kinderstube, nationale und soziale Herkunft, politisches und religiöses Bekenntnis. Dazu kommen noch die persönlichen Neigungen und Interessen beider Eltern, ihr Weltbild und die Ziele, die sie im Leben anstreben. Da werden Entscheidungen vorweggenommen, längst bevor real etwas entschieden ist: Soll es ein Junge oder ein Mädchen werden? Wünscht sich der Vater einen Nachfolger im Beruf, oder hätten die Eltern gerne ein Kind mit akademischer Ausbildung? Stellen sie sich ihren Sprößling als kraftstrotzenden Helden, Sportsmann oder Haudegen vor oder als feinsinnigen Ästheten und Künstler? Wie schön, wenn solche Zielsetzungen aus der Harmonie ehelicher Lebensgemeinschaft heraus entstehen und dem Kind die Möglichkeit offenlassen, sich nach seinem eigenen Vermögen und frei von elterlichem Prestigedenken zu entwickeln.

Häufig werden Kindern *unnatürliche Ersatzrollen* zugedacht, von denen sich die Eltern unbewußt das versprechen, was sie selbst in ihrem Leben nicht zu verwirklichen vermocht haben. Manchmal dienen Kinder auch als Ehekitt, Schiedsrichter oder Bundesgenossen des einen oder anderen Elternteils. Anderen Kindern bleibt es vorbehalten, jenes Ideal zu gestalten, an dem die Eltern scheiterten, oder als Sündenbock zu dienen für deren Unvermögen.

Noch ist das Kind nicht unterwegs, und schon sind unsichtbar, aber unerbittlich Weichen gestellt für seine Entwicklung. Der gemeinsame Wunsch nach dem Kind ist der Beginn der Formung. Das ungewollte, uneheliche Kind ist im ersten Abschnitt seiner Erziehung schwer belastet. Seine Entwicklung ist ein prekärer Balanceakt. Es fehlt ihm das Erlebnis von Geborgenheit und Sicherheit als wichtige Wegzehrung. Man kann nicht sagen, daß ein unerwünschtes Kind mit Sicherheit scheitern wird. Auf jeden Fall wird es sich aber im Leben schwerer tun als andere Menschen. Es ist mit einer schweren Hypothek belastet, die sehr leicht zu einer Fehlentwicklung führen kann. Der Kinderwunsch sollte auf seiten der Eltern die Fähigkeit zur Großzügigkeit und unbedingten Loyalität einschließen.

3. Das entscheidende erste Lebensjahr

Die herausragende Bedeutung des ersten Lebensjahres für die Formung des Kindes läßt sich leicht einsehen, wenn man den Entwicklungsstand des Kleinkinds einmal mit dem von Säugetierjungen vergleicht.

Unsere vertrautesten Haustiere, Hund und Katze, sind »Nesthocker«. Sie kommen »unfertig« zur Welt, und sie sind auf die Brutpflege des Muttertieres angewiesen. Ihre Augen sind noch nicht geöffnet, die Ohren sind noch verwachsen, sie können noch nicht laufen und haben noch kein richtiges Fell. Auch die Singvögel gehören zu den Nesthockern. Blind und ohne Federkleid muten sie uns wie Frühgeburten an.

Im Gegensatz zu den Nesthockern gibt es die Nestflüchter. Das Fohlen ist ein Beispiel dafür. Es kommt fix und fertig auf die Welt, sieht und hört von Anfang an, hat ein glänzendes Fell und steht schon nach kurzer Zeit auf den eigenen Beinen.

Das frischgeborene Menschenbaby gehört zu den Nesthokkern. Es kann noch längst nicht gehen, ist unselbständig und auf Gedeih und Verderb auf die Fürsorge der Mutter angewiesen. Trotzdem ist das Menschenkind weiter entwickelt als die übrigen Nesthocker. Vor allem seine Sinnesorgane sind schon vor der Geburt funktionstüchtig. Wie schon erwähnt, ist der Fetus bereits im Mutterleib wahrnehmungsfähig. Wäre es ein »richtiger« Nesthocker, so müßte das Kind schon nach dem zweiten Schwangerschaftsmonat zur Welt kommen. Der Mensch ist also im Vergleich zu den Tieren ein *frühgeborener Nestflüchter.*

Im Gegensatz zu den meisten Tieren ist der Mensch ein Familienwesen. Die Familie ist die Urzelle der menschlichen Gemeinschaft. Das Ungeborene wird jedoch im Mutterleib auf die Aufgaben, die es in einer solchen Lebensgemeinschaft erwarten, nicht vorbereitet und muß sich allmählich mit seiner neuen Umgebung vertraut machen. So gesehen ist die Geburt nur ein »Wechsel des Mutterschoßes«. Das Kind wechselt aus der Geborgenheit des Mutterleibes in den sozialen Mutterschoß der Familie. Das Heim als Keimzelle der Gesellschaft muß für zunächst wenigstens ein Jahr Wärme, Nahrung, Sicherheit und Geborgenheit konstant gewähren wie zuvor der Leib der Mutter. Das erste Lebensjahr des Säuglings ist nichts weiter als eine verlängerte Schwangerschaft.

Während der »verlängerten« Schwangerschaft erlernt das Kind im Für- und Miteinander der Familie die *Regeln,* die es als menschliches Wesen kennen muß. Es ist ein typisches Merkmal des Gattungswesens Mensch, daß die Behütung des Kindes während der Schwangerschaft durch die anschließende Obhut der Familie ergänzt und vervollständigt wird. In diesem Rahmen erhält der Mensch seine gesellschaftliche Formung, die ihn vom Tier wesensmäßig unterscheidet. Während des entscheidenden ersten Lebensjahres lernt er, sich aufzurichten und aufrecht zu gehen. Aus unartikulierten Lauten bildet sich allmählich die artikulierte Sprache. Das Kind erkundet seine Welt. Es erlernt den Gebrauch seiner Hände, mit denen es seine Welt »begreift« und gestaltet.

Die ständige Gegenwart der Mutter trägt während seines ersten Lebensjahres entscheidend zur Formung des Kindes bei. Denn jede Mutter ist mit ihrem Kind durch die Akte des Stillens, Fütterns und der Körperpflege während dieser Phase auch weiterhin in unmittelbarem körperlichem Kontakt. Aber anders als während der Schwangerschaft sind jetzt nicht mehr ausschließlich die physiologischen Vorgänge entscheidend, sondern ebenso sehr die seelischen. Das Baby sieht – eine weitere Besonderheit im Vergleich zu den Säugetieren –, während es an der Brust der Mutter trinkt, dieser ins Gesicht, und es schenkt ihr Gehör. Nun ist nicht mehr allein der Nährwert der Muttermilch für das Gedeihen des Kindes entscheidend, gleichermaßen sind es die Eindrücke, die das Kind aus dem Antlitz der liebenden Mutter und aus ihrem Zuspruch empfängt und die es zugleich mit der Nahrung in sich aufnimmt. Alle Erfahrungen dieser Zeit macht das Baby mit dem Mund und mit seinen Sinnesorganen, die alle auf »Habenwollen« und »Einverleiben« eingestellt sind. Auch die Mutter wird während des Stillens mit dem Mund und mit den Sinnen besonders intensiv erlebt.

Das Kind ist erst gesättigt, wenn es neben ausreichender Nahrung auch genügend Liebe in sich aufgenommen hat, die es im Gesicht der Mutter, im Klang ihrer Stimme und in ihrer zärtlichen Berührung sucht und findet. Deshalb blickt es beim Saugen unentwegt die Mutter an und hört auf ihre Worte. Die Nahrungsaufnahme beschränkt sich für den Säugling also nicht auf den funktionellen Vorgang des Essens, sondern dient zugleich der Zufuhr lebensbestimmender seelischer Energien.

4. Liebesentzug und Kindersterblichkeit

Der bekannte Psychologe James L. Halliday sagte schon 1944: »Die ersten Monate nach der Geburt sind praktisch die direkte Fortsetzung des Lebens im Mutterleib. Zur Förderung der kinästhetischen und muskulären Entwicklung ist die Nähe der Mutter notwendig. Das Kind muß fest in den Armen gehalten, in bestimmten Abständen genährt, gewiegt, gestreichelt, liebevoll angeredet und beruhigt werden.«

Kinder, denen die Nähe der Mutter fehlt, entwickeln daher oft akute Depressionen, leiden an Appetitlosigkeit, Gewichtsverlust und häufig sogar auch Kräfteverfall. Weil diese Symptome – besonders bei Klinikaufenthalten – immer wieder auftreten, wird neuerdings in einigen Krankenhäusern den Müttern gestattet, so lange bei ihren Kindern zu bleiben, bis diese wieder gesund sind.

Im neunzehnten Jahrhundert starben im allgemeinen mehr als die Hälfte der Kinder schon im ersten Lebensjahr an einem Leiden, das man mit dem griechischen Wort Marasmus (Kräfteverfall) bezeichnete. Noch in den zwanziger Jahren unseres Jahrhunderts lag in den Waisenhäusern der westlichen Welt die Kindersterblichkeit weit über dem allgemeinen Durchschnitt. Es war Dr. Henry Dwight Capin, ein berühmter New Yorker Kinderarzt, der die emotionale Öde dieser Institutionen erkannte und dafür sorgte, daß diese vernachlässigten Kinder zu freundlichen Menschen in Pflege kamen.

Etwa zu dieser Zeit erkannte der Chefarzt einer Düsseldorfer Kinderklinik ebenfalls den Zusammenhang zwischen Kindersterblichkeit und akutem Liebesentzug. In seiner Klinik konnte trotz bester medizinischer Betreuung die Sterblichkeitsrate nicht gesenkt werden. Erst als eine beleibte ältere Dame diese kranken Kinder betreute, änderte sich dieser Zustand. Sie nahm die Kleinen in ihre Arme, wiegte sie und trug sie herum. Alle von der »alten Anna« in dieser Weise »behandelten« Kinder überlebten.

In Amerika und anderen westlichen Ländern galt jedoch damals noch eine von einem Kinderarzt namens N. Holts propagierte Lehrmeinung. Dieser Arzt lehnte noch im Jahre 1894 die Wiege ab, warnte davor, weinende Kinder auf den Arm zu nehmen, und empfahl, die Kleinen auf keinen Fall zu »verwöhnen«. Darüber hinaus vertrat er die Auffassung, man solle Kinder nicht allzuoft streicheln, und überhaupt seien Liebe und Fürsorge nur unhygienisch und unwissenschaftlich.

Erst nach dem Zweiten Weltkrieg angestellte psychologische Untersuchungen über die Ursachen des Marasmus ergaben, daß diese Krankheit gerade sehr häufig bei Säuglingen aus den »besten« Familien und in Kliniken und Kinderheimen auftrat, in denen die Kinder physisch hervorragend versorgt wurden. Dabei zeigte sich, daß Säuglinge aus armen Familien, die eine gute, liebevolle Mutter hatten, trotz mangelhafter hygienischer Betreuung physische Benachteiligungen oftmals gut überstanden und gut gediehen. Was die untersuchten Säuglinge »aus den gehobenen Kreisen« oft entbehren mußten, den Kindern der »armen Leute« hingegen zuteil wurde, war ganz einfach *Mutterliebe*. Heute weiß man, daß ein Kind in die Arme genommen, angefaßt, getragen, gestreichelt, an die Mutter gedrückt und zärtlich angesprochen werden sollte, damit es gedeiht.

Kleine Kinder können ihre Schmerzen und ihre Leiden nicht in einer verständlichen Form zum Ausdruck bringen. Das darf jedoch kein Grund sein, Kinder, die sich noch nicht ausdrükken können, wie seelenlose Wesen zu behandeln. Kinder können innere Leiden, Schmerzen und auch Mangel an Liebe nur durch ihr Schreien zum Ausdruck bringen. Darum sollte man ihnen immer zur Seite stehen und sie trösten, wenn sie weinen.

5. *Viele Eltern überfordern ihre Kinder*

Oft hört man Eltern sagen, sie wüßten schon selbst, wie sie ihr Kind zu erziehen haben. Unterhält man sich dann länger mit ihnen, so stellt man fest, daß sie nur ein bestimmtes Wunschbild von dem Werdegang ihres Kindes mit sich herumtragen. Dieses Bild aber ist ein *Idealbild* und entspricht oft nicht den tatsächlichen Möglichkeiten des Kindes. Viele Eltern reiten ihre Steckenpferde und meinen, daß ihre Auffassungen auch für das Kind das einzig richtige seien. Die einen haben die fixe Idee, das Kind dürfe nur bestimmte Nahrungsmittel und Vitamine zu sich nehmen, andere fangen schon viel zu früh mit Abhärtung, Gymnastik und Training des kleinen Körpers an. Kinder können sich gegen solche Zumutungen natürlich nicht wehren und müssen das alles über sich ergehen lassen. Aber sie leiden darunter, ganz gleich ob nun der Vater ein Frischluftfanatiker oder ein Stubenhocker ist, der sich nur im unterkühlten oder im überheizten Zimmer wohl fühlt.

Wie sehr manchmal rein leistungsbezogene Gesichtspunkte das Verhältnis zur Fortpflanzung und den daraus »resultierenden« Kindern bestimmen, zeigen Beispiele aus dem Land der Übertreibungen, den Vereinigten Staaten von Amerika. Dort versucht man neuerdings, »Genies zu züchten«. Genies, die seltenen Sonderexemplare der Gattung Mensch, soll es nun dort gleich reihenweise geben. Da ist etwa der erst fünf Monate alte Adam Jacobsen. Er kann bereits lesen und rechnen. Geige spielt der zweijährige David Leben. Spitzenstar ist bisher der dreijährige Nicholas Greer. In höherer Mathematik und Geschichte überflügelt er schon heute manchen Studenten.

Alle diese Kinder nähern sich einem Intelligenzquotienten von 200 und überrunden damit selbst den Physiker und Nobelpreisträger ALBERT EINSTEIN, der »nur« einen Intelligenzquotienten von 172 hatte.

»Trainiert« werden diese und viele andere kleine Wunderkinder am »Evan Doman Institute«, einer Schule in Chesnut Hill bei Philadelphia, die von dem Exoberstleutnant EVAN DOMAN zur »Anhebung des menschlichen Leistungsvermögens« gegründet wurde. Er behauptet: »Genies werden gemacht, nicht geboren. Jedes Kind kommt mit einem Potential auf die Welt, das größer ist als das des Leonardo da Vinci.« Sein Ziel ist es, verständige, intelligente, gütige und fähige Menschen aus den Kindern zu machen, »damit sie eines Tages die Welt retten«.

Doman geht davon aus, daß das menschliche Gehirn durch ständiges Training in seinem Leistungsvermögen ebenso wächst wie ein stark beanspruchter Bizeps. Tatsächlich werden durch Gehirntraining mehr Gehirnzellen miteinander verbunden und bleiben nicht wie sonst ungenutzt. Erwiesen ist auch, daß wir im allgemeinen nur zwanzig Prozent unserer Gehirnkapazität nutzen. Domans These lautet daher: Man muß das Gehirn eines Säuglings von der Geburt an sofort wie einen Computer füttern, damit es unmittelbar zu arbeiten beginnt.

Ist ein Kind erst einmal zwei Jahre alt, so sind die Chancen, ein »Genie« aus ihm zu machen, schon wesentlich geringer. Mit sechs Jahren ist es dafür angeblich endgültig zu spät. Und so sieht sein Programm aus: Sofort nach der Geburt, wenn der Säugling sich eigentlich zunächst einmal vom Geburtsschock erholen müßte und die Wärme der Mutter bräuchte, wird das Kind einem neuen Schock ausgesetzt.

Vor seinen Augen wird ein helles Licht an- und ausgeschaltet. Hinter seinem Kopf werden Hölzchen gegeneinander geschlagen, und auf die Zunge wird ihm Senf gestrichen. In den nächsten Tagen werden ihm jeweils zwei Sekunden lang große schwarze Dreiecke, Quadrate und Kreise vor Augen gehalten. Anschließend werden die Säuglinge – in Vorbereitung auf das eigentliche Lerntraining – auf den Fußboden gelegt, damit sie sich im Strampeln und Kriechen üben können. Danach müssen sie sich an einem horizontal angeordneten Sprossengerüst entlanghangeln. Im Anschluß daran wird das Gehirn mit einfachen Bildern gefüttert, jeweils zwei Sekunden lang. Schon nach vier Wochen beginnen die Leseübungen. Man zeigt dem Baby eine Sekunde lang ein Wort und spricht dieses Wort deutlich aus. Die täglichen Trainingsstunden finden in bei sechzehn Grad unterkühlten Räumen statt, weil – so Doman – das Gehirn unter solchen Bedingungen am besten funktioniert. Bis zu ihrem zweiten Lebensjahr sind diese armen Kinder schon soweit gedrillt, daß sie täglich zwanzig Wörter hinzulernen und bereits über ein relativ umfangreiches lexikalisches Wissen verfügen.

Seit 1965 sind bereits über zehntausend Kinder in Chesnut Hill bis zu ihrem dritten Lebensjahr auf diese Weise gedrillt worden und haben anschließend die internationalen Schulen von Doman absolviert.

Bedauerlicherweise wird die Anhängerschar von Doman immer größer. Immer mehr Eltern machen bei Doman schon vor der Geburt ihres Kindes einen sogenannten »Better-Baby-Kursus« und zahlen dafür in einer Woche vierhundert Dollar. Die meisten der Teilnehmer sind Akademiker, und sie alle sind bereit, ihre Kleinkinder solcher Folter auszusetzen, damit sie »Genies« werden. Diesen Eltern scheint es völlig gleichgültig zu sein, ob soviel Streß ihrem Kind guttut oder ob es dabei nicht vielleicht unglücklich wird. Mit Sicherheit läßt sich schon heute sagen, daß diese Kinder in ihrem späteren Leben unter schweren Verhaltensstörungen leiden werden, weil ihrer natürlichen Entwicklung und ihrem biologischen Reifungsprozeß zuwidergehandelt wurde. Diese Methode ist nicht nur barbarisch, sondern durch und durch von Sadismus und Egoismus geprägt.

Psychotherapeuten in aller Welt bemühen sich darum, neurotisch gestörte Menschen von ihrem kopflastigen Verhalten wieder abzubringen, um sie mit ihren natürlichen Gefühlen und Empfindungen zu versöhnen. Und dort in den USA werden auf unverantwortliche, schon beinahe verbrecherisch zu nennende Weise Kinder um ihre natürlichen Entwicklungschancen betrogen und zu lebendigen Computern gedrillt.

Eltern, die ihr Kind entsprechend seiner Entwicklungsstufe fördern möchten, verhalten sich anders. Sie beobachten die *Entwicklung ihres Kindes* aufmerksam, ermutigen, regen an und helfen ihm durch Zustimmung, Anerkennung und Lob und sorgen dafür, daß es alles bekommt, was es braucht. Ein Kind muß Gelegenheit haben, sich nach allen Seiten hin frei zu entwickeln. Wer weiß, was die kommende Zeit bringt und ob nicht gerade Ihr Kind einen Beruf ergreifen wird, den wir heute noch gar nicht kennen!

Am schönsten wäre es, wenn Ihr Kind später einmal als Erwachsener sagen könnte: »Ich habe eine wunderbare Kindheit gehabt. Mir wurden vielseitige Anregungen geboten. In unserem Haus gab es viel zu erleben, zu uns kamen die verschiedensten Besuche. Wir sind gereist, ich durfte Freunde mit nach Hause bringen, die ich mir selbst ausgesucht hatte. Meine Eltern liebten mich, ohne mich zu verwöhnen, ohne mich zu gängeln. Sie gaben mir viele Freiheiten, ohne mich zu vernachlässigen. Und vor allem: Bei uns herrschten Fröhlichkeit und Humor!«

10
Die neue Vätergeneration

1. Die alten Vorbilder und Ideale genügen nicht mehr

Fast jeder kennt den Spruch: »Vater werden ist nicht schwer – Vater sein dagegen sehr.«

Aber Vaterwerden ist nicht Sache eines einzigen Augenblicks, sondern dauert neun Monate lang. In dieser Zeit verdichtet sich die Frage, ob »Mann« es schaffen wird, ein guter Vater zu sein, ein Vater, der nicht bloß der Nebenbuhler um die Gunst der Mutter ist, sondern sich in die noch zerbrechliche Seele seines Kindes einfühlen und es mit Respekt behandeln kann. Es tauchen Fragen auf, die sich nicht ohne weiteres mit dem Vaterbild vereinbaren lassen, das man während der eigenen Kindheit eingeimpft bekommen hat. Dazu gehören solche Vorstellungen wie »Mein Kind soll es einmal besser haben«. Eigene frühkindliche Hoffnungen und unerfüllte Wünsche, die an der Wirklichkeit zerbrochen sind, sollen nun plötzlich von den eigenen Kindern in die Tat umgesetzt werden. Das eigene »innere Kind« taucht wieder auf und auch die Erinnerung an eigenes Leid. Dem bewußten »Du sollst es besser haben« entspricht so manches unbewußtes »Dir kann es ruhig genauso ergehen wie mir«. Erst wenn man sich dieses inneren Mechanismus bewußt ist, besteht auch die Möglichkeit, dem eigenen Kind unvoreingenommen gegenüberzutreten.

Jeder Vater steht im Schnittpunkt zwischen dem eigenen Vater und dem Sohn, zwischen der eigenen Mutter und der Tochter. Und diese mittlere Stellung sollte ihm die Fähigkeit verleihen, mit seinem Kind richtig umzugehen. Aus dieser Sicht bekommen Begriffe wie Gut oder Böse einen ganz anderen Sinn, und diese Souveränität ist notwendig, um ein guter Vater zu sein. Wenn sich Eltern in diesem Zusammenhang mit ihren eigenen Eltern beschäftigen, dann nicht, um Schuldzuweisungen vorzunehmen, sondern um deren Unerfahrenheit und Unvollkommenheit im richtigen Kontext zu sehen.

Junge Väter haben heute eine Chance. Diese Chance heißt: *Selbstreflexion.* Ein Kind gibt ihnen die Möglichkeit, alte Konflikte anders als durch erneute Verdrängung zu verarbeiten. Sie müssen diese Chance nur wahrnehmen. Wenn es ihnen gelingt, das »Zusammenspiel« zwischen sich und ihrem Kind zu verstehen, so können sie eine Menge auch über sich selbst erfahren. Auch und gerade Konfliktsituationen können zu einem solchen Verständnis beitragen. Der Umgang mit einem Kind kann äußerst lehrreich sein.

Der Mythos vom »strengen, aber gerechten« Vater ist von Psychotherapeuten schon oft genug in seiner Brüchigkeit entlarvt worden. Dieses Bild erinnert an einen Richter, der über allem thront, aber an nichts teilhat. Der strenge, aber gerechte Vater, diese Vorstellung hat eher etwas mit Begriffen wie Staatsanwalt, Ankläger, Richter oder Schuld und Sühne zu tun als mit Liebe und Fürsorge. Nicht wenige Väter leiden unter der Angst, sie könnten zu schwach, nachgiebig oder verletzbar erscheinen. Man muß sich fragen, warum ein solcher Vater sich nicht damit begnügt, einfach Mensch zu sein, seinem Kind ein guter, liebevoller Freund, den ein Kind auch anfassen und mit dem es spielen und reden kann. Was vergibt sich eigentlich ein Vater, der menschlich ist? Seinem Kind bietet so ein Vater die Chance, sich auf die bestmögliche Weise zu entwickeln.

Es gibt immer noch Leute, die glauben, möglichst große *Strenge* beweise Liebe. Sie fragen jedoch nicht danach, wie ein Kind darüber denken mag. Strenge basiert immer auf Angst. Wer also seinem Kind immerwährende nagende Angst ersparen will, sollte den Begriff Strenge aus seinem Repertoire streichen. Genauso anachronistisch ist die künstliche Trennung in Mutter- und Vaterrolle. Sicherlich ist die Bedeutung der Mutter für ihr Kind elementar. So gesehen wäre es eine

Vereinfachung, solche Unterschiede zu ignorieren. Im übrigen untergräbt eine solche Haltung wichtige Differenzierungsprozesse auf seiten des Kindes. Aber die verbreitete Praxis, die Erziehung der Kinder ausschließlich der Mutter aufzuhalsen, wobei das »Familienoberhaupt« hin und wieder einmal gnädig das Wort an die Kinder richtet, ist heutzutage eher lächerlich als ernst zu nehmen. Eine solche Rollenaufteilung ist vollkommen willkürlich und hat nichts mit biologisch determinierten Verhaltensmustern zu tun. Auch ein Vater möchte sein Kind schützen, wünscht, daß es nicht nur überlebt in diesen schlimmen Zeiten, sondern auch, daß es ein lebenswertes Leben in einer intakten Umwelt führen kann.

Viele der heutigen Mütter und Väter sind bereit, für dieses Ziel viel an persönlichem Einsatz zu investieren – und zwar nicht mehr nach Geschlechtern getrennt. Es wird inzwischen immer klarer, daß der Vater bereits in der vorsprachlichen Frühphase des Kleinkindes für die Entwicklung von dessen Beziehungsfähigkeit eine große Rolle spielt. Wer wirklich das »Beste« für sein Kind tun will, der muß sich solcher Zusammenhänge bewußt sein und entsprechend an sich arbeiten. Eines haben wir unseren Vätern gewiß voraus: Wir sind für die Bedeutung der diversen Formen zwischenmenschlicher Interaktionen stärker sensibilisiert. Und wir setzen uns mit den entsprechenden Problemen nicht mehr ausschließlich rationalisierend und projizierend auseinander und sind daher eher bereit, unsere eigenen Schwächen einzugestehen.

Was jedoch auch heute noch häufig tabuisiert wird, ist die *Aggressivität gegen das eigene Kind.* Sobald zwei Menschen gemeinsam ein Kind in die Welt gesetzt haben, können sie nicht mehr frei über ihre Zeit verfügen; weder können sie abends ohne weiteres ausgehen noch morgens in Ruhe ausschlafen. Der gesamte Tagesablauf spielt sich im Hinblick auf die Bedürfnisse des Kindes ab, und nachts ist man mitunter genötigt, dem hilflosen kleinen Wesen Trost zu spenden. Ist es zu laut, so fühlt man sich nervlich strapaziert, ist es hingegen zu leise, so muß man nachsehen, was es gerade anstellt. Das wird gerade Vätern häufig ziemlich schnell zuviel. Die Folge ist Wut, und wer nicht aufpaßt, der läßt seine Gefühlsstauung auf das unschuldige Kind niederprasseln.

Mütter stehen in dieser Hinsicht auch heute noch eindeutig mehr unter Druck als die Väter. Sie tragen trotz aller Emanzipation nach wie vor die Hauptlast der Verantwortung. Eine Mutter muß sich daher – in der Regel – viel mehr einschränken als ein Vater. Ein Vater hat irgendwann Feierabend, eine frischgebackene Mutter hingegen kaum. Daher ist es nur selbstverständlich, daß die »neuen« Väter den Müttern soviel Arbeit wie möglich abnehmen. Es gibt vieles, was ein Vater für sein Kind tun kann – eigentlich alles außer Stillen. Was für ihre eigenen Väter noch undenkbar war, ist den Vätern von heute selbstverständlich: Sie übernehmen jetzt immer mehr Aufgaben, die früher nur den Müttern vorbehalten waren.

Ganz offensichtlich haben sich in den letzten Jahren zugleich mit der *Wandlung des Männerbildes* auch die Männer selbst – sprich Väter – verändert. Natürlich hatten auch die Väter der älteren Generation zärtliche Gefühle, wenn sie ihre Kinder im Arm hielten; nur zugeben dürfen Väter das erst seit einigen Jahren. Und das tun sie mit geradezu verblüffender Offenheit. Sie wollen keine »Freizeitväter« mehr sein, die nach der Arbeit nach Hause kommen und dann ihre Kinder gestillt und frisch gewickelt von der Ehefrau vorgelegt bekommen.

Sexualwissenschaftler begrüßen diese Entwicklung; denn bedeutende Psychologen haben schon lange vor der vaterlosen Erziehung gewarnt. Ohne eine stabile Vaterfigur haben Mädchen im späteren Leben häufig große sexuelle Schwierigkeiten; es fällt solchen Frauen dann in einer sexuellen Beziehung besonders schwer, sich gehenzulassen beziehungsweise sich hinzugeben. Ein liebevoller Vater, so haben langfristige Beobachtungen gezeigt, hat oftmals auf die Entwicklung seiner Tochter einen größeren Einfluß als die Mutter.

Viele aufgeschlossene Männer von heute haben sich auf die Vaterrolle gut vorbereitet. Auch die Vorbereitung auf die Geburt ist längst nicht mehr reine Frauensache. Immer mehr

Männer begleiten ihre schwangeren Frauen oder Freundinnen nicht nur zum Arzt, sondern gehen auch brav mit in die Schwangerschaftsgymnastik. Sie üben mit ihren jeweiligen Partnerinnen, wie diese beim Einsetzen der Wehen atmen sollten, und lernen an unzerbrechlichen Plastikbabys, wie sie ihr zukünftiges Kind baden und wickeln müssen. Das Erlebnis, bei der Geburt ihres Kindes dabei zu sein, lassen sich heute immer weniger Männer entgehen.

Es hat sich vieles geändert im Verhältnis der Väter zu ihren Kindern. Doch an einer *Erziehung ihrer Kinder* kommen auch die Eltern von heute nicht vorbei. Nur soviel ist neu: Die Väter wollen den Kindern zwar Vorbild sein, aber nicht mehr die Angst einflößende Respektsperson; sie verstehen sich daher mehr als Partner und liebevollen Freund. Sie wollen geliebt werden und nicht gefürchtet. Sind die Väter von heute darum besser als ihre eigenen Väter? Soviel steht fest: Den immer von neuem aufbrechenden Generationskonflikt werden auch die Väter von heute nicht endgültig abschaffen können. Spätestens wenn die »lieben Kleinen« in die Pubertät kommen, müssen die heutigen Väter den Beweis antreten, daß sie mit derartigen Problemen besser umzugehen wissen als ihre eigenen Väter.

Es gibt rund acht Millionen Väter in der Bundesrepublik Deutschland. Viele unter ihnen sind noch von »altem Schrot und Korn«. Der Trend geht jedoch eindeutig zum verständnisvollen Vater.

Genügen jedoch solche Bemühungen schon, um auch wirklich ein guter Vater zu sein? Selbst die besten Absichten können nicht immer verhindern, daß Erfahrungen aus der eigenen Kindheit auf die neue Vater-Kind-Situation projiziert werden. Bei allem guten Willen brechen dennoch gelegentlich die Erfahrungen des heutigen Vaters mit seinem eigenen Vater aus ihm heraus, und er begeht dann im einzelnen vielleicht die gleichen Fehler und Gemeinheiten, unter denen er als Kind so sehr gelitten hat. Warum passieren solche Dinge?

Kinder sind nun einmal schwach und schutzbedürftig und lassen sich daher besonders leicht zur Zielscheibe der Aggressionen und Frustrationen der Erwachsenen machen. Außerdem stellen sie in ihrer ehrlichen Widerspenstigkeit und ungebrochenen Lebensfreude für die entfremdete Welt des Erwachsenen manchmal eine Gefahr dar. Denn sie beleben auf diese Weise so manchen längst erledigt geglaubten und in Wirklichkeit doch nur verdrängten Konflikt. Was dem heutigen Erwachsenen als Kind eigentlich Spaß gemacht hätte, wurde von seinen Eltern zum Tabu erklärt und verboten und machte fortan keinen Spaß mehr. So kann es passieren, daß Eltern von ihren Kindern an eigene leidvolle Erlebnisse erinnert werden und darauf mit Wut und Aggression reagieren.

Konservative Kritiker mögen das bis hierher Gesagte für antiautoritär, weltfremd oder doktrinär halten. Solchen Kritikern sei an dieser Stelle entgegengehalten: Es geht nicht um die Einführung eines neuen ideologisch fixierten Erziehungsideals, nicht um Manipulation oder die Ausnützung von Abhängigkeiten. Den Hütern von »Recht und Ordnung« ist es eine angstmachende Vorstellung, daß Kinder nicht in Abhängigkeit gehalten und nicht in dieser Abhängigkeit »erzogen« werden. Solchen Menschen ist zu früh die Phantasie für die freie Entfaltung der eigenen Persönlichkeit ausgetrieben worden, und sie haben daher keine Vorstellung mehr davon, wie man mit seinen Kindern umgehen kann, ohne daß Drill oder subtile Manipulation dabei herauskommen. ALICE MILLER sagt in diesem Zusammenhang: »Im Gegensatz zur allgemein verbreiteten Meinung und zum Schrecken der Pädagogen kann ich dem Wort ›Erziehung‹ keine positive Bedeutung abgewinnen. Ich sehe in ihr die Notwehr des Erwachsenen, die Manipulation aus der eigenen Unfreiheit und Unsicherheit, die ich zwar verstehen kann, deren Gefahren ich aber nicht übersehen darf.«

Die antiautoritäre Erziehung der sechziger Jahre unterscheidet sich sehr wohl von dem, was man heute *»Kinder formen und führen«* nennt. In der »klassischen« antiautoritären Erziehung wurden die Kinder nicht selten zur Durchsetzung eigener Bedürfnisse mißbraucht. Sie mußten den Widerstand demonstrieren, den ihre Eltern als Kinder nicht hatten ausleben können. Dabei wurden die Kinder gelegentlich geradezu zu destruktivem Verhalten gedrängt, während sie eigentlich Schutz und Liebe suchten. Wenn Kinder in dieser Weise »ideologisch« mißbraucht werden, ist es nur zu verständlich, daß sie aggressiv und asozial reagieren. Der hier vertretene Erziehungsbegriff hat mit alledem nichts zu tun. Er schließt sehr wohl die Erkenntnis ein, daß es manchmal notwendig ist, Kindern Grenzen zu setzen und sie anzuleiten. Das sollte jedoch aus Liebe zum Kind und zu *seinem* Wohl geschehen und nicht aus Frustration über die eigene Lebens- und Liebesunfähigkeit. Wenn hier von den »neuen Vätern« die Rede ist, dann sind mit diesem Begriff Männer gemeint, die sich in diesem Geiste bemühen, ihren Kindern zu helfen, sich so zu entwickeln, wie es ihrer jeweiligen Natur entspricht.

In dem Umfang, wie sich ein Kind zunehmend durch Reifungsdruck und unlustvolle seelische Spannungen in seinem Gleichgewicht gestört fühlt, versucht es, sich ein inneres System der Vollkommenheit zu schaffen, das mit diesen Beeinträchtigungen fertig wird. Dem dienen die Vorstellung der eigenen Grandiosität und das idealisierte Elternbild. Beide Fehleinschätzungen werden nach und nach in einem schmerzhaften Prozeß von der Realität widerlegt.

Ein positiver Ausgang dieser Entwicklung mündet schließlich in eine Identität, die narzißtischen Ehrgeiz und überhöhte Ideale auf ein wirklichkeitsnahes Maß zu reduzieren in der Lage ist. Falls diese Anpassung mißlingt, wird das narzißtische Selbst eine lebenslange Anfälligkeit für Kränkungen in sich tragen. Es kommt also darauf an, einem Kind mehr solidarischer Partner denn rivalisierender Konkurrent zu sein, um ihm die Möglichkeit zu geben, grandiose Selbsterwartungen mit als beschämend erlebten persönlichen Unzulänglichkeiten zu versöhnen.

Die Idealisierung des Vaters bedeutet für das Kind aber zugleich auch die Erfahrung der eigenen Inkompetenz. Das bewirkt einen tiefen Zwiespalt der Gefühle. Deshalb ist es so ungemein wichtig, daß der Vater von sich aus alles tut, um den realen Größenunterschied zu überbrücken und nicht noch künstlich, vielleicht aus eigenen Bedürfnissen heraus, zu steigern. Im übrigen kommt es ohnehin der Wirklichkeit näher, wenn ein Vater zugibt, daß das Bild des einschränkungslos guten Vaters ein Wunschbild ist. Daß mit diesem Eingeständnis auch der Verzicht auf so manche liebgewordene Illusion über die eigenen Möglichkeiten einhergehen muß, ist zwar schmerzhaft, jedoch auch für den Vater selbst unumgänglich, will er nicht in seiner eigenen Entwicklung stagnieren.

Der Anfang der Vater-Kind-Beziehung wird nicht erst durch die Geburt gesetzt, sondern schon Monate vorher im Verlauf der Schwangerschaft. Doch auch nach der Geburt bedeutet dieser »Anfang« einen monatelangen Prozeß, der sich durch sehr unterschiedliche, teils widersprüchliche Beziehungs- und Gefühlsqualitäten auszeichnet. Die mittlerweile etwas aus der Mode gekommenen Sozialisationstheorien haben sich besonders mit der Bedeutung dieser Vorgänge für das Kind beschäftigt, dabei jedoch außer acht gelassen, daß auch der Vater in diesem Zusammenhang einen späten Sozialisationsprozeß durchlebt.

2. *Der Vater als Bezugsperson*

Jeder Vater sollte sich der Tatsache bewußt sein, daß er neben der Mutter für das Kind eine entscheidende »Bezugsperson« ist, und das um so mehr, je älter das Kind wird.

In den ersten Lebensmonaten ist das Baby noch ganz und gar auf die Mutter fixiert; aber allmählich entdeckt es, daß auch der Vater zu ihm gehört. Es strebt auf seinen Arm und will auch von ihm getragen werden. Und es spürt, daß der Vater anders ist als die Mutter. Die Stimme des Vaters klingt viel tiefer, sein Gesicht fühlt sich anders an als das der Mutter. So entdeckt das Kind nach und nach, wie Vater und Mutter sich voneinander unterscheiden. Allmählich erkennt es aber auch, welche Aufgaben und Rollen der Vater in der Familie hat. Der zwei- oder dreijährige Bub ahmt seinen Vater nach und will so werden wie jener. Das kleine Töchterchen beschließt, später einen Mann zu heiraten, der genau so ist wie der Vater. Allerdings kann sich eine solche innere Beziehung nur entwickeln, wenn sich der Vater mit seinem Kind abgibt, auf es eingeht und einen wirklich engen Kontakt zu ihm hat.

Berufliche Sorgen lassen sich nicht so leicht abschütteln, ein Baby kann dabei jedoch helfen. Ärger mit Kollegen oder einem Vorgesetzten, ein mißlungenes Geschäft oder eine verzögerte Beförderung, aber auch die Tatsache, daß einem manchmal der ganze Betrieb zum Hals heraushängt oder man fast am Ende seiner Kraft ist, das alles ist Teil des Arbeitsalltags, lastet auf der Seele und ist nicht so ohne weiteres nach Dienstschluß abzuschütteln. Und dann kommt so ein Vater heim, mißmutig, erschöpft.

Sein Kind möchte auf den Arm genommen werden; der Vater aber möchte seine Ruhe haben. Das ist zwar verständlich, aber man sollte ein Kind dennoch nicht enttäuschen. Es fühlt sehr wohl die gedrückte Stimmung des Vaters und seine unfreundliche Haltung; aber es kann natürlich noch nicht verstehen, warum es nicht auf den Arm genommen wird, und wenn es solche kleinen Liebesverluste öfters erleben muß, wird der Kontakt zum Vater sehr stark gestört.

Ältere Kinder wollen übrigens nicht selten ganz genau wissen, warum der Papi so ein Gesicht macht, und es schadet gar nichts, wenn man mit ihnen über einige Sorgen – nicht gerade die ganz großen – spricht. Im Gegenteil: Kinder fühlen sich dann ernst genommen. Das tut ihnen und dem Eltern-Kind-Verhältnis gut.

Es wird nicht immer gelingen, den beruflichen Ärger ganz am Arbeitsplatz zurückzulassen. Vielleicht hilft Ihnen gerade Ihr Baby dabei, solche Sorgen für eine Weile zu vergessen. Nehmen Sie es also, auch wenn Sie müde und abgeschlafft sind, auf den Arm, plaudern und treiben Sie all den zärtlichen Unsinn mit ihm, der Ihnen gerade einfällt. Sie werden nämlich sehr schnell merken, wie ansteckend die Fröhlichkeit so eines kleinen Menschenkindes ist.

Das Kind braucht nicht nur die uneingeschränkte Liebe der Mutter, sondern auch einen Vater, der liebevoll und zärtlich mit ihm umgeht und es seine Zuneigung auch spüren läßt. Das verstärkt das Gefühl der *Sicherheit und Geborgenheit* im Kind und schafft damit eine wichtige Grundlage für seine gesunde seelische und geistige Entwicklung.

Von den Veränderungen, die sich in allen Lebensbereichen der modernen Industriegesellschaft vollziehen, ist die Familie besonders stark betroffen. Das gilt natürlich auch für den Vater, der aufgrund des heutigen Wirtschafts- und Berufslebens »zwei Leben« führen muß: das Leben am Arbeitsplatz und das Leben in der Familie. Aber auch die Situation der Frau wandelt sich immer stärker. Sie wird im gesellschaftlich-politischen Leben und im Beruf mehr und mehr gleichberechtigte Partnerin des Mannes, was ja inzwischen durch die *gesetzliche Gleichstellung der Frau* bestätigt worden ist.

Das kann nicht ohne Auswirkung auf das Verhältnis von Mann und Frau in ihren Aufgaben und Rollen als Vater und Mutter in der Familie bleiben. In vielen Familien ist der Vater sogar nicht mehr der ausschließliche Ernährer, und damit geht auch ein wichtiges Stück Verantwortung für die wirtschaftliche Sicherheit und Existenz der Familie mit auf die Mutter über; aber auch dort, wo die Frau ausschließlich den »Beruf« der Mutter ausübt, entwickelt sie sich immer mehr zur gleichberechtigten Partnerin des Mannes. Trotz dieser Veränderungen gilt der Vater in unserer Gesellschaft noch immer als Symbol für Autorität.

Kinder entwickeln nach und nach eine ganz *bestimmte Vorstellung vom »Vater«*. So entdecken sie sehr bald, daß die Mutter die »Herrscherin« im Haus ist und daß sie dort die Hauptverantwortung trägt, und zwar auch wenn der Vater ihr gelegentlich bei der Hausarbeit hilft. Sie registrieren auch sehr bald, daß sich der Vater für andere Dinge interessiert als die Mutter. Er liest vielleicht intensiver und länger als die Mutter

Zeitung oder schaut sich im Fernsehen jedes Fußballspiel an. Für solche Dinge interessiert sich die Mutter vielleicht überhaupt nicht. Der Vater ist in den Augen der Kinder häufig strenger als die Mutter, was er in Wirklichkeit gar nicht sein muß. Aber wenn ein Vater sein Kind nur am Abend oder Wochenende sieht, beeindruckt alles, was er tut und sagt, das Kind viel stärker als das, was von seiten der Mutter kommt. Außerdem gibt es in der Regel so manches, was Väter besser können oder wovon sie mehr verstehen als Mütter, so beispielsweise in technischen oder handwerklichen Dingen.

Je älter ein Kind wird, desto stärker wird sein Eindruck, daß der Vater alles kann und weiß. Das zeigt sich ganz deutlich in seinem Verhalten. Es geht zum Vater, wenn sein Spielzeug entzwei ist; aber wenn es sich nicht wohl fühlt oder krank ist, verlangt es lieber nach der Mutter. Um allerdings für das Kind eine echte Autorität zu sein, die es frei und ohne Zwang akzeptieren kann, muß der Vater zwischen sich und seinem Kind ein *warmes, vertrauensvolles Gefühlsklima* aufbauen. Die Arbeit daran muß schon früh beginnen. Daher ist es auch falsch, wenn Frauen ihre Ehemänner mit dem Hinweis von dem Baby fernhalten, das sei doch keine »Männersache«. Und genauso falsch ist es, wenn Männer sich unter dem Vorwand entziehen, die Beschäftigung mit dem Kind sei »Frauensache«. Beide Einstellungen verkennen, daß das Kind sowohl die Mutter als auch den Vater braucht, um zu gedeihen.

Für das spätere Leben eines Kindes ist es wichtig, daß es selbständig wird. Dazu gehört, daß es lernt, sich mit den vielen verschiedenen Autoritäten des Lebens, also mit Vater, Lehrern und Vorgesetzten, auseinanderzusetzen. Die Familie ist dafür ein gutes Trainingsfeld; denn der Vater ist die erste Autorität, mit der das Kind in Konflikt gerät; der Konflikt zwischen Vater und Sohn beziehungsweise Vater und Tochter ist ja spätestens in der Pubertät unvermeidlich. Dieser Konflikt ist für die Entwicklung eines Kindes sogar unbedingt notwendig. Wenn das Vertrauensverhältnis zwischen Vater und Kind an diesem Konflikt nicht zerbrechen soll, muß der Vater mit

Offenheit und Verständnis für die Situation des jungen Menschen vorgehen. Das aber gelingt nur, wenn er von Anfang an einen engen, vertrauensvollen Kontakt zu seinem Kind hergestellt hat.

Es ist nicht immer leicht, freundlich zu bleiben, wenn zum Beispiel ein Kind dem Vater die Brille von der Nase reißt und sie auf den Fußboden wirft oder wenn es den vollen Aschenbecher auf dem neuen Teppich ausschüttet. Da sagt dann so mancher Vater sehr energisch: »Jetzt reicht es aber. Es wird Zeit, dem Kind Disziplin beizubringen.«

Aber wie?– »Na ja! Das Kind braucht halt gelegentlich einen Klaps«, heißt es dann. Und es ist tatsächlich so, daß die meisten Eltern das *Schlagen* noch immer für eine angemessene Strafe und Erziehungsmaßnahme halten. Schläge können beim Kind erhebliche Verletzungen oder innere Schädigungen verursachen. Besonders der Kopf ist stark gefährdet, da sich die Knochen noch im Wachstum befinden und daher noch weich sind. Inzwischen hat die Wissenschaft nachgewiesen, daß häufige und heftige Schläge zu einer Schädigung des Gehirns führen können. Das kann die Entwicklung der Intelligenz beeinträchtigen. Übrigens bestätigen die neuen Erkenntnisse nur die alte Volksweisheit, daß man ein Kind auch »dumm prügeln kann«.

Selbstverständlich muß ein Kind lernen, daß es bestimmte Dinge nicht tun darf; aber es sollte allmählich dank Einsicht und Vernunft lernen, was es nicht darf, und nicht aus Furcht vor Strafe. Das ist allerdings ein langer Weg, den ein Kind nur Schritt für Schritt tun kann; er erfordert von den Eltern viel Geduld.

Außer der körperlichen Züchtigung gibt es allerdings noch eine sehr verletzende Form der Strafe: den *Liebesentzug*. Viele Eltern, die sich über das Schlagen von Kindern entrüsten, verwenden diese Methode, die als die vielleicht schlimmste Form der Strafe gelten kann. Muß denn ein Kind bei solchen Gelegenheiten nicht denken, daß es für immer die Zuwendung und Liebe der Eltern verloren hat? Selbst wenn die Eltern ihre

Ankündigung innerlich nicht ernst meinen und nur drohen, müssen sie damit rechnen, daß ihr Kind sie beim Wort nimmt. Das ganze Vertrauen, das sich bis zu diesem Tag entwickelt hat, kann plötzlich in Frage gestellt oder gar verloren sein. Freilich muß man ein Kind lenken, aber das geht mit Strafe nur scheinbar besser. Wenn man seine Unordnung bestraft, wird ein Kind dadurch noch kein ordentlicher Mensch. Man erreicht auf diese Weise höchstens, daß das bestrafte Kind sich innerlich auflehnt und in Zukunft noch weniger Ordnung hält. Kinder sind fünfzehn Jahre lang Kinder. Und das bedeutet: Es besteht fünfzehn Jahre lang die Möglichkeit, sie geduldig zu ordentlichen, lebenstüchtigen und fröhlichen Menschen heranreifen zu lassen. Sollte das nicht genug Zeit sein?

11
Die Symbiose von Mutter und Kind

1. Das komplexe Beziehungsgeflecht zwischen Mutter und Kind

SIGMUND FREUD, JEAN PIAGET, der auf Fragen der kindlichen Entwicklung spezialisierte Schweizer Psychologe, und andere Schrittmacher der Wissenschaft haben gezeigt, daß Kinder in den ersten Lebensmonaten zwischen dem Ich und dem Nicht-Ich, zwischen Ich und Umwelt, nicht zu unterscheiden vermögen. Die Mutterbrust ist für das Kind in dieser Phase ein vertrauterer Besitz, als die eigenen Zehen es sind. Das Kind nimmt Ereignisse wahr, nicht aber sich selbst als davon geschiedene Einheit; es lebt in einem Zustand psychischer *Symbiose mit der Außenwelt,* einer Fortsetzung der biologischen und psychischen Symbiose, die es während der Schwangerschaft mit der Mutter vereinte. Diese symbiotische Beziehung zwischen Mutter und Kind setzt sich jedoch auch zunächst noch nach der Geburt fort.

Man kann sich den Zustand der ursprünglichen symbiotischen Verbindung des Kindes mit der Mutter als eine Art flüssiger Welt vorstellen, die von dynamischen Strömen durchzogen wird, von der Ebbe und Flut physiologischer Bedürfnisse und vom Wirbel der Sinneswahrnehmungen; aber die Wirbel kommen und gehen, ohne im einzelnen dauerhafte Spuren zu hinterlassen. Allmählich weicht die Flut zurück, die ersten Inseln der »objektiven« Wirklichkeit tauchen auf, aus den Inseln werden Kontinente, der feste Boden der Wirklichkeit grenzt sich ab von der ozeanischen All-Einheit. Aber auch die fließende Welt des Anfangs besteht weiter, sie umgibt das Festland, durchzieht es mit Kanälen und Binnenseen – den Überresten der frühen symbiotischen Einheit. Diese Ureinheit ist jenes »ozeanische Gefühl«, von dem SIGMUND FREUD sagte, der Künstler und der Forscher strebten danach, es auf einer höheren Windung der Spirale wiederzufinden.

Das Wort »Symbiose« ist der Biologie entliehen, wo es verwendet wird, um eine enge funktionale Verbindung zweier Organismen zu beiderseitigem Nutzen zu bezeichnen.

Gewisse Psychologen, vor allem der freudschen Richtung, behaupten, die eigentliche Symbiose zwischen Mutter und Kind beginne irgendwann einige Wochen nach der Geburt. Nach den Erkenntnissen der Psychologie vom pränatalen Leben beginnt die Mutter-Kind-Symbiose jedoch schon viel früher. Die ersten Wochen nach der Geburt verbringt ein Säugling mehr schlafend als wachend. Sigmund Freud verglich, wie schon erwähnt, diesen Zustand eines geschlossenen psychischen Systems mit einem Vogelei. Er sagte in dem Zusammenhang: »Ein schönes Beispiel eines von den Reizen der Außenwelt abgeschlossenen psychischen Systems, welches selbst seine Ernährungsbedürfnisse autistisch befriedigen kann, gibt das mit seinem Nahrungsvorrat in der Eischale eingeschlossene Vogelei, für das sich die Mutterpflege auf die Wärmezufuhr einschränkt.«

Dieser Aussage liegt wiederum Freuds irrtümliche Annahme zugrunde, ein Neugeborenes brauche nichts. Die moderne Psychologie hat längst erkannt, daß der Säugling – wenn auch nicht in der für Erwachsene typischen bewußten Weise – sehr viel von sich, der Umwelt und besonders der Mutter wahrnimmt.

In den ersten Monaten gibt es für das Kind nur die Symbiose mit der Mutter, und erst im vierten Monat beginnt es, sich *für andere Menschen zu interessieren.* Allmählich nimmt es auch den Vater wahr, mustert ihn aufmerksam und lächelt ihn schließlich an. Auch alle Bekannten, die regelmäßig in der Familie verkehren, werden dem Baby nun allmählich vertraut, und auch ihnen schenkt es schon einmal ein Lächeln.

Ungefähr zu dieser Zeit – und nicht früher – kann eine Mutter damit beginnen, das Baby mit einem »Babysitter« vertraut zu machen. Wenn das Kind seine Großmutter, die

Nachbarin oder eine Tante öfter sieht, rechnet es diese allmählich zu den Bezugspersonen und nimmt es nicht übel, wenn sie gelegentlich einmal die Mutter vertreten. Geradezu fasziniert aber ist ein Säugling, wenn andere kleine Kinder zu ihm kommen. Er starrt sie an, wendet keinen Blick von ihnen und kann sich an ihnen gar nicht satt sehen. Offenbar »wundert« er sich darüber, daß es so kleine Menschen gibt.

In dieser Phase fängt das Baby auch langsam an, sich für Fremde zu interessieren. Beim täglichen Ausfahren lächelt es zurück, wenn Dritte es anlächeln oder ihm im Vorübergehen zuwinken. Es schaut alle Menschen gleich freundlich an und bringt allen volles Vertrauen entgegen. Das kann es darum, weil es bisher mit Vater und Mutter nur gute Erfahrungen gemacht hat und diese Erfahrungen auf andere Menschen überträgt.

In der Folgezeit erlernt das Kind nun gewisse *Fertigkeiten,* wie beispielsweise das gezielte Ergreifen von Gegenständen. Dabei lernt es um so schneller, je mehr Zuspruch es von der Mutter bekommt. Erfolg steigert das Vergnügen des Säuglings an solchen Aktivitäten; erfolgreich absolvierte Aufgaben wiederholt es deshalb besonders gern und lernt sie so zu beherrschen. Bringt ihm jedoch eine Handlung kein Lächeln der Mutter ein, so wird das Baby diese Aktivität wahrscheinlich bald wieder aufgeben.

Lernen basiert in diesem Stadium primär auf dem Prinzip von »Versuch und Irrtum«. Dabei begreift das Kleinkind auch sehr schnell, daß die Mutter ihr genehme Verhaltensweisen unterstützt, wogegen sie unliebsame Handlungen zu unterbinden sucht.

Das bedeutet: Was die Mutter gern hat, entwickelt sich zur »Lebensvorgabe« für das Kind. Ist ihre Haltung mütterlich-zärtlich, so wird sie sich praktisch über alle Aktivitäten des Kindes freuen. Ihre Affekte, ihr Vergnügen, ihre eigenen Handlungen, ob bewußt oder unbewußt, regen das Kind seinerseits zu einer Fülle von Aktivitäten an. Jedoch nicht die bewußten Handlungen der Mutter stimulieren das Kind in erster Linie zu einem bestimmten Verhalten, sondern vielmehr ihre unbewußte Haltung.

Diese Haltung wird aus zwei verschiedenen Quellen gespeist: zum einen aus den Forderungen des Über-Ich und zweitens aus den Bestrebungen des Ich-Ideals der Mutter. Das mütterliche Über-Ich übt eine mehr restriktive Funktion aus, während ihr Ich-Ideal eine vorwärtstreibende und ermutigende Instanz ist. Diese Differenzierung der beiden in einer Mutter wirksamen psychischen »Instanzen« ist jedoch zu schematisch und daher von nur begrenzter Gültigkeit. Ohne Zweifel treiben die Forderungen des Über-Ich die Mutter auch dazu, gewisse Leistungen zu fördern. In gleicher Weise veranlassen die Bestrebungen des Ich-Ideals sie gewiß auch dazu, solchen Tätigkeiten die Unterstützung zu versagen, die sie mißbilligt. Im großen und ganzen gilt jedoch die erwähnte Zuordnung des unterstützenden beziehungsweise restriktiven Verhaltens der Mutter zu den erwähnten psychischen »Instanzen«. Die Mischung, in welcher beide Kräfte zum Einsatz kommen sollten, hängt von der »Persönlichkeit« des einzelnen Kindes ab. Jedenfalls ermöglicht das mütterliche Vorbild es dem Kleinkind, eigene Verhaltensregulative zu entwickeln. Ohne solche Steuer- und Abwehrmechanismen kann aus dem Säugling kein Sozialwesen werden.

Bisher haben wir nur von der Beeinflussung des Kindes durch die Mutter gesprochen, es gibt jedoch auch den umgekehrten Vorgang. Wie die Gegenwart der Mutter Reaktionen beim Kind hervorruft, so löst auch die Gegenwart des Kindes bestimmte Reaktionen bei der Mutter aus. Für die Mutter bedeutet das *Miterleben und Dulden des kindlichen Verhaltens* ein Wiederaufleben all der schuldvollen und zugleich köstlichen Phantasien, die sie selbst einmal hat überwinden müssen. René A. Spitz erzählt in diesem Zusammenhang die folgende Anekdote: »Als ich in einem Waisenhaus arbeitete, wo katholische Barmherzige Schwestern Findelkinder versorgten, habe ich einmal amüsiert den Ausruf einer der Schwestern mit angehört, die beim Wickeln eines kleinen Jungen feststellte, daß er eine Erektion hatte: ›Oh, schaut euch das kleine Schweinchen an.‹ Die Beimischung von Fröhlichkeit in den Ton der Empörung war unverkennbar.

Das Kind«, so weiter Spitz, »ist weit entfernt davon, in dem Sinne unschuldig zu sein, wie das Wort in bezug auf Erwachsene verwendet wird, es bringt seine Triebe frei zum Ausdruck, ob das gesellschaftlich annehmbar ist oder nicht. Das gilt sowohl für die Sexualität als auch für die Aggression, für orales als auch für anales Verhalten. Darum ist die scheinheilige Redensart von der ›Unschuld der Kindheit‹ nichts weiter als ein Leugnen von Tatsachen. Wir leugnen, daß es eine Belastung für unser Über-Ich bedeutet, wenn wir die Aktivitäten des Kleinkindes beobachten. Der Weg zurück zur Triebfreiheit der Kindheit ist für die Erwachsenen verboten und gefährlich.«

Aus dieser Darlegung wird deutlich, daß eine Mutter sich gegen alle möglichen Varianten der Verführung wehren muß, die ihr der Säugling anbietet. Ihre Beziehung zu dem Kind setzt in dieser Hinsicht sämtliche Abwehrmechanismen in Alarmbereitschaft: sie muß leugnen, verschieben, ins Gegenteil verkehren und verdrängen; ihr Verhalten gegenüber den »unschuldigen« Aktivitäten des Kleinkindes ist entsprechend ambivalent. Im Verlaufe dieses Prozesses tut die Mutter bewußt oder unbewußt der Wahrheit Gewalt an; sie sagt dieses und tut jenes.

2. Die Ichwerdung des Kleinkindes

Wenn Kinder plötzlich »fremdeln«, ist das eine ganz natürliche Sache. Es kann schon im sechsten Monat passieren, daß das kleine Kind einen Besuch plötzlich nicht mehr anlächelt, sondern weinerlich und ängstlich das Gesicht verzieht, und die Tante, die einige Stunden mit der Bahn gefahren ist, zeigt sich enttäuscht, daß ihr kleiner Liebling, anstatt freudig zu lachen und zu strampeln, sein Gesicht abwendet.

Dieses Verhalten tritt im allgemeinen zum erstenmal zwischen dem sechsten und achten Lebensmonat auf und wird darum in der Fachsprache auch die *Achtmonatsangst* genannt. Viele Eltern machen sich wegen dieser Symptome Sorgen und fragen sich, ob es mit der Entwicklung des Kindes auch zum besten steht. Sorgen brauchen Sie sich keineswegs zu machen, wenn Ihr Kind »fremdelt«. Dieses Verhalten ist ganz normal und bedeutet einen Fortschritt in seiner Persönlichkeitsentwicklung. Denn es zeigt, daß das Kind nun anfängt, zwischen vertrauten und bekannten Menschen, also in erster Linie Mutter und Vater, und Fremden oder weniger vertrauten Menschen zu unterscheiden. Diese Abwehrhaltung gegenüber Fremden, die sich je nach Temperament des Kindes verschieden äußert, tritt immer dann auf, wenn die Mutter abwesend ist oder das Kind das Gefühl hat, die Mutter sei nicht erreichbar oder zu weit weg. Es reagiert dann so, als habe die Mutter es verlassen. Erst jetzt, wenn das Kind die geliebte Person von allen anderen Personen unterscheidet, kann man im strengen Sinn von seiner *Liebe zur Mutter* sprechen. In dieser Phase ist daher eine Trennung von Mutter und Kind besonders problematisch; denn jetzt erlebt das Kind die Abwesenheit der Mutter schon sehr bewußt.

Der sechste Lebensmonat hat auch noch eine andere, wesentliche Bedeutung für die Entwicklung des Kindes. In dieser Entwicklungsphase entsteht ein rudimentäres (archaisches) Ich, das als zentraler Steuerungsmechanismus der Koordination aller Erlebnisse und Bestrebungen des Kindes fungiert. So rudimentär dieses Ich auch sein mag, so gestattet es immerhin schon eine Triebabfuhr in Form gerichteter Handlungen. Diese gerichteten Handlungen führen allmählich zu einer Differenzierung der Triebe. Dank der verschiedenen Funktionen des sich entwickelnden Ich lernt das Kind zunächst, zwischen der »guten Mutter« und der »schlechten Mutter« zu unterscheiden. Für das Kind ist die Mutter gut, wenn sie seine Bedürfnisse befriedigt, und schlecht, wenn sie die Bedürfnisse nicht voll erfüllt.

Etwa im sechsten Monat findet eine Synthese dieser dualen Haltung statt. Der wachsende Einfluß des Ich drückt sich aus in der Integration von Erinnerungsspuren von unzählige Male wiederholten Erlebnissen und Wechselbeziehungen, die das Kind mit seiner Mutter gehabt hat. Dieser Integrationsvorgang mündet schließlich in die Vereinigung der Bilder von der »guten Mutter« und der »schlechten Mutter«. Eine einzige Mutter, die rundherum geliebte Mutter, entsteht. Jetzt nimmt das Kind die Mutter allmählich als Einheit, als »ganze« Person, nicht mehr lediglich als Element einer spezifischen Situation wahr. Bis dahin hat der Säugling die Mutter nur als eine Anzahl getrennter Personen oder vielmehr Sinneseindrücken wahrgenommen. Nach dem sechsten Monat verschmelzen diese Eindrücke zu einer Einheit, eben zu »der Mutter«.

3. Die Sprachentwicklung des Kleinkindes

Gegen Ende des ersten Lebensjahres des Kindes setzt die Sprachentwicklung ein. Mit Lauten wie beispielsweise »Ma-ma« oder »Da-da« drückt es sein Wohlbefinden, seine Freude, aber auch sein Mißfallen aus. In diesem Stadium nun beginnt das Kind allmählich zu lernen, daß Wörter eine *bestimmte Bedeutung*, einen bestimmten Sinn haben: Es reagiert, wenn es bei seinem Namen gerufen wird; es versteht, wenn die Mutter eindringlich »nein« sagt, und eines Tages wird »Ma-ma« nicht mehr nur ein Laut sein, mit dem das Kind alles mögliche ausdrückt, sondern es meint damit sie, seine Mutter. Dann wird aus »Ma-ma« die Anrede »Mama«.

Wenn das Kind diesen Schritt getan und entdeckt hat, daß Dinge und Personen einen Namen haben, macht seine Sprachentwicklung einen großen Sprung nach vorne. Sein Wortschatz nimmt ständig zu. Beim Erlernen der Sprache können Eltern ihrem Kind eine große Hilfe sein. Das geht am besten, wenn sie ihrem Kleinen durch Gesten, Gesichtsausdruck oder einfach durch Zeigen oder Vorspielen die Bedeutung bestimmter Wörter beibringen. Die Bedeutung oder den Sinn eines Wortes lernt ein Kind am besten, wenn sich das Wort mit einer Geste, einem Blick, einem Ausdruck des Gesichts oder mit einer kleinen Handlung verbindet. Wenn eine Mutter zum Beispiel die herumliegenden Spielsachen aufräumt, könnte sie fragen: »Wo ist denn der Ball?« Dann macht sie eine kleine Pause und zeigt auf den Ball und sagt: »Wo schläft der Ball?«, und dann legt sie ihn in die Spielzeugkiste und sagt dabei: »Da schläft der Ball.«

Auf eine solch spielerische Weise können Eltern eigentlich jeden Tag ihrem Kind von neuem helfen, neue Wörter zu lernen.

Kinder sprechen ziemlich lange, manchmal bis ins dritte Lebensjahr hinein, eine Sprache, die oft lustig und komisch klingt, eben die *Kindersprache.* Eltern sollten diese Sprache auf gar keinen Fall irgendwie imitieren oder gar vormachen. Sie sollten immer daran denken, daß das Kind beim Erlernen der Sprache ein korrektes Vorbild braucht. Am Anfang hat ein Kind immer große Schwierigkeiten mit der Aussprache der Wörter. Solange die Eltern ihr Kind verstehen, ist das kein Grund zur Aufregung. Der Rest erledigt sich mit der Zeit von ganz alleine.

4. Die zweite Geburt des Menschen – das Laufenlernen

Viele Mütter betrachten die ersten selbständigen Gehversuche ihres Kindes, das auf der seelischen Ebene noch gar nicht »ausgeschlüpft« ist, wie die ersten Schritte ins Erwachsenenleben. Manche dieser Frauen neigen dann dazu, ihren eben flügge gewordenen Sprößling zu enttäuschen, indem sie ihn an diesem Punkt mehr oder weniger überstürzt vorzeitig sich selbst überlassen. Sie reagieren mit einem Abstoßmechanismus auf die Frustrierung ihrer eigenen symbiotischen Bedürfnisse. Diese Bedürfnisse sind insbesondere deshalb frustriert, weil das Kind nun – zu Beginn des zweiten Lebensjahres – damit anfängt, sich jedenfalls physisch bis zu einem gewissen Grad selbständig zu machen.

Ein Kind von zwölf bis vierzehn Monaten, das sich allmählich physisch und bis zu einem gewissen Grad auch psychisch selbständig macht, erhebt sich von seinen bisherigen »vierfüßigen Übungen«, um die ersten Schritte ohne fremde Hilfe zu tun, zwar anfänglich mit großer Vorsicht, aber auch voller Unternehmungslust. Automatisch vergewissert es sich, daß sich eine Stütze in Reichweite befindet. Es verläßt sich auf seine Fähigkeit, sicher in die sitzende Position zurückzugleiten, sobald die Sache »knifflig« wird. Kinder, die zu früh laufen lernen, tun nichts dergleichen, obwohl sie häufig wackelig und unsicher auf den Füßen sind.

Aufgrund einer relativen Konsolidierung des keimhaften Ich und unterstützt durch die allgemeine Richtung der Entwicklungsenergie findet im zweiten Lebensjahr ein relativ rascher, aber geordneter Loslösungs- und Verselbständigungsprozeß statt. Um den achtzehnten Monat herum scheint diese Entwicklung einen ersten Höhepunkt zu erreichen. Zu dieser Zeit wandelt die sensomotorische Intelligenz des Kindes sich in die *begriffliche Intelligenz* um, und es beginnt der wichtige Prozeß der Verinnerlichung bestimmter Verhaltensweisen auf dem Weg der Identifikation mit ihnen.

Kinder, die zu früh anfangen zu laufen, während sie in ihrer seelischen Entwicklung noch nicht entsprechend weit fortgeschritten sind, bedürfen einer Mutter, die sich als Hilfs-Ich zur Verfügung stellt, um die offensichtliche Kluft zwischen der motorischen Entwicklung einerseits und der perzeptuell-kognitiven auf der andern Seite zu überbrücken. Die inneren Konflikte einer solchen Mutter führen jedoch häufig dazu, daß sie angesichts der gefährlichen motorischen Unternehmungen ihrer Kinder wie erstarrt, ja geradezu gelähmt dasteht.

Viele Mütter enttäuschen ihre Sprößlinge, weil es ihnen nicht gelingt, auf eine intuitiv-natürliche Weise ein optimales Gleichgewicht zwischen Hilfestellung und Zurückhaltung zu erreichen. Mit anderen Worten: Für viele Mütter ist es keineswegs leicht, ihre symbiotische Hinwendung zum Kind in dessen zweitem Lebensjahr kurzerhand aufzugeben und ihm statt dessen auf einer höheren emotionalen und verbalen Ebene optimale Unterstützung zu gewähren, das heißt sein Bemühen um Autonomie zu fördern. Einige Mütter offenbaren diesen Konflikt in einem bizarren Ausmaß, können aber keine Bewegung machen, um ihm zu helfen.

Zwischen dem sechzehnten und achtzehnten Lebensmonat befindet sich das Kleinkind in einem »idealen Zustand des Selbst«. Während der folgenden achtzehn Monate muß dieser »ideale Zustand des Selbst« seiner illusorischen Beimengung entkleidet werden. Diese Phase ist eine Zeit erhöhter Verletzbarkeit, und das Kind ist in seinem Selbstwertgefühl jederzeit gefährdet. Unter normalen Umständen hat zu diesem Zeitpunkt die wachsende Autonomie des Kindes bereits begonnen, einen Teil seiner illusorischen Selbstüberschätzung zu korrigieren, und die Identifikation mit den Eltern hat schon eine Verinnerlichung eines relativ wirklichkeitsgerechten Selbstbildes bewirkt.

Die physische und die psychische Geburt des Menschen fallen zeitlich nicht zusammen. Die physische Geburt ist ein dramatisches, beobachtbares und genau umrissenes Ereignis, die seelische hingegen ein sich langsam entfaltender innerer Prozeß. Ein mehr oder weniger normaler Erwachsener erfährt sich als vollkommen »in der Außenwelt befindlich« und von dieser vollkommen getrennt. Bewußte Selbstwahrnehmung und Selbstvergessenheit sind die beiden Pole, zwischen denen er sich mehr oder weniger behaglich bewegt. Aber diese Polarität ist erst das Ergebnis eines langsam sich entfaltenden Prozesses.

Wir bezeichnen die psychische Geburt des Menschen als den *Loslösungs- und Individuationsprozeß*. Dazu gehört die Entwicklung des Gefühls des Geschiedenseins von der »objektiven« Umwelt und zugleich des Verbundenseins mit ihr durch den Körper. Das Kleinkind erlebt diesen Vorgang in seinem Verhältnis zur Mutter. Wie jede grundlegende psychische

Entwicklung wirkt auch dieser Prozeß ein Leben lang nach: in neuen Phasen des Lebenszyklus sind neue Abkömmlinge solch ursprünglicher Selbstentfaltung noch immer wirksam. Derartige grundlegende Entwicklungsschritte vollziehen sich besonders im vierten und fünften und zwischen dem dreißigsten und sechsunddreißigsten Lebensmonat des Kindes.

Der normale Loslösungs- und Individuationsprozeß im Gefolge einer normalen symbiotischen Entwicklungsperiode führt dazu, daß das Kind fähig wird, in Gegenwart der Mutter und mit Hilfe ihrer emotionalen Verfügbarkeit als getrenntes Wesen zu existieren; dem Kind drohen dabei ständig minimale Gefahren durch den scheinbaren Verlust der Mutter – die offensichtlich auf jeder Stufe des Reifungsprozesses auftreten.

Loslösung und Individuation sind zwei einander ergänzende Entwicklungen: Die Loslösung stellt das Auftauchen des Kindes aus der symbiotischen Verschmelzung mit der Mutter dar, und die Individuation besteht aus Errungenschaften, die zeigen, daß das Kind seine individuellen Persönlichkeitsmerkmale als solche annimmt. Es handelt sich bei diesen Vorgängen um miteinander verschlungene, jedoch nicht identische Entwicklungsprozesse; sie können in verschiedene Richtungen gehen, so daß auf einem Gebiet ein Entwicklungsrückstand, auf einem anderen hingegen Frühreife auftreten kann. So kann die vorzeitige Entwicklung der Fortbewegungsfähigkeit, die dem Kind die körperliche Trennung von der Mutter ermöglicht, zu einem Gewahrwerden des Getrenntseins von der Mutter führen, bevor die entsprechenden inneren Regulationsmechanismen für eine Bewältigung dieser Erfahrung zur Verfügung stehen.

Die Bedeutung des Laufenlernens für die emotionale Entwicklung des Kindes ist gar nicht hoch genug einzuschätzen. Das Vermögen, sich frei fortzubewegen, steigert die Befähigung des Kleinkindes zur Realitätserkundung und -prüfung nach eigenem Belieben ganz enorm. Diese Fähigkeit ist auch mit einem Aufwallen eines allgemeinen körperlichen Hochgefühls und der sensorischen Empfänglichkeit verbunden, die den Erwerb aufrechten Stehens und Gehens begleiten. Wissenschaftler haben nachgewiesen, daß Jungen und Mädchen in dem Monat, der unmittelbar auf den Erwerb der aktiven, freien Fortbewegung folgt, auch entsprechend große Fortschritte hinsichtlich der Sicherung ihrer Individualität machen. Der erste Schritt auf eigenen Beinen scheint somit auch der erste Schritt zur Identitätsbildung zu sein.

Der Verzicht der Mutter auf den körperlichen Besitz ihres Kindes erfolgt in dieser Phase meist mehr oder weniger automatisch, selbst wenn dies mitunter freimütig als traurige Notwendigkeit bezeichnet wird. Schon der dänische Philosoph SØREN A. KIERKEGAARD hat bemerkt, wie wichtig die *emotionale Unterstützung der Mutter* für das Laufenlernen ist:

»Die liebende Mutter lehrt das Kind, alleine zu laufen. Sie ist weit genug von ihm entfernt, um ihm keine wirkliche Unterstützung bieten zu können, doch sie streckt ihm die Arme entgegen. Sie ahmt seine Bewegungen nach, und wenn es schwankt, beugt sie sich rasch nieder, als wolle sie es festhalten, so daß das Kind glauben könnte, es laufe nicht allein... Und dennoch tut sie mehr. Ihr Blick, mit dem sie ihr Kind heranwinkt, ist wie eine Belohnung, eine Ermutigung. So läuft das Kind allein, während seine Augen auf das Gesicht der Mutter gerichtet sind und nicht auf die Schwierigkeiten, die auf seinem Weg liegen. Es hilft sich selbst durch die Arme, die es nicht halten – es strebt beständig der Zuflucht in den Armen der Mutter zu. Dabei ahnt es kaum, daß es eben in dem Augenblick, in dem es sein Bedürfnis nach ihr zeigt, beweist, daß es ohne sie auskommen kann, weil es allein läuft.«

Mütter, die ihrem Kind beim Laufenlernen keine seelische Unterstützung bieten, verhalten sich entgegengesetzt. Auch hierfür hat Kierkegaard die richtigen Worte gefunden: »Da gibt es keine lächelnde Ermutigung, kein Lob, wenn der Lauf beendet ist. Der Wunsch, das Kind laufen zu lehren, besteht auch hier, doch nicht so, wie ihn die liebende Mutter verwirklicht. Denn nun herrscht Angst, die das Kind gefangenhält. Sie lastet auf ihm, so daß es sich nicht fortbewegen kann. Auch der

Wunsch, es zum Ziel zu führen, ist der gleiche, doch das Ziel ruft plötzliche Schrecken hervor.«

Ängstlichkeit, Ambivalenz, unbewußte Feindseligkeit, das Bedürfnis, sich abzukapseln, hindern das Kind einer solchen Mutter, sich selbständig fortzubewegen. Mit großem Feingefühl arbeitet Kierkegaard in seiner Beschreibung jene Momente in der Entwicklung des Kleinkindes heraus, in denen es den Drang zur Loslösung von der Mutter empfindet und gleichzeitig seine Individuation sicherstellt. Es ist eine zwiespältige Erfahrung von enormer Tragweite für die Entwicklung des Kindes, wenn es zwar einerseits beweist, daß es ohne Mutter auskommt, andererseits jedoch trotzdem nicht ohne sie zurechtkommt. Das gleiche gilt für die Mutter, die zwar beweist, daß sie ihr Kind alleine laufen lassen kann, jedoch andererseits gerade das nicht kann. Die psychotische Mutter erfüllt diese Augenblicke mit Furcht, so daß das Kind nicht nur keinen Platz hat, den es aufsuchen kann, sondern überhaupt Angst hat, irgendwohin zu gehen.

Es ist eher die Regel als die Ausnahme, daß die ersten Schritte eines Kindes ohne fremde Hilfe von der Mutter weg oder in ihrer Abwesenheit getan werden. Diese Tatsache steht im Widerspruch zu dem volkstümlichen Glauben, daß die ersten Schritte zur Mutter hinführen. Viele Mütter reagieren auf die ersten Gehversuche ihrer Kleinen damit, daß sie ihnen dabei helfen, indem sie ihnen einen sanften oder vielleicht weniger sanften Schubs geben, in der gleichen Weise etwa, wie die Vogelmutter ihr soeben flügge gewordenes Junges ermutigt.

Gewöhnlich beobachten Mütter die einschlägigen Bemühungen ihres Kindes mit großem Interesse, manchmal aber auch kritisch. Sie fangen an, die Leistungen der verschiedenen Kinder miteinander zu vergleichen, und sind besorgt, wenn ihr Kind zurückzubleiben scheint. Manche Mütter verbergen ihre Sorge um das Fortkommen ihres Kindes, indem sie sich betont unbesorgt geben. Sobald das Kind jedoch imstande ist, eine gewisse Entfernung zu meistern, machen sich solche Mütter dann wiederum Gedanken darüber, ob ihr Sprößling es auch

»draußen in der Welt« schaffen wird, wo er auf sich allein gestellt mit der Welt fertig werden muß. Die aufrechte, freie Fortbewegung ihres Kindes ist für viele Mütter der entscheidende Beweis dafür, daß ihr kleiner Liebling es »geschafft« hat.

Mit dem Erwerb der aufrechten, freien Fortbewegung und dem unmittelbar darauf folgenden Erreichen jenes Stadiums der kognitiven Entwicklung, das JEAN PIAGET als den Beginn der begrifflichen Intelligenz betrachtet, tritt der Mensch als losgelöstes, autonomes Wesen in Erscheinung. Diese beiden mächtigen Impulse sind gleichsam die Hebamme der psychischen Geburt. In diesem Endstadium des »Ausschlüpfungsprozesses« erreicht das Kleinkind die erste Identitätsstufe: eine getrennte, individuelle Einheit zu sein.

Um die Mitte des zweiten Lebensjahres hat das Kind laufen gelernt. Es wird sich nun seiner physischen Getrenntheit von der Mutter immer bewußter und macht immer stärkeren Gebrauch von seiner Freiheit. Doch mit seiner wachsenden Erkenntnisfähigkeit und der zunehmenden Differenzierung seines Gefühlslebens gehen auch ein merkliches Nachlassen seiner Frustrationstoleranz sowie, neuerlich, eine zunehmende Beachtung der Mutter einher. In dieser Phase kommt es zu gesteigerter Trennungsangst, die vorerst hauptsächlich aus Angst vor dem Verlust der Mutter besteht. An die Stelle der relativen Nichtbeachtung der Mutter, die für die Übungsphase bezeichnend war, tritt nun ein anscheinend konstantes Interesse für den Aufenthaltsort der Mutter sowie ein *Verhalten aktiver Annäherung*. Mit dem wachsenden Bewußtsein seiner Getrenntheit – das durch seine Fähigkeit, sich physisch von der Mutter zu entfernen, sowie sein zunehmendes kognitives Vermögen stimuliert wird – tritt auf seiten des Kindes nun in gesteigertem Maße der Wunsch auf, die Mutter möge an jeder seiner neuerworbenen Geschicklichkeiten und Erfahrungen Anteil nehmen. Auch nach der Liebe der Mutter besteht ein starkes Bedürfnis.

Diese Phase ist die sogenannte Wiederannäherungsphase. Man kann die Bedeutung einer optimalen emotionalen Verfügbarkeit der Mutter während dieses Stadiums gar nicht genug hervorheben. Erst die Liebe seiner Mutter und ihr wohlwollendes Akzeptieren seiner Ambivalenz befähigen das Kleinkind, seine Selbstrepräsentanz mit neutralisierender Energie zu besetzen. Die spezifische zusätzliche Bedeutung des Vaters in dieser Periode wird von vielen Wissenschaftlern unterstrichen.

Das »Auftank-Modell« körperlicher Annäherung, das das übende Kleinkind charakterisierte, wird in der Zeit vom fünfzehnten bis vierundzwanzigsten Lebensmonat und darüber hinaus durch das bewußte Suchen von engem Körperkontakt oder dessen Vermeidung ersetzt. Dieses neue Verhältnis von Mutter und Kind ist schon wesentlich differenzierter, als es bisher der Fall gewesen ist: Symbolsprache, gesprochene oder andere Weisen der Interkommunikation und Spiel treten stärker in den Vordergrund. Während dieser Phase der Wiederannäherung kommt es nach Beobachtung der Psychologin MARGARET S. MAHLER bei allen Kindern zu Trennungsreaktionen. Daher wagte sie die Hypothese, daß eine günstige weitere Entwicklung bei jenen Kindern zu erwarten sei, deren Trennungsreaktionen durch gemäßigte, ich-gefilterte Affekte gekennzeichnet sind und deren libidinöse Tendenz (Liebe) gegenüber ihren Aggressionen überwiegt.

Zwei charakteristische Verhaltensmuster des Kleinkindes, das »Beschatten« (das Kind hat die Mutter ständig im Auge) und das Weglaufen von der Mutter in der Erwartung, gejagt und dann in die Arme genommen zu werden, lassen sowohl den Wunsch nach Wiedervereinigung mit der Mutter als auch die Angst, von ihr wieder verschlungen zu werden, erkennen. Man kann beim Kleinkind ständig ein Abwehrmuster erkennen, das gegen die Beeinträchtigung seiner erst kürzlich erworbenen relativen Autonomie gerichtet ist. Es verteidigt seine Selbständigkeit sowohl durch das »Nein« als auch durch gesteigerte Aggression und Ablehnung. Mit anderen Worten: Wenn das Kind schließlich zwei Jahre alt ist, hat es einen wichtigen emotionalen Wendepunkt erreicht. Es erlebt nun nach und nach und immer mehr die Hindernisse, die auf dem Weg zu dem liegen, was es in der Hochstimmung der Übungsphase offensichtlich als eine Art von Eroberung der Welt antizipiert hat.

Mit dem Erwerb elementarer Fertigkeiten geht eine wichtige *seelische Differenzierung* einher, und zwar die Trennung zwischen der intrapsychischen Repräsentanz der Mutter und dem Selbst. Auf dem Höhepunkt der Übungsperiode beginnt dem Kleinkind bereits zu dämmern, daß die Welt nicht ihm gehört und daß es mit ihr mehr oder weniger aus »eigener Kraft« fertig werden muß. In diesem Stadium empfindet es sich als ein relativ hilfloses, kleines, getrenntes Menschlein und stellt fest, daß es Erleichterung oder Hilfe nicht einfach dadurch herbeirufen kann, daß es das entsprechende Bedürfnis fühlt, ja nicht einmal indem es dieses Bedürfnis lautstark äußert. Art und Umfang des werbenden Verhaltens des Kleinkindes gegenüber seiner Mutter in dieser Phase liefern wichtige Hinweise in bezug auf den Verlauf seines Individuationsprozesses. Furcht vor dem Verlust der Liebe der Mutter wird in diesem Stadium zunehmend deutlicher.

Je nach ihrer eigenen Gemütslage kann die Mutter auf die Forderungen des Kindes in dieser Periode entweder mit kontinuierlicher emotionaler Verfügbarkeit und spielerischer Anteilnahme reagieren oder aber mit einer Vielzahl weniger angebrachter Verhaltensweisen. Nach dem heutigen Erkenntnisstand der Kinderpsychologie ist die *kontinuierliche emotionale Verfügbarkeit der Mutter* jedoch die wesentliche Voraussetzung dafür, daß das autonome Ich des Kindes seine optimale Funktionsfähigkeit erlangt. Wenn die Mutter als »Lieferantin von Liebe« jederzeit in selbständiger Weise zur Verfügung steht, wenn sie an den Eroberungen des kleinen Abenteurers Anteil nimmt, wenn sie seine nützlichen Imitations- und Identifikationsversuche spielerisch erwidert und somit erleichtert, kann die Verinnerlichung der Mutter-Kind-Beziehung so reibungslos funktionieren, daß der Übergang zur verbalen Kommunikation vollkommen unproblematisch ist.

Das sogenannte Beschatten der Mutter durch das Kleinkind – oder das entgegengesetzte Phänomen des Weglaufens – scheint bis zu einem gewissen Grade obligatorisch zu sein. Allerdings: Manche Mütter werden wegen ihrer über die normale Zeitspanne hinaus ausgedehnte Vernarrtheit und Zudringlichkeit, die in ihren eigenen Ängsten und symbiotisch-parasitären Bedürfnissen wurzeln, selbst zu »Beschattern« des Kleinkindes. Je weniger eine Mutter zur Zeit der Wiederannäherung emotional verfügbar ist, desto beharrlicher, ja sogar verzweifelt wirbt das Kind um sie. Diese Haltung kann bis zum Lebensende eines Menschen wirksam sein, wenn diese Phase nicht psychotherapeutisch nachvollzogen wird.

5. Gedanken zur Sauberkeitserziehung

Eine zu früh begonnene Sauberkeitserziehung zahlt sich nicht aus, denn je früher man damit beginnt, desto mehr Mühe und Aufregung hat man. Vor allem kommt es auf dem Weg zum Ziel immer wieder zu Rückschlägen, die einem allen Mut nehmen können. Das sind dann die Situationen, in denen so manche Mutter die Nerven verliert und glaubt, jetzt würden nur noch Schimpfen oder gar Schläge helfen.

Geduldiges Warten auf den richtigen Zeitpunkt ist nicht immer ganz leicht. Man möchte ja schließlich nicht bei den Nachbarn, den Verwandten oder Bekannten ins Gerede kommen, weil das eigene Kind noch immer nicht »sauber« ist. Aber das ist wirklich falscher Ehrgeiz.

Wenn Sie die ersten »Topf-Versuche« machen wollen, sollte das Kind folgende *Voraussetzungen* erfüllen: Es sollte sicher und ohne Stütze für längere Zeit sitzen und ohne Hilfe auch schon ein Stück weit laufen können. Eine weitere sehr wichtige Vorbedingung ist erfüllt, wenn das Kind in seiner sprachlichen Entwicklung schon soweit ist, daß es versteht, was von ihm verlangt wird, und sich selbst auch melden kann. Die Mehrzahl der Kinder kann mit zehn Monaten ohne fremde Hilfe sicher sitzen. Viele Kinder beginnen am Ende des ersten Lebensjahres zu laufen, solange sie sich an Mutters oder Vaters Hand festhalten können. Spätestens mit eineinhalb Jahren verstehen die meisten Kinder auch eindeutige Aufforderungen der Mutter und können sich selbst mitteilen. Natürlich gibt es große Unterschiede zwischen dem jeweiligen Entwicklungsstand der einzelnen Kinder, daher läßt sich auch kein auf alle Kinder zutreffender genauer Zeitpunkt festlegen. Doch gilt für alle Kinder, daß vor Beendigung des ersten Lebensjahres ein Sauberkeitstraining sie überfordert.

Man muß sich einmal in die Situation eines Babys von acht oder neun Monaten versetzen. Bisher wurden ihm alle Wünsche erfüllt: Bei Hunger wird es gleich gefüttert, wenn es in die Windeln gemacht hat, kommt sogleich die Mutter, um es zu wickeln. Beim Wickeln ist sie in der Regel sogar besonders zärtlich und aufmerksam und erzählt dem Kleinen immer etwas. Und nun soll auf einmal alles ganz anders sein! Das Baby soll seine natürlichen Bedürfnisse unterdrücken und ihnen erst nachgeben, wenn das Töpfchen da ist, und genau das kann ein Säugling einfach noch nicht verstehen.

6. Der lange Weg zur Selbständigkeit des Menschen

Der Mensch hat einen langen Weg zurückzulegen, bevor er selbständig ist. Kein anderes Lebewesen bleibt so lange hilflos und abhängig wie der Mensch. Dafür gibt es natürlich Gründe, und um seinem Kind gerecht zu werden, sollte man diese Gründe kennen.

Im älteren Teil unseres Gehirns, dem sogenannten Stammhirn, ist die gesamte Gattungsgeschichte der Menschheit gespeichert. Die Funktionen dieses Gehirnteils sind genetisch eindeutig fixiert. Das gattungsgeschichtlich gesehen jüngere Großhirn hingegen ist ein offenes, nicht determiniertes System. Diese funktionelle Differenzierung des menschlichen Gehirns ist auch die Erklärung dafür, warum die alte Frage, ob

Vererbung oder Umwelteinflüsse stärker zur Prägung der Persönlichkeit beitragen, falsch gestellt ist.

Die Ursache für die lange Zeit der Abhängigkeit des Kindes liegt darin, daß ein Kind sein Wissen von der Welt selbst erwerben muß und in dieser Hinsicht im Gegensatz zu den Tieren bei Null anfängt. Ein Kind wird zwar mit einem Gehirn geboren, das möglicherweise die Summe der gattungsgeschichtlichen Erfahrungen der Menschheit enthält, aber die Informationen sind nur im Stammhirn gespeichert, während das jüngere Großhirn »unbeschrieben« ist wie ein Blatt Papier. Wären wir allein auf unser ältestes Gehirnsystem angewiesen, so wären wir reine Instinktwesen wie die Tiere. Wir hätten weder eine offene Intelligenz noch eine flexible Logik, weder Kreativität noch eine individuelle Persönlichkeit.

Die funktionelle Differenzierung zwischen Stamm- und Großhirn nun löst die *Persönlichkeitsentwicklung des Menschen* aus. Das Stammhirn kontrolliert die Funktionen des Körpers, es diktiert ihm seine Bewegungen und löst sie aus. Die ersten Stufen der Entwicklung des Kindes basieren vollständig auf einem vorprogrammierten Muster festgelegter Bewegungsabläufe. Diese Bewegungsabläufe treiben das Kind in die physische Auseinandersetzung mit allem, was vom Stoff dieser Erde in Reichweite ist, und auch mit den Prinzipien, nach denen alles funktioniert, dem Gesetz von Ursache und Wirkung.

Diese körperliche Auseinandersetzung mit der Welt setzt die gleichzeitige Registrierung und Verarbeitung dieser besonderen Erfahrung im Großhirn des Kindes in Gang. Seine Bewußtseinsstruktur erwächst also aus einer fast unbegrenzten Menge von Möglichkeiten, ist deswegen aber keineswegs ein Zufallsprodukt, sondern ein erlebtes Wissen von der Erde, wie sie tatsächlich ist. Im nächsten Entwicklungsschritt des Individuums gelangt das Großhirn zu willentlicher Kontrolle über das eingespeicherte innere Wissen und entwickelt die Fähigkeit, frei zwischen alternativen Handlungsmöglichkeiten zu wählen. In diesem Stadium entwickelt sich das Vermögen zu kreativer Interaktion mit der Welt auf der Basis des angesammelten Wissens über diese Welt. Schließlich lernt der einzelne sogar, Teile dieser Welt gezielt für Sicherheit und Wohlbefinden der eigenen Person, aber auch anderer Menschen zu verändern.

Bei Säuglingen tritt der erste Handlungsimpuls früher auf als die Fähigkeit, gezielt zu handeln. Jeder Säugling hat ein inneres Bestreben zu sprechen, zu laufen, aufrecht zu sitzen, zu stehen und zu gehen, und zwar lange bevor er diese Aktivitäten wirklich beherrscht. Er macht in seinem Bettchen bereits ungeschickte ruckartige Bewegungen zu irgendwelchen Gegenständen hin, wenn er noch längst nicht in der Lage ist, genau zu zielen und richtig zuzupacken; der Wunsch, sich in eine andere Lage zu drehen, deutet sich schon in Gesten an, lange bevor die geringste Aussicht auf Erfolg besteht.

Der innere Antrieb des Kleinkindes ist der Drang nach Auseinandersetzung mit allem, was in seinen Gesichtskreis tritt, vor allem mit den Prinzipien und Gesetzen des zwischenmenschlichen Handelns. Jede körperliche Berührung mit der Welt bewirkt die Bildung neuer Erfahrungsstrukturen, bedeutet Lernen. Solche Strukturen und die Beziehung, die durch wiederholte Aktivierung zwischen ihnen entsteht, wachsen sich zum Gesamtbewußtsein, zum *Weltbild des Kindes* aus. Der Niederschlag solcher Grunderfahrungsmuster, ihre Strukturierung und ihr Zusammenschluß zu größeren Einheiten bilden die persönliche Entwicklungsgeschichte der ersten vier oder fünf Jahre.

Entwicklung ist die Wechselwirkung zwischen innerem Antrieb und äußeren Gegebenheiten. Dieser Antrieb bringt das Kind zur Auseinandersetzung mit den Gegebenheiten »dort draußen«. Es ist auf solche Gegebenheiten angewiesen. Je umfassender die Auseinandersetzung des Kindes mit den vielfältigsten Gegebenheiten der Welt, desto differenzierter ist sein Gesamtbewußtsein. Diese psychischen und geistigen Grundstrukturen bestimmen den Grad der inneren Wachheit, Aufgeschlossenheit und der Willenstätigkeit. Je differenzierter diese Strukturen sind, um so differenzierter ist auch die geistig-seelische Auseinandersetzung des jeweiligen Individuums mit der Umwelt.

Durch logische Rückkopplung gelangt das Kind zunächst zu *willentlicher Kontrolle* über seine Handlungen und später sogar über die in seinem Gehirn vollzogenen »Handlungen«. Diese Kontrolle ist jedoch in der modernen Industriegesellschaft überentwickelt. Die Behandlungszimmer der Psychotherapeuten sind daher voll von Menschen, die alles in sich unter Kontrolle haben, nur ihre Situation als Mensch nicht.

Es ist keine sonderlich neue Erkenntnis, daß wir in Vergangenheit und Gegenwart in der Kindererziehung schwere Fehler begangen haben. In unserer überängstlichen Sorge, unsere Sprößlinge nur ja »richtig aufs Leben vorzubereiten«, sind wir blind und taub für ihre Notsignale gewesen, und jetzt verwandelt sich unser ganzes System von Lehrtechniken, Verhaltenskorrekturen und Motivationen in ein Chaos nicht nur für die betroffenen Kinder, sondern auch für uns selbst. Vielleicht können wir in dieser für das Überleben unserer Gattung so entscheidenden Frage etwas anderes unternehmen als nur einen weiteren sinnlosen Versuch, die Löcher in unserem abgewetzten Ideensystem zu flicken. Vielleicht können wir die winzige Chance ergreifen, die die Geschichte uns gibt, und kehrtmachen: nicht einfach nur, um ein paar der schreienden Fehler auszuräumen, die wir an unseren Kindern begangen haben, und auch nicht nur, um der schon angerichteten Verwüstungen Herr zu werden, sondern um wieder die Jahrmilliarden der Entwicklung in uns sprechen zu lassen, jene *unfehlbare Weisheit von Körper, Seele und Geist,* die unseren Kindern so greifbar deutlich als unbeugsamer Antrieb mitgegeben ist. Lernen wir noch einmal zu lernen, so werden wir diese Weisheit erfahren und unseren Kindern wie uns selbst ermöglichen zu werden, was die Natur uns als Potential mitgegeben hat, nämlich freie und lebensbejahende Menschen.

Nachwort

Die Verachtung ist die Waffe des Schwachen und ein Schutz gegen bestimmte eigene unerwünschte Gefühle. Und am Ursprung jeder Verachtung, jeder Diskriminierung findet sich die mehr oder weniger bewußte, unkontrollierte, verborgene und von der Gesellschaft (außer bei Totschlag oder schwerer körperlicher Mißhandlung) tolerierte *Machtausübung des Erwachsenen über das Kind.* Was ein Erwachsener mit der Seele eines Kindes anstellt, bleibt ganz ihm überlassen; sie ist gleichsam sein Eigentum, wie die Bürger eines totalitären Staates das Eigentum der Regierung sind.

Solange wir uns nicht für die Leiden des kleinen Kindes sensibilisieren, bleibt diese Machtausübung eine von niemandem beachtete, von niemandem ernstgenommene Sache; es handelt sich ja schließlich »nur« um Kinder. Aber aus diesen Kindern werden in zwanzig Jahren Erwachsene geworden sein, die sich für das erlittene Unrecht wiederum an ihren eigenen Kindern rächen. Wahrscheinlich werden sie alles tun, um Grausamkeiten »in der Welt« zu bekämpfen, zugleich jedoch in sich ein verdrängtes Wissen von der Grausamkeit tragen, zu dem sie keinen Zugang mehr haben, das hinter der Idealisierung einer »schönen Kindheit« verborgen bleiben muß.

Ein Mensch, der ohrfeigt oder schlägt oder bewußt beleidigt, weiß, daß er dem anderen weh tut. Er ist nicht ahnungslos. Aber wie ahnungslos sind die meisten Eltern in bezug auf die Tatsache, wie schmerzlich, wie tief und wie nachhaltig sie – gelegentlich – das keimende Selbst eines kleinen Kindes verletzt haben.

Es ist ein großes Glück, daß größere Kinder solches Unrecht bemerken und es nicht mehr widerspruchslos hinnehmen; denn nur so wird es möglich sein, die von Generation zu

Generation weitergereichten Ketten der Macht, Diskriminierung und Verachtung zu sprengen.

In der Regel weiß der Mensch als Erwachsener sehr wenig darüber, was ihm in der Kindheit alles angetan wurde. Der durchschnittliche Mensch, der auf allen Stufen der Entwicklung *Abwehrmechanismen* entwickelt hat, funktioniert gewöhnlich sehr gut.

Er ist sich im allgemeinen seiner eigenen tiefvergrabenen Schmerzen nicht bewußt und kann sich deshalb mit den äußeren Dingen des Lebens beschäftigen. Er ist jedoch total gespalten: Das eine Selbst gibt sich mit der Welt ab, während das andere fortwährend mit dem ungefühlten und dennoch ätzenden Schmerz der Kindheit beschäftigt ist. Er ist nach außen hin orientiert, und das ist ein Teil seiner Abwehr. Nur wenn äußere Umstände die Abwehr am Handeln hindern, beginnt ein solcher Mensch zu leiden – wenn keine Möglichkeit zum Planen, Organisieren, Gegen-die-Welt-Aufbegehren oder was immer er sonst tun mag mehr besteht. Und wenn alles nichts mehr hilft, dann gibt es ja Beruhigungspillen für einen Schmerz, eine Unruhe, eine Verzweiflung, die aus früher Kindheit stammen.

Viele Menschen kämpfen symbolisch den aussichtslosen Kampf, in der Gegenwart noch zu bekommen, was sie in der Vergangenheit entbehren mußten und auch in Zukunft niemals mehr erhalten werden: liebende, für sie sorgende Eltern. Aber sie versuchen immer wieder, dieses *Defizit* auszugleichen. In diesem symbolischen Kampf ist die Gegenwart immer von der Vergangenheit durchdrungen. Beide verschmelzen ineinander, und man kann sie nicht mehr unterscheiden.

Auf der ganzen Welt gibt es nicht genug symbolische Befriedigung, um solchen Urschmerz zum Schweigen zu bringen. Die Zeit für Kindheitsbefriedigungen ist ausschließlich die Kindheit. Jegliche im Alter von dreißig Jahren genossene Zärtlichkeit wird nicht den im Alter von sechs Monaten vielleicht erfahrenen Mangel an Wärme aufheben. Das alte ungestillte Verlangen, in den Arm genommen zu werden, ist eine physische Erinnerung, die uns ein Leben lang innerlich nicht wieder losläßt.

In der Geschichte der Psychologie sind die Emotionen von jeher mit Argwohn behandelt worden. Sie gelten als Eindringlinge in den Geist und Repräsentanten des Irrationalen. In der Tat ist sehr häufig das Wort »emotional« mit »irrational« gleichgesetzt worden. Jetzt erst begreifen wir, daß nur *ungefühlte Emotionen* das Bewußtsein verzerren, also irrational sind. Gefühle an und für sich sind rational. Sie haben ihre eigene Logik, und wenn man sie zuläßt, bekommen viele unserer bis dahin unverständlichen Verhaltensweisen nachträglich ihren Sinn.

Emotionen sind nie sinnlos, außer sie sind blockiert und können nicht gefühlt werden. Dann verzerren sie unsere Sicht der Wirklichkeit und unterhöhlen jegliche Rationalität. Ungefühlte Emotionen treiben uns in falsche Wahrnehmungen und Fehlinterpretationen und reißen uns zu verrücktem symbolischem Handeln hin. Das sogenannte rationale Denken wird nur durch ungefühlte, umgeleitete Emotionen entstellt und verzerrt. Nicht emotional sein heißt deshalb, irrational zu sein. Emotional sein heißt, rational zu sein.

Wirkliches Fühlen im Einklang mit dem Intellekt erzeugt erst wahre Rationalität. Daher ist es unsere Aufgabe, das Vermögen auf beiden Ebenen miteinander in Harmonie zu bringen. Wenn der innere Widerspruch zwischen dem Fühlen von Bedürfnissen und ihrer Verdrängung gelöst ist, besteht die Hauptdivergenz zwischen dem Individuum und seiner Umwelt nicht mehr. Dann erst kann der einzelne sich direkt der Außenwelt zuwenden, statt einen unaufhörlichen Kampf gegen die eigenen inneren Dämonen zu führen.

Gefühle sind *Ausdruck wirklicher Zuständlichkeiten* und gestalten das menschliche Verhalten. Es gibt einen sehr guten Grund dafür, warum die Mehrzahl von uns die eigenen Bedürfnisse nicht fühlt und damit beschäftigt ist, sich dessen zu berauben, was alle suchen. Dem gestörten Menschen erscheint es sicherer, sich seine wirklichen Gefühle vom Leib zu halten, als sich zugleich mit diesen Gefühlen der eigenen jämmerlichen Verfassung bewußt zu werden. Und so pflanzt sich das Elend fort und fort.

Es ist die natürlichste Sache der Welt, auf Schmerz zu reagieren. Wenn wir uns zum Beispiel gebrannt haben oder gebissen worden sind, weinen, heulen oder schreien wir; wir schütteln die verletzte Hand oder hüpfen herum. Solche natürlichen Reaktionen tragen dazu bei, die Energie des Schmerzes zu verbrauchen und schließlich zum Verschwinden zu bringen. Doch wenn Urschmerz, Schmerz also, der uns pränatal oder als Kleinkind zugefügt worden ist, im Übermaß aufgetreten ist, dann jedoch verdrängt wurde, so verbraucht sich die entsprechende Energie nicht. Sie bleibt als konstante innere Kraft zurück. Statt sie einem Heilungsprozeß, der ein hochenergetischer Ablauf ist, nutzbar zu machen, wird solche Energie dann in Bahnen gelenkt, die das neurotische System fortwährend aktivieren. Der heilende Prozeß der Entspannung bleibt aus, eine Heilungswirkung findet nicht statt, und die Wunde schmerzt weiter.

Das *»Bewußtsein« des Neurotikers* muß ständig ein Übermaß an Energie in Schach halten und diese Energie mit Gedanken zuschütten. Die Neurose läßt sich jedoch nur wirksam bekämpfen, wenn das von ihr gepeinigte Individuum bereit ist, sich in psychotherapeutische Behandlung zu begeben, um sich mit der eigenen Entwicklungsgeschichte zu beschäftigen.

Die psychotherapeutischen Verfahren sind heute in der Lage, die meisten neurotischen Fehlentwicklungen zu korrigieren.

Aber schon tauchen neue Probleme auf, neue Entwicklungen, deren Folgen heute noch gar nicht überschaubar sind. So läßt sich beispielsweise heute noch nicht voraussagen, wie sich *künstlich gezeugte Kinder* auf die Dauer seelisch entwickeln werden. Meldungen über derartige Praktiken haben manchmal den Charakter purer Horrorgeschichten. So soll es angeblich zur Zeit in Australien eine Frau geben, die in wenigen Monaten einen ihr implantierten tiefgekühlten Embryo zur Welt bringen wird. Die Geburt wird, wie Ärzte der Monash University in Melbourne mitgeteilt haben, dreizehn Monate nach der künstlichen Befruchtung der Eizelle erwartet. Nach seiner Zeugung in der Retorte hatten die Ärzte den Embryo tiefgekühlt und dann, Monate später, wieder aufgetaut.

Solche Verfahren werfen ganz neue Probleme auf. Theoretisch kann nach dem heutigen Stand der Wissenschaft ein Mensch hundert Jahre nach seiner Zeugung geboren werden. Er kann als Embryo einer völlig fremden Frau eingepflanzt werden, ohne daß bekannt ist, von wem der Samen stammt. Was das in psychologischer Hinsicht bedeuten kann, läßt sich heute noch gar nicht ermessen. Muß ein so »gezeugter« Mensch nicht innerlich desorientiert sein? Woher kommt er, und wohin gehört er?

Selbst extrem zukunftsgläubige Menschen erschaudern bei solchen Meldungen. Wenn sich die Wissenschaft in der eingeschlagenen Richtung weiterentwickelt, könnten wir bald vor einem Bio-Babel stehen. Daher fordert der Zukunftsforscher Robert Jungk gewiß nicht zu Unrecht: »Wir brauchen wieder Tabus! Sie müssen überall dort gelten, wo Menschenleben gefährdet ist, sei es durch Verkrüppelung, sei es durch Zerstörung. Solange nicht garantiert werden kann, daß bei diesen Tiefkühlembryos keine Krüppel entstehen, darf das nicht gemacht werden.«

Ob und inwieweit infolge solcher *verantwortungsloser Manipulationen* bei so gezüchteten Menschen geistig-seelische Schäden entstehen, läßt sich wohl erst in zwanzig oder mehr Jahren beantworten. Das Ziel der Biogenetikapostel ist jedoch eindeutig, manipulierbare Menschen zu schaffen. Genau dieses Ziel ist jedoch inhuman. Es ist nicht Aufgabe der Wissenschaft, bestimmte menschliche Probleme mit der Attitüde des Souveräns über die Schöpfungsordnung selbstherrlich aus der Welt zu manipulieren, sondern dem Menschen zu helfen, sich so zu entwickeln, daß er mit gegenwärtigen Problemen auf menschliche Art und Weise umzugehen lernt.

Anstatt nach neuen Formen der Fortpflanzung und der biologischen Entwicklung zu suchen, sollte sich die Wissenschaft lieber bemühen, den menschlichen Ort in der Schöpfung immer aufs neue zu bestimmen und dem Menschen ein menschliches Sein zu ermöglichen. Um dieses Ziel zu erreichen, bedarf es keiner künstlichen Zeugung. Eine natürliche Zeugung, eine angstfreie Schwangerschaft, eine vollbewußte Geburt und eine Mutter-Kind-Bindung, die dem Recht eines jeden Kindes auf Liebe genügt, können jedem Menschen, der das Licht der Welt erblickt, jene Voraussetzungen mitgeben, deren er zur Lebensbewältigung bedarf.

Literaturverzeichnis

CALDER, Nigel: Puzzle Mensch. London, 1976.

BINDER, Hans: Die menschliche Person. Bern, 1964.

ECCLES, John, und ZEIER, Hans: Gehirn und Geist. Biologische Erkenntnisse über Vorgeschichte, Wesen und Zukunft des Menschen. Fischer Taschenbuchverlag GmbH, Frankfurt am Main, 1981.

FREUD, Sigmund: Studienausgabe. S. Fischer Verlag GmbH, Frankfurt am Main, 1969.

FROMM, Erich: Die Kunst des Liebens. Ullstein Taschenbuchverlag, Frankfurt am Main, Berlin, Wien, 1980.

GRABER, Gustav H.: Pränatale Psychologie. München, 1974.

–: Gesammelte Schriften. Pinel. Publ. Berlin, 1979.

–: Die Ambivalenz des Kindes. Zürich, 1924.

–: Einheit und Zwiespalt der Seele. Vor- und nachgeburtliche Entwicklung des Seelenlebens. Bern, 1945.

–: Die duale Erlebniseinheit in der analytischen Situation. Dyn. Psychiat. 4, S. 202–213, 1971.

–: Neue Beiträge zur Lehre und Praxis der Psychotherapie. München, 1972.

–: Psychotherapie als Selbstverwirklichung. Gesammelte Schriften, Band 3.

GRABER, Gustav H., und KRUSE, Friedrich: Vorgeburtliches Seelenleben. München, 1973.

GROF, Stanislav: Realms of the human Unconscious. New York, 1975.

HAU, Theodor F., und SCHINDLER, Sepp: Pränatale und perinatale Psychosomatik. Richtungen, Probleme, Ergebnisse. Hippokrates-Verlag GmbH, Stuttgart, 1982.

HALLIDAY, James L.: Psychosocial Medicine. New York, 1944.

JANOV, Arthur: Anatomie der Neurose. Die wissenschaftliche Grundlegung der Urschrei-Therapie. Fischer Taschenbuchverlag GmbH, Frankfurt am Main, 2. Auflage 1981.

–: Das befreite Kind. Fischer Taschenbuchverlag, Frankfurt am Main, 4. Auflage 1982.

–: Gefangen im Schmerz. S. Fischer Verlag, Frankfurt am Main, 1981.

KIERKEGAARD, Søren A.: Stadien auf dem Lebensweg. 1848.

KRUSE, Friedrich: Die Anfänge menschlichen Seelenlebens. München, 1974.

LEBOYER, Frédérick: Geburt ohne Gewalt. Kösel Verlag GmbH & Co., München, 2. Auflage 1981.

LEWIS, H. und V.: Heilerfolge der psychosomatischen Medizin. New York, 1972.

MAHLER, Margaret S.: Symbiose und Individuation. Band 1: Psychosen im frühen Kindesalter. Klett-Cotta Verlag, Stuttgart, 3. Auflage 1983.

MAHLER, Margaret S., PINE, Fred, und BERGMANN, Anni: Die psychische Geburt des Menschen. Fischer Taschenbuchverlag GmbH, Frankfurt am Main, 1981.

MEINHOLD, Werner J.: Spektrum der Hypnose – Das große Handbuch der Theorie und Praxis. Ariston Verlag, Genf, 1980.

MILLER, Alice: Das Drama des begabten Kindes und die Suche nach dem wahren Selbst. Suhrkamp-Verlag, Frankfurt am Main, 1979.

MONTAGU, Ashley: Körperkontakt. Die Bedeutung der Haut für die Entwicklung des Menschen. Klett-Cotta Verlag, Stuttgart, 3. Auflage 1982.

ODENT, Michel: Die sanfte Geburt. Die Leboyer-Methode in der Praxis. Kösel Verlag GmbH & Co., München, 5. Auflage 1982.

OVERBECK, G. und A.: Seelischer Konflikt – körperliches Leiden. Reinbek, 1978.

PEARCE, Joseph Milton: Die eigene Welt des Kindes. New York, 1977.

PIAGET, Jean: Vernünftiges Denken und Urteil beim Kinde. Bern, 1970.

RICHTER, Horst Eberhard: Eltern, Kind und Neurose. Psychoanalyse der kindlichen Rolle. Rowohlt Verlag GmbH, Reinbek, 3. Auflage 1972.

–: Patient Familie. Entstehung, Struktur und Therapie von Konflikten in Ehe und Familie. Rowohlt Taschenbuchverlag, Reinbek, 1972.

ROGERS, Carl: Die Kraft des Guten. New York, 1977.

SAGAN, Carl: Die Drachen von Eden. Das Wunder der menschlichen Intelligenz. Droemersche Verlagsanstalt. Th. Knaur Nachf., München, Zürich, 1978.

SPITZ, René A.: Vom Säugling zum Kleinkind. Naturgeschichte der Mutter-Kind-Beziehungen im ersten Lebensjahr. Klett-Cotta Verlag, Stuttgart, 7. Auflage 1983.

STADTJUGENDAMT MÜNCHEN: Elternbriefe.

TIETZE, Henry G.: Imagination und Symboldeutung. Wie innere Bilder heilen und vorbeugen helfen. Ariston Verlag, Genf, 1983.

VERNY, Thomas: Das Seelenleben des Ungeborenen. New York, 1981.

WÖLFL, Norbert: Die hohe Schule der Zärtlichkeit. Wie wir sie finden und bewahren. Ariston Verlag, Genf, 1983.

Namen- und Sachregister

DIE REIHE AKTUELLER SACHBÜCHER

in Balacron mit Goldprägung und cellophaniertem, farbigem Schutzumschlag

IMAGINATION UND SYMBOLDEUTUNG – WIE INNERE BILDER HEILEN UND VORBEUGEN HELFEN

Von Henry G. Tietze

Der bekannte Psychologe führt uns in die faszinierende Welt der Imagination – der inneren Bilderwelt unserer Tagträume und Wünsche – und erklärt, was solche inneren Bilder bedeuten, wie sie provoziert und genutzt werden können. Dieses reichbebilderte Standardwerk neuester Imaginationstechniken samt Lexikon der archetypischen Symbole wird Laien wie auch Fachleute als ideales Arbeits- und Nachschlagebuch interessieren. 344 Seiten, 30 Abb., Bestell-Nr. 1247.

DIE MACHT IHRES UNTERBEWUSSTSEINS

Von Dr. phil. Joseph Murphy

Unser Unterbewußtsein lenkt und leitet uns, ob wir das wollen oder nicht. Dieses leichtverständliche Buch des dreifachen Doktors zeigt, wie wir die unermeßlichen Kräfte des Unterbewußtseins nach unserem Willen und für unsere Ziele nutzen und für uns schöpferisch einsetzen können. 245 Seiten, Best.-Nr. 1027.

DIE NATUR DER PSYCHE – IHR AUSDRUCK IN KREATIVITÄT, LIEBE, SEXUALITÄT

Von Jane Roberts

Jane Roberts stellt in diesem neuen Erfolgsbuch die Psyche in ihrem natürlichen Ausdruck dar. Was in diesen Botschaften über die kreative Gestaltungskraft unseres psychischen Potentials, über Liebe und Sexualität – über Hetero- und Bisexualität sowie über homosexuelle und lesbische Triebe im Menschen – gesagt wird, ist erhebend und provozierend zugleich; es fordert jeden von uns heraus. 330 Seiten, Best.-Nr. 1215.

DIE BOTSCHAFT DER KÖRPERSPRACHE

Von Claude Bonnafont

Worte täuschen nur zu oft. Signale des Körpers nicht. Die bekannte Psychologin hat aufgezeichnet, was für Sie Informationswert hat. Anhand von Haltung und Bewegung, von Gebärden, Mienenspiel und zutage tretenden Vorlieben usw. erkennen geschärfte Beobachter erst die wahren Absichten und nutzen ihr Wissen privat und im Berufsleben. 263 Seiten, Best.-Nr. 1191.

DIE HOHE SCHULE DER ZÄRTLICHKEIT – WIE WIR SIE FINDEN UND BEWAHREN

Von Norbert Wölfl

Begriff und Erfahrung der Zärtlichkeit sind uns Heutigen weitgehend abhanden gekommen. Liebe ist auf Sex abgewertet. Dabei ist Zärtlichkeit für uns alle ein notwendiges Lebenselixier und in unserer gefährdeten Welt ein »Überlebenstraining«. N. Wölfl erklärt, was unter Zärtlichkeit zu verstehen ist, was sie bewirkt und wie sie heilend und beglückend unser Leben zu verändern vermag. 260 Seiten, 26 Abb., Bestell-Nr. 1269.

ARISTON VERLAG · GENF

CH-1225 GENF · RUE PEILLONNEX 39 · TEL. 022/481262 · TELEX 27983

DIE REIHE AKTUELLER SACHBÜCHER

in Balacron mit Goldprägung und cellophaniertem, farbigem Schutzumschlag

DIE HOHE SCHULE DER HYPNOSE – FREMD- UND SELBSTHYPNOSE

Von Kurt Tepperwein

Der Autor, Praktiker, Hypnosetherapeut, zeigt die wirksamen Techniken der Fremd- und Selbsthypnose, die von größtem Wert sind. »Er weist Schritt für Schritt in die Hypnose ein; es bedarf danach kaum noch praktischer Unterweisung, um Hypnose helfend anzuwenden« (Univ.-Prof. Dr. med. H. Jansen). 280 Seiten, 20 Abbildungen, Best.-Nr. 1159.

ASW-TRAINING – METHODEN ZUR WECKUNG UND AKTIVIERUNG DES SECHSTEN SINNES

Von Prof. Dr. Milan Rýzl

Eine brillante Kurzeinführung in Wesen und Phänomene der ASW (außersinnliche Wahrnehmung) und PK (Psychokinese) mit einem regelrechten Übungsprogramm zur Weckung und Entwicklung der in jedem Menschen schlummernden psychischen Gaben. Ein Kursus zu lohnendem Selbststudium. 240 Seiten, 12 Abbildungen. Best.-Nr. 1105.

GEDÄCHTNIS BIS INS ALTER

Von Prof. Ladislaus S. Dereskey

In Prof. L. S. Dereskeys Sachbuch finden Sie aufgrund neuester Forschungsergebnisse erarbeitete Methoden richtiger Ernährung, eines Kreislauf- und Gedächtnistrainings und die Möglichkeiten medikamentöser Hilfe aufgezeigt. Sie dienen zugleich der Vorbeugung vorzeitigen Alterns. 190 Seiten, 8 Abb. und Tab., Best.-Nr. 1239.

GRAPHOLOGIE – HANDSCHRIFTEN ERKENNEN UND DEUTEN

Von A.-M. Cobbaert

Für den Kenner ist die Schrift ein zuverlässiges Mittel, andere (und sich selbst) im Innersten zu erkennen: sie enthüllt Temperament, Charakter, Gesundheit, Talente, ja sogar Vorleben und Zukunftschancen. Hier ist jetzt das leichtverständliche Experten-Handbuch der modernen Schriftpsychologie, das jeden zum Kenner macht. 290 Seiten, 270 Abb., Best.-Nr. 1089.

DIE HOHE SCHULE DER TRAUMDEUTUNG – MÄNNERTRÄUME, FRAUENTRÄUME UND WAS SIE BEDEUTEN

Von Peter Walden

Dieses unter der Mitarbeit von Traumforschern, Psychologen und Ärzten zustande gekommene Werk über unser Traumleben fördert Tatsachen und Möglichkeiten zutage, die jeder Mann, jede Frau kennen und verwerten sollte. Sie erfahren, wie ein Traum erinnert, gesteuert, kreativ genutzt, wie Erwünschtes provoziert oder Alptraumbelastung abgestellt werden kann. Und Sie lernen, Ihre Träume individuell zu deuten und diese Fähigkeit anhand des ABC-Schlußteils mit den wichtigsten Traumsymbolen zu überprüfen. 264 S., 37 Abb., Best.-Nr. 1259.

ARISTON VERLAG · GENF

CH-1225 GENF · RUE PEILLONNEX 39 · TEL. 022/481262 · TELEX 27983

M. R. Kopmeyer

Das Leben des Verfassers ist ein überzeugendes Beispiel für die Richtigkeit der von ihm vertretenen Erfolgsprinzipien. Er fing als Lehrling an und brachte es zum Präsidenten von acht namhaften Konzernunternehmen und zum Erfolgsberater von hundertzwei bedeutenden Firmen und »führenden Köpfen« Amerikas. Mit Fünfzig aber zog er sich zurück und verfaßte sein »Schlüsselwerk bewährter Erfolgsmethoden«, durch das er – im Sinne seines Anliegens – der Erfolgsberater von Millionen Menschen geworden ist.

Neu und hoch aktuell!

Jeder der vier Bände – mit jeweils einem Schwerpunktthema – steht im Rahmen des Gesamtwerks für sich. Hier finden Sie Argumente, die überzeugen, Beweise, die motivieren, Anregungen und Beispiele, die begeistern, eine Fülle des Wissens – eine Fundgrube für den Interessierten. Wer Kopmeyers Schlüsselwerk liest, wird glauben, was der Autor behauptet, wird an sich selbst und seine Chancen glauben, wird motiviert sein, sich mit Elan an die Anwendung der bewährten Erfolgsmethoden zu machen.

Das Schlüsselwerk bewährter Erfolgsmethoden

- ○ **Wunscherfüllung – So bekommen Sie, was Sie sich wünschen**
- ○ **Persönlichkeitsbildung – So werden Sie, was Sie sein möchten**
- ○ **Lebenserfolg – So gelangen Sie an Ihre Ziele**
- ○ **Wohlstandsbildung – So werden Sie wohlhabend und reich**

Jeder Band um 300 Seiten in Großoktav, Balacron mit Goldprägung und farbigem Schutzumschlag.

Ariston Verlag

Postfach 82 · CH-1225 Genf · Tel. 022/481262 · Telex 27983